RAHIM TAGHIZADEGAN

WIRTSCHAFT WIRKLICH VERSTEHEN

Manager Magazin-Bestsellerautor

RAHIM TAGHIZADEGAN

WIRTSCHAFT WIRKLICH VERSTEHEN

Einführung in die Österreichische Schule der Ökonomie

Komplett überarbeitete und aktualisierte Neuauflage

FBV

Bibliografische Information der Deutschen Nationalbibliothek
Die Deutsche Nationalbibliothek verzeichnet diese Publikation in der Deutschen Nationalbibliografie. Detaillierte bibliografische Daten sind im Internet über http://dnb.d-nb.de abrufbar.

Für Fragen und Anregungen
info@m-vg.de

4. Auflage 2025

ein Imprint der Münchner Verlagsgruppe GmbH
Türkenstraße 89
80799 München
Tel.: 089 651285-0

Lektorat: Matthias Michel
Korrektorat: Rainer Weber
Satz: HJR, Jürgen Echter, Landsberg am Lech
Druck: GGP Media GmbH, Pößneck
Printed in Germany

ISBN Print 978-3-95972-155-4
ISBN E-Book (EPUB, Mobi) 978-3-96092-281-0

Inhalt

Vorwort: Ist gut gemeint wirklich immer gut?

Wenn ich mit Menschen über meine Passion, die Analyse wirtschaftlicher und politischer Entwicklungen spreche, ernte ich von meinen Gesprächspartnern einerseits oft höchste Aufmerksamkeit, andererseits aber regelmäßig auch die Aussage, dass sie selbst von solchen Themen leider »absolut gar nichts« verstünden. Diese Bemerkung empfinde ich als irritierend. Nicht etwa deshalb, weil meine Gesprächspartner mein Interesse an wirtschaftlichen Sachverhalten nicht teilen würden, sondern weil sich mir der Verdacht aufdrängt, dass diese Abwehrhaltung großer Teile unserer Bevölkerung eine direkte Folge der untergeordneten Rolle von »Wirtschaft« in unserem Bildungssystem ist.

Die meisten Bürger haben meiner Meinung nach primär deshalb keinerlei konstruktiven Zugang zu ökonomischen Themen, weil sie die Grundlagen dafür einfach nie gelernt haben. Warum wir wirtschaftliche Fragestellungen so stark aus unserem Bildungssystem ausgrenzen, darüber kann ich nur spekulieren (und dies würde den Rahmen eines Vorwortes deutlich sprengen). Faktum ist jedenfalls, dass Schüler ein Vielfaches mehr über Biologie, Geografie, Geschichte, Chemie oder Religion erlernen als über das Funktionieren unseres Wirtschaftssystems. Nicht, dass ein breites Grundwissen kein entscheidendes Faustpfand für die Zukunft einer Nation wäre – nicht umsonst werden wir von vielen Staaten darum beneidet. Aber neben der erstklassigen philosophischen und naturwissenschaftlichen Ausbildung ist der schulische Rucksack in kaufmännischen Fragen vernichtend dünn bestückt.

Was aber sind die Folgen dieses Mangels? Ein Großteil der Bevölkerung verdrängt wirtschaftliche Themenstellungen so weit wie möglich aus seinem persönlichen Alltag. Eine Reaktion, die nicht verwundert, denn fehlende Grundlagenkenntnis führt verständlicherweise zu Verdrängungsreaktionen, denn berechtigterweise hat man Angst, aus Unwissen etwas falsch zu entscheiden. In vielen Bereichen unseres Lebens ist diese instinktive Reaktion auch völlig richtig. Wer nicht reiten kann, hat zu Recht Angst, vom Pferd zu stürzen und sich schmerzhafte Blessuren zuzuziehen – konsequenterweise wird er sich nicht auf den Rücken eines Pferdes begeben. Anders als vor 200 Jahren ist es in der heutigen Zeit nicht mehr wirklich relevant, ob man reiten kann oder nicht, das persönliche Wohlergehen wird dadurch nur wenig beeinflusst. Eine Vogel-Strauß-Politik gegenüber wirtschaftlichen Themen ist hingegen heute genauso hochgradig problematisch wie früher, denn hier geht es nicht zuletzt darum, sein hart erlerntes Wissen am Markt optimal einzusetzen und mit dem verdienten Lohn vernünftig zu wirtschaften. Nicht dass wir uns missverstehen, ähnlich wie Friedrich von Hayek bin ich nicht davon überzeugt, dass die Ökonomie durch Formulierung, Kenntnis und Anwendung von Formeln ähnlich der Physik zu einer »exakten Wissenschaft« aufgewertet werden kann, aber wir müssen zumindest in der Lage sein, bewusst eigene Entscheide zu treffen und die Entscheide anderer aktiv zu hinterfragen.

Unser aktuelles Wirtschaftssystem muss man nicht lieben. Nein, man darf es sogar hassen, aber man sollte wissen, warum! Wer Sachverhalte nicht versteht, kann sie nicht vernünftig bewerten. Die latent in der Bevölkerung zu beobachtende Einstellung, unser Wirtschaftssystem sei unfair, basiert sicher zu einem gewissen Teil auch darauf, dass man emotional dazu tendiert, etwas zu verwerfen, das man nicht versteht. Durch mangelndes Wissen verunmöglicht man nicht nur eine faire Analyse, man bringt sich auch persönlich um das konsequente Ausnutzen von Chancen für sich und die Gesellschaft.

Wer die Grundlagen einer Wissenschaft nicht selbst erlernt, dem verbleiben konsequenterweise nur drei realistische Handlungsalternativen. Er muss sich entweder aus dem Bereich komplett zurückziehen, er ist auf gute Berater angewiesen oder er spielt einfach Roulette. Sich wirtschaftlichen Themen vollständig zu entziehen, können sich heute wohl nur noch ganz wenige Menschen leisten. Glaubwürdige, wirklich unabhängige Berater zu finden ist sehr schwierig und beim Roulette verdient langfristig immer nur die Bank. Sinnvoller wäre es dann wohl doch dazuzulernen – vielleicht kommt ja mit dem Essen sogar der Appetit –, das ist der einzige verlässliche Schlüssel, der die Türe öffnet, um wirtschaftliche Chancen und Risiken sinnvoll abschätzen zu können. Damit begrenzt man nicht nur die Gefahren, die eigene wirtschaftliche Situation falsch einzuschätzen, sondern ist als Bürger auch in der Lage, unseren Volksvertretern und den verantwortlichen Managern von Großunternehmen glaubhaft auf die Finger zu schauen. Derjenige, der nicht weiß, welche positive, aber auch zerstörerische Wirkung der Zinseszins haben kann, der ist sich der Risiken eines Privatkredites genauso wenig bewusst wie der möglichen katastrophalen Wirkungen für unsere Staatshaushalte.

Zugegeben, ein bisschen Zeit muss man schon »investieren«, gut eingesetzte Zeit für sich selbst, aber auch für die Zukunft unseres Staatswesens. Denn nur dann können wir wirklich abschätzen, ob das, was gut gemeint ist, wirklich Sinn macht … oder eher das Gegenteil von gut ist. Nur wer über eine solide ökonomische Wissensbasis verfügt, kann Aussagen der Politik wie »der Euro nutzt uns allen« oder »die Rettung der Banken ist alternativlos« glaubhaft verifizieren. Zusammen mit dem gesunden Menschenverstand verfügt man dann über einen verlässlichen Kompass, um sich auch in einem scheinbar immer komplexer werdenden wirtschaftlichen Umfeld zurechtzufinden. Denn gerade dort, wo komplexe Formeln an die Stelle von guten Argumenten treten, ist oft Gefahr im Verzug. Das konsequente Umsetzen genau dieses gesunden Menschenverstandes als Basis eines theoretischen Rahmens hat sich die Österreichische Schule zum Ziel gesetzt. Lange Zeit vergessen, erlebt ihr Ansatz des »Wirtschaft wirklich verstehen« endlich seine längst überfällige Renaissance. Wirtschaft verstehen kann Spaß machen – auch wenn es nicht gleich zur Passion ausarten muss.

Philipp Vorndran

Einleitung

Die Launen der Ökonomie

Das Interesse an Ökonomie nimmt gegenwärtig deutlich zu. Darin drückt sich aus, dass wir in besonders interessanten Zeiten leben. In einem chinesischen Sprichwort wird dem Feind das Leben in solchen Zeiten gewünscht. Denn besonders interessant sind Zeiten des Umbruchs – und kein Umbruch ist für jeden angenehm. Der Umbruch, dessen erste Anzeichen wir derzeit miterleben, wird viele unangenehm überraschen. Zunächst macht er sich dadurch bemerkbar, dass in den Zeitungen ökonomische Themen häufiger außerhalb des trockenen Wirtschaftsteils auftauchen. Dieses Ressort und damit die ökonomischen Themen konnte man bislang meist überspringen, um im Sportteil Zerstreuung von den Schreckensmeldungen der Welt zu suchen. Doch mittlerweile dringt die Ökonomie frech in die Wohnzimmer ein und kann niemanden mehr kaltlassen.

Ökonomie ist eine Sache, die die meisten angeht, von der die wenigsten aber eine Ahnung haben. Sie trifft uns als mysteriöse Begründung für ärgerliche Vorkommnisse. Der Verlust des Arbeitsplatzes wird plötzlich nicht mehr dem eigenen Versagen zugeschrieben, sondern dem Ärger einer seltsamen Gottheit mit Namen »Ökonomie«. Nicht der Vorgesetzte habe dies zu verantworten, sondern die »schlechte Konjunktur«. Die Gottheit habe also eben gerade schlechte Laune, da könne man nichts machen. Die Politiker können ihre Versprechen aufgrund einer »Finanzkrise« – völlig unerwartet natürlich – nicht einhalten. Die Ersparnisse für das Alter habe nicht der Bankbetreuer veruntreut, sondern sie seien von »Wertberichtigungen« aufgefressen worden. Allerorts wird zu Vertrauen aufgerufen, was verdächtig theologisch nach Glaube und Hoffnung klingt, die Liebe aber geflissentlich übergeht.

In solchen Zeiten wird uns bewusst, wie abhängig wir von dieser *black box* geworden sind. Die Wirtschaft erweckt den Eindruck eines solchen schwarzen Kastens, in der magische und launische Umtriebe, die unserem Blick und Verständnis entzogen sind, über unsere Existenz entscheiden. Die Experten im Fernsehen lassen sich immer noch als Auguren verehren, obwohl auch sie von der schlechten Laune der Ökonomie vollkommen überrascht wurden. Sie verkaufen sich als Dompteure jenes seltsamen Wesens in dem schwarzen Kasten, können jedoch nichts anderes tun, als dessen Gemütswallungen in komplizierte Formeln zu übersetzen. Verzweifelt versuchen sie so den Eindruck zu vermitteln, die Lage unter Kontrolle zu haben. Im Nachhinein freilich gibt es für alles plausibel klingende Begründungen.

Nicht grundlos sinkt jedoch das Vertrauen in die Auguren und Dompteure. Politiker, Manager, Banker und Ökonomen verlieren zunehmend an Ansehen. Auch dies ist ein untrügliches Zeichen des Umbruchs. Die Stimmen werden wieder laut, die nach der Zähmung des Wesens, der Bestie rufen. Doch wenn den Dompteuren, die mit diesem Anspruch angetreten sind, nicht mehr zu trauen ist, wer sollte dies dann vermögen? Die Verzweiflung könnte zum Versuch verleiten, die Bestie in Fesseln zu legen oder gar einzuschläfern. Dann, so die Hoffnung, wären wir wieder frei, in Frieden den Sportteil der Zeitung zu lesen, ohne Angst haben zu müssen, vollkommen unvorbereitet um unsere Existenz gebracht zu werden. Dann wäre endlich Schluss mit den »Sachzwängen«, die unangenehme Einschränkungen bedeuten. Und der große Sumpf könnte trockengelegt werden, in dem es sich wenige auf Kosten der Mehrheit gut gehen lassen: Banker, deren Banken gerettet werden müssen; Manager, deren Unternehmen Mitarbeiter einsparen müssen; Politiker, die nie genug Geld bekommen können nie genug Geld haben; Experten, die sich zwar stets uneinig sind, aber doch alle falschliegen.

Ein Besuch im alten Wien

Dieses Buch möchte sich an der schwierigen Aufgabe versuchen, jedermann einen Blick in die *black box* der Ökonomie zu erlauben. Wir werden die vermeintliche Bestie besuchen, ihre Launen verstehen und ihre traurige Geschichte anhören. Wir werden herausfinden, was das Wesen zur Bestie gemacht hat. Dazu müssen wir uns zunächst ihrer zwei Gesichter bewusst sein: Der Begriff Ökonomie wird heute verwendet, um sowohl die Wissenschaft von der Wirtschaft zu bezeichnen als auch diese Wirtschaft selbst. Diese zwei Aspekte liegen jedoch eng beieinander. Das Verständnis, wie aus jener Wissenschaft schwarze Magie wurde, die manche Kritiker als Voodoo-Kult bezeichnen, ist der Schlüssel zur Erkenntnis, wie die Wirtschaft zu jenem Frankenstein'schen Monster wurde, dessen Launen auch seine Schöpfer nicht mehr verstehen.

Es ist eine Geschichte, die so alt ist wie die Menschheit. Eine besonders wichtige Episode spielte sich im alten Wien ab. Das heutige Wien hat mit diesem historischen Ort leider nur noch jene Bausubstanz gemein, die den Wahnsinn des letzten Jahrhunderts überlebt hat. Die zerstörten Gebäude sind dabei jedoch der geringste Verlust gewesen. Im alten Wien, jenem geistigen Zentrum der Donaumonarchie und damit Mitteleuropas, trafen sich viele der wichtigsten Figuren jener Geschichte, die erzählt werden soll. Damals war Deutsch noch eine Sprache der Wissenschaft, in der auch die bedeutendsten Beiträge zur Ökonomie verfasst wurden. Viele der zu diesem Zeitpunkt weltweit führenden Ökonomen wirkten in Wien. Darum spricht man heute noch von einer Wiener oder Österreichischen Schule der Ökonomie, die freilich in Österreich selbst fast vollkommen in Vergessenheit geraten ist. Doch sie hat bis heute überlebt und gewinnt nun als Austrian School in den Vereinigten Staaten wieder an Prominenz. Denn dort fiel etwas sehr Merkwürdiges auf: Nahezu alle Ökonomie-Experten traf die 2007 hereinbrechende Finanzkrise vollkommen unvorbereitet. Dieser Sachverhalt gerät langsam schon wieder in Vergessenheit, nachdem Akademiker schnell dabei sind, im Nachhinein ausgefeilte Begründungen zu liefern und so zu tun, als hätten sie ohnehin schon immer gewusst, wie es kommen musste. Wer die Medien vor 2007 sorgfältig studiert, wird bemerken, dass die »Experten« vollkommen falschlagen. Es war nicht bloß so, dass sie die Dinge nicht kommen sahen, sie prophezeiten auch noch das glatte Gegenteil. Merkwürdig dabei war, dass es eine kleine Gruppe von Ökonomen gab, die schon lange recht präzise Warnungen abgaben. Viele davon gehörten der Österreichischen Schule an.

Eigentlich ziehe ich es vor, die Schule nach der Stadt zu benennen. Denn so wenig das Wien von heute mit dem Wien von damals gemeinsam hat, würden es die alten Wiener doch wiedererkennen, wenn sie uns per Zeitreise einen Besuch abstatteten. Sie wären wohl tief erschüttert und den Tränen nahe. Ihr Österreich hingegen, das gibt es gar nicht mehr – was sie weniger überraschen würde. Die bedeutendsten »Österreicher« der Österreichischen Schule kamen etwa aus Neu Sandez (heute Novy Saçz in Polen), Lemberg (heute Lviv in der Ukraine) oder Brünn (heute Brno in Tschechien).

Was den Leser erwartet

Es ist eine faszinierende Geschichte, wie eine Schule aus dem alten Österreich fast ein Jahrhundert nach ihrem scheinbaren Verschwinden auftaucht, um die Blößen der modernen Ökonomie aufzudecken. Diese Geschichte wird hier beiläufig erzählt werden, doch es handelt sich dabei nur um eine kleine Episode. Die Österreichische Schule ist keine Geheimwissenschaft, der mit religiösem Eifer anzuhängen ist. Sie ist kein Stein der Weisen und bietet nicht die Antworten auf alle unsere Fragen. Sie ist bloß ein kleiner, dafür aber besonders interessanter Mosaikstein, um unsere Welt zu verstehen – eine Welt, die uns immer unverständlicher erscheint.

Dieses Buch ist kein Geschichtsbuch, kein ökonomisches Traktat und kein Lehrbuch. Es ist eine sehr persönliche Einladung, sich mit dem Autor gemeinsam in den schwarzen Kasten zu wagen, in der die ökonomische Bestie haust. Wir werden ihr ins Auge sehen und unsere Angst überwinden. Wir werden viel über die Selbstüberschätzung und Leichtfertigkeit der falschen Dompteure lernen. Dabei wird uns die Österreichische Schule als Orientierungshilfe dienen, und wir werden diese Tradition des Nachdenkens über Ökonomie kennen, verstehen und schätzen lernen, aber auch auf ihre Beschränkungen, Widersprüche und Unzulänglichkeiten treffen.

Weil Ökonomie uns alle betrifft, ob wir wollen oder nicht, weil unsere materielle Existenz von ihr abhängt, kann und darf sie uns nicht kaltlassen. Jeder ist in der Lage, die grundlegenden Zusammenhänge zu verstehen, und eigentlich hat auch jeder die Pflicht dazu. Weil uns Ökonomie so bewegt, polarisiert sie. Wir leben in einem Zeitalter, das durch Ideologien durchgeschüttelt und verwirrt wurde. Wirtschaft lässt sich nicht ohne Geschichte verstehen und nicht ohne Politik diskutieren. Die Entdeckungsreise durch die ökonomischen Phänomene ist zugleich der beste Weg, die Ideologien, deren Schatten uns quälen, und die Politik, die uns dominiert und verärgert, wirklich tiefgehend zu verstehen. Das bedeutet heute vor allem, den Umbruch zu verstehen, der stattfindet und stattfinden muss.

Die alten Österreicher lebten in einer solchen Zeit des Umbruchs und sahen ihn schon damals eher als andere kommen. Ihre Welt ging unter; ihre Erfahrungen und Gedanken sind uns zumindest teilweise erhalten geblieben. Nun gilt es, aus der Geschichte zu lernen, um die Zukunft zu wagen. Das wird unglaublich viel Mut erfordern. Angst, insbesondere die unbewusste Existenzangst unserer Tage, lähmt, blendet und verblendet. Darum soll dieses Buch zu guter Letzt auch ein Mutmacher sein. Kein falscher Mutmacher, der die Dinge schönredet, um falsches Vertrauen zu erwecken. Es ist nötig, der Bestie in die Augen zu sehen, sich die Furcht einzugestehen und sie auf sich zu nehmen, um so die Angst zu verlieren. Den Leser erwartet eine turbulente Fahrt in der Geisterbahn der Ökonomie, in der mehr Irrtümer, Ideologien, Fehlentscheidungen, falsche Gewissheiten – Geister aus der Vergangenheit – spuken als sonst wo.

Noch einige Vorbehalte muss ich als Autor allerdings vorwegschicken. Ökonomie verstehe ich, neben Ethik und Politik, als Teil der praktischen Philosophie. Ich folge der Ansicht von Friedrich August von Hayek, dass ein guter Ökonom stets viel mehr als ein Ökonom sein muss. Wer das Wirtschaften realer Menschen verstehen will, muss versuchen, die Welt in ihrer gesamten Breite zu erfassen. Doch das stellt eine Lebensaufgabe dar – und noch mehr.

Dieses Buch kann nur einen ersten Überblick geben. Gerne würde ich mehr Hintergründe anbieten, mich Geschichte, Philosophie, Theologie, Psychologie, Politik, Ethik und Recht widmen, doch in diesem Buch habe ich mich vorwiegend auf die Ökonomie zu konzentrieren. Immer wieder werde ich dennoch einen kurzen Exkurs in die benachbarten Disziplinen wagen.

Dieses Buch ist von dem Versuch getragen, Wirtschaft im Allgemeinen und die Österreichische Schule im Besonderen für jedermann verständlich zu machen. Die Ökonomie ist jedoch eines der kompliziertesten Gebiete. Es gibt stets so viele Aspekte zu beachten. Der Ökonom handelt sich zudem schnell den Vorwurf ein, zu reduzieren. Auch wenn es sich um die einfachste Einführung handelt, muss ein ökonomisches Buch daher sehr vieles ansprechen, um ernst genommen zu werden. Ökonomen stehen zu Recht im Verdacht, stets vieles zu verheimlichen. Ökonomie wirkt in weiten Teilen sehr einfach, allzu einfach, und dann wird sie plötzlich und unvermutet hochkomplex. Wer über diese Komplexitäten beim ersten Lesen stolpert, der habe etwas Geduld. Das ist ganz normal, und es wäre unehrlich, solche Stolpersteine gänzlich auszubügeln. Sie machen einen wesentlichen Reiz der Ökonomie aus.

Ich habe mir die Aufgabe bewusst noch etwas erschwert, indem ich einer Tradition der Österreichischen Schule gefolgt bin: Dieses Buch ist vollkommen frei von Formeln und Diagrammen. Das liegt nicht an mangelnder Begabung für Mathematik und auch nicht an Faulheit. Die »österreichischen« Ökonomen hüten sich davor, die Welt einfacher darzustellen, als sie ist. Ökonomie im Sinne der Österreichischen Schule ist begriffliches Verstehen der Realität, kein bloßes Beschreiben und Abbilden.

Manches in diesem Buch wird viele Leser zweifellos verärgern. Ich habe die Hoffnung, dass diese Ärgernisse nicht politisch gedeutet werden. Man sehe die kleinen Provokationen als Anregungen an, selbst nachzudenken. Ich rechne mich keinem ideologischen Lager zu. Dieses Buch hat keinen versteckten Auftrag, will nicht missionieren und steht nicht im Dienst einer Interessengruppe. Wenn Ärger aufkommt, so atme der geschätzte Leser tief durch und habe ein wenig Geduld. Womöglich klärt sich so manches Missverständnis im Laufe des Buches.

Wiener und Berliner

Moderne Ökonomen

Wenn wir heute an Wirtschaft denken, meinen wir, diesen Bereich klar abgrenzen zu können. Hier scheint es um Geld und Profitstreben zu gehen – wohl notwendige, dennoch unangenehme Begleiterscheinungen des modernen Lebens. Nehmen wir eine Zeitung zur Hand, so begegnen wir in den vorderen Ressorts Politikern als handelnde Personen. Im Wirtschaftsteil treffen wir auf die Manager von großen Unternehmen und Banken als Entscheidungsträger. Letztere versuchen stets, die Gewinne zu maximieren, und tragen gegeneinander Wettkämpfe – »Konkurrenz« genannt – darüber aus, wer dabei mehr zu profitieren vermag.

Diese Auffassung von Wirtschaft ist eine moderne Erscheinung und stellt nur einen Teilbereich dessen dar, was den Ökonomen interessiert. Der so bezeichnete Wissenschaftler ist ebenfalls ein Kind der Moderne. Die Vorläufer der modernen Wirtschaftswissenschaftler waren Theologen, Philosophen und Juristen, die über ökonomische Fragen nachdachten. Im alten Wien vor der Jahrhundertwende existierte an der Universität kein Fach mit dem Namen Ökonomie. Im alten Berlin war es ebenso. Die Wiener Ökonomen, die wir näher kennenlernen möchten, studierten Rechtswissenschaften. Die Berliner Ökonomen hingegen kamen aus der Philosophie. Auch diese alte deutsche Ökonomenzunft gibt es nicht mehr.

Damals wetteiferten Wien und Berlin ein wenig um die geistige Vormachtstellung im deutschsprachigen Raum. In Berlin beliebte man auf jene Stadt nahe am Balkan herabzublicken, die Zentrum des etwas rückständigen Österreichs war. Wien zog jedoch die besten Köpfe der Donaumonarchie an. Zunächst verlachte man in Berlin die Wiener Ökonomen, die sich, wohl weil sie Juristen waren, einbildeten, wirtschaftliche Gesetze formulieren zu können. Die Ökonomen der beiden Städte gerieten in einen handfesten Streit, den man später den Methodenstreit taufte. Der Berliner Ökonom Gustav Schmoller warf den Wienern eine »stubengelehrte Naivität« vor. Der junge Wiener Ökonom Carl Menger erwiderte bissig, der Berliner Löwe könne noch so laut brüllen, damit würde er höchstens seine Studenten beeindrucken, aber nicht die wirtschaftliche Realität nach seinem Belieben verändern können. Diese Realität eben wollten die nüchternen Wiener Juristen beschreiben und sich dabei von den Wunschvorstellungen und Machtfantasien ihrer Zeit lösen.

Was ist Ökonomie?

Der Kern dieses Streits ist bis heute von Bedeutung, wenngleich sich heute ganz andere Kontrahenten gegenüberstehen. Gestritten wurde seinerzeit darum, was die Ökonomie eigentlich leisten kann und welche Themen sie berührt. Der Streit ist noch längst nicht entschieden, aber die Debatte bewegt sich heute auf einem viel tieferen Niveau. Vertreter der Österreichischen und der Historischen Schule – wie man die damaligen reichsdeutschen Gegenspieler der »Österreicher« taufte – würden gegenwärtig wohl Seite an Seite stehen und mit Kopfschütteln die Entwicklung der Ökonomie betrachten. Beide Schulen würden vermuten, die jeweils andere habe sich durchgesetzt und sei, mangels Korrektiv, zu einem Zerrbild übertrieben worden. Und beide hätten ein wenig Recht und würden einander doch Unrecht tun.

Die Historische Schule würde uns heute daran erinnern, was Wirtschaft eigentlich und ursprünglich bedeutet. Die sprachliche Wurzel, die im Wirt steckt, meint den Gastfreund, der sich um den Nächsten kümmert, sich um ihn sorgt. Die Auffassung von Wirtschaft als Kunst des Geldmachens würde im Gegensatz dazu als Verirrung erscheinen. Die Österreichische Schule würde hingegen zu Recht darauf hinweisen, dass eine solche Idealisierung zu Eingriffen führte, die letztlich erst das atemlose

Renditestreben der heutigen Zeit hervorgebracht haben. Die Ökonomie ist wie die Geschichte voll von paradoxen Wirkungen.

Ökonomie ist der Versuch, das Handeln der Menschen zu verstehen. Das ist zumindest der Zugang der Ökonomen der Österreichischen Schule. Die reichsdeutschen Philosophen und Historiker dachten da eher in historischen Kategorien. In der Geschichte scheint nämlich der Einzelne kaum ins Gewicht zu fallen. Nationen bekriegen sich, Klassen bekämpfen sich, Staaten entstehen und vergehen. Das Handeln des Einzelnen erscheint da als irrelevantes Detail. Und kann man überhaupt davon sprechen, dass der Einzelne handelt? Ist jede Tat nicht stets Ausdruck von gegebenen Nöten, kulturellen Kontexten, Identitäten, Rahmenbedingungen, Beschränkungen? Die deutsche Philosophie jener Zeit war tief geprägt von Georg Wilhelm Friedrich Hegel, der einen spukhaften Weltgeist am Werke sah.

Auch heute haben viele das Gefühl, einzeln kaum etwas bewegen zu können. Die Massengesellschaften unserer Zeit erwecken den Eindruck, wir wären alle bloß entbehrliche Zahnrädchen in einem großen Getriebe. Doch es ist genau jene Perspektive – die nämlich den einzelnen Baum vor lauter Wald nicht zu sehen vermag –, die dieses Zahnraddasein begünstigt. Tun wir, was wir tun, weil uns die Gesellschaft oder Wirtschaft dazu nötigt? Oder ist die Gesellschaft und Wirtschaft Ausdruck unseres Tuns? Manche mögen sich nur noch als Mitläufer empfinden; doch diese Vorstellung ist eine selbsterfüllende Prophezeiung: Das Leugnen der Freiheit beseitigt auch ihre letzten Reste.

Für die jüngere Historische Schule war alle Ökonomie Geschichtsschreibung: das Dokumentieren, wie sich Menschen einer bestimmten Kultur verhalten mussten, um den geschichtlichen Trends und dem Weltgeist zum Ausdruck zu verhelfen. Eine andere Wiener Schule gelangte zu ähnlichen Schlüssen, nur bezog sie diese nicht auf ein Gemeinwesen, sondern auf das Individuum: Die Freud'sche Tiefenpsychologie versucht das Handeln des Menschen aus seiner Vorgeschichte zu erklären. Unsere Taten fänden ihre Begründung in unserer Biografie, unserer Kindheit, unseren persönlichen Traumata.

Die Ökonomen der Österreichischen Schule leugneten weder Geschichte noch Psychologie. Doch ihr Ansatz war ein anderer: Sie wollten die wirtschaftlichen Phänomene aus dem Handeln der Menschen erklären. Zu ihrer Zeit hatten sie eher den Eindruck, sich vom ewigen Moralisieren und Psychologisieren des menschlichen Handelns frei machen zu müssen, das ihnen wenig fruchtbar erschien. Es ist ein Leichtes, die Gier der Menschen zu beklagen und zu rügen. Viel interessanter ist doch, warum die Gier der einen lohnt und der anderen nicht, warum bestimmte Institutionen sich durchsetzen und andere nicht. Bevor der Intellektuelle dem Unternehmer, dem Arbeiter, dem Schuldner, dem Gläubiger, dem Manager und Politiker Vorhaltungen macht, sollte er sich redlich darum bemühen, die Erscheinungen seiner Zeit wirklich zu verstehen. Viele glauben, es besser zu wissen. Könnte man es auch besser machen? Wenn ja, warum tut man es nicht?

Die Verlockungen der Macht

Aus Sicht der »österreichischen« Ökonomen waren die Berliner den Verlockungen der Macht erlegen. Sie erdachten eine ideale Welt und fühlten sich befähigt, die reale Welt dahingehend zu korrigieren. Das Profitstreben galt den deutschen Idealisten als angelsächsisches Laster. Deutsche Ökonomie folge anderen Gesetzen, einem anderen Volksgeist. Dem Typus des Krämers wurde der Typus des Helden gegenübergestellt. Die Politik sollte dabei helfen, dieses Volk von Helden hervorzubringen. Wo ein kollektiver Wille, da auch ein Weg, lautete die Devise. Gesetzmäßigkeiten, die diesem Willen im Wege stünden, gälten nichts.

Carl Menger, der als erster Vertreter der Österreichischen Schule der Nationalökonomie gelten darf, schüttelte den Kopf über die Ausgeburten dieser Art von Ökonomie, bei der wirtschaftliche Gesetze zu bloßen Machtfragen wurden, nicht zu Gegebenheiten, die wir erkennen und befolgen. Mit Schrecken sah er, welche ideologischen Übertreibungen drohten. Den Wahnsinn, der erst nach seinem Tode wirklich wüten sollte, erahnte er bereits. Wenn es keine ökonomischen Gesetzmäßigkeiten gäbe, dann könnten diejenigen, die die Macht haben, alles nach ihrem Belieben handhaben und hätten keine Konsequenzen zu fürchten.

Als junger Mann erhielt Carl Menger bereits die ehrenvolle Aufgabe, den Kronprinzen Rudolf in Ökonomie zu unterrichten. Gewiss hat ihm Mengers Unterricht die Augen über die Entwicklungen geöffnet, die Europa bevorstanden. Manche munkeln, Rudolfs späterer Selbstmord sei solcher Einsicht geschuldet gewesen: dass sein Österreich-Ungarn nicht mehr zu retten war und jener globale Wahnsinn der Weltkriege und des Totalitarismus entfesselt würde. Die Wiener Ökonomen ließen sich jedoch von ihrem nüchternen Pessimismus hinsichtlich der Lage der Welt nicht zur Teilnahmslosigkeit verleiten. Ludwig von Mises, ein Vertreter der dritten Generation der Österreichischen Schule, der Wien nach der Machtübernahme der Nationalsozialisten verlassen musste, wählte zu seinem Lebensmotto den Satz »Tu ne cede malis sed contra audentior ito«. Weiche nicht dem Bösen, sondern kämpfe umso mutiger dagegen an. Mises musste zwar physisch weichen, doch auf dem Gebiet der Ideen blieb er stets standhaft. Die Nazis planten, seine Frau und seine Stieftochter zu entführen, um seiner habhaft zu werden. Im letzten Moment gelang beiden die Flucht zu Mises, der bereits in Genf war. Noch am Abend des Anschlusses Österreichs an das Deutsche Reich drangen Nationalsozialisten in seine Wiener Wohnung ein und entführten anstelle seiner Familie seine Bibliothek. Diese blieb lange Zeit verschollen und tauchte erst vor wenigen Jahren in einem Moskauer Archiv wieder auf. Die Bibliothek war am Ende des Krieges ein zweites Mal entführt worden – diesmal von den Sowjetsozialisten.

Vor welchen Ideen fürchteten sich die braunen und roten Totalitären so, dass sie sie gewaltsam zum Verstummen bringen wollten? Die »österreichischen« Ökonomen hatten die verheerenden Folgen der Geld-, Schulden-, Wohlfahrts- und Arbeitspolitik der Nationalsozialisten wie des Sowjetsozialismus deutlich aufgezeigt. Doch ihre Argumentation bemühte sich um Wertneutralität. Selbst wenn die vermeintlichen Ziele der Totalitären gut wären, so argumentierten sie, seien ihre Mittel dazu ungeeignet.

Lange hatten Vertreter der Österreichischen Schule vergeblich versucht, das Geldchaos in Ordnung zu bringen – wie die Weimarer Republik deutlich gezeigt hatte, bildet eine zerstörte Währung den besten Nährboden für totalitäre Strömungen. Doch ideologische und pragmatische Interessen vereitelten dies. Die unglaublichen Mittel für die Kriegsführung und die Ausweitung des Staates wurden einer ökonomisch ahnungslosen Bevölkerung großteils hinterrücks abgeknöpft. Ökonomische Aufklärung hätte diese Zwecke hintertrieben und musste als Hochverrat erscheinen.

In einem Zeitalter wildgewordener Ideologien, der Politisierung und Polarisierung der Gesellschaft, wurde die Ökonomie zunehmend zur Politik. So wird die Austrian School in den USA auch heute oft politisch gedeutet und in eine ideologische Schublade gesteckt. Insbesondere ein Vertreter dieser Schule weckt auch in Europa starke ideologische Assoziationen: Friedrich August von Hayek, jener Schüler von Ludwig von Mises, der 1974 den Preis der Schwedischen Reichsbank erhielt, der gegen den Willen Alfred Nobels und dessen Erben als »Nobelpreis« für Ökonomie ausgegeben wird. Hayek gilt heute als Inbegriff des Neoliberalen. Er merkte selbst einmal an, dass er sich den Ruf ruiniert habe, indem er es wagte, ein verständliches Buch für normale Menschen zu schreiben, das sich in die politische Debatte seiner Zeit einmischte. Sein Werk *Der Weg zur Knechtschaft* (*The Road to Serfdom*) wurde zum Bestseller und findet sich auch gegenwärtig in den Vereinigten Staaten wieder ganz oben in den Verkaufslisten. Darin warnte Hayek davor, zu glauben, nach dem Untergang des Sozialismus stelle der westliche Weg der Sozialdemokratien das Ende der Geschichte dar und verheiße ewige Freiheit. Der nächste Totalitarismus könne, so Hayek, unbemerkt und schrittweise kommen.

Es ist eine Geißel unserer Tage, stets zu politisieren, ohne sich die Zeit zu nehmen, den Dingen auf den Grund zu gehen. Zu Hayek und seinem vermeintlichen »Neoliberalismus« werden wir noch früh genug kommen. Zunächst wollen wir die Tradition verstehen, der er entstammte und von der er sich ein wenig löste. Dabei lässt sich zugleich auch ihr Gegenstand besser verstehen: das Wirtschaften, das Zusammenleben, das Handeln der Menschen. Es war ja auch zunächst kein politischer Streit, der zur Entstehung der Österreichischen Schule führte, sondern ein Streit um die richtige Methode der

Ökonomie. Damals wie heute stand die dominante Methode, wirtschaftliche Phänomene zu untersuchen, im Kreuzfeuer der Kritik. Es ist überraschend, was sich letztlich durchsetzte. Noch mehr überrascht, wie sehr sich die Geschichte wiederholt, wenn man aus ihr nicht zu lernen vermag.

Die Klassiker

Jene Ökonomie, die damals schon so klassisch war, dass man von ihr bis heute als der Klassik spricht, stammte aus Großbritannien. Adam Smith war ihr bekanntester Vertreter. Doch in der Wissenschaft spricht es nicht immer für einen Denker, wenn er besonders berühmt ist. Berühmt können Wissenschaftler werden, wenn ihre Thesen besonders gut dem Zeitgeist entsprechen oder bestimmten Interessengruppen besonders nützlich sind. Originell sind bei Adam Smith nur seine Irrtümer, ansonsten war er ein nicht sehr systematischer Zusammenfasser von Ideen, die andere vor ihm bereits klarer ausgedrückt hatten. Systematik brachte erst David Ricardo, doch es war die falsche Systematik eines konstruierten Systems. Mit Ricardo begann die Klassik, das ökonomische Denken von konkreten Phänomenen und den dahinter stehenden realen Menschen hin zu Mutmaßungen über abstrakte Größen zu verschieben. Plötzlich war von einem »Nationaleinkommen«, vom »Preisniveau«, von »Profitraten« die Rede. »Kapital« und »Arbeit« standen sich als große Begriffe gegenüber, die eine Summe gleichartiger und auswechselbarer Geldscheine und Köpfe bezeichneten. Von dieser Ökonomie war es nicht weit zum pauschalen Denken in gesellschaftlichen Klassen, die sich unversöhnlich gegenüberstehen, weil ihre kollektiven »nationalökonomischen« Interessen jeweils auf Kosten der anderen gehen.

Früh gab es Kritik an dieser neuen Ökonomie; die Motive für diese Kritik waren jedoch sehr unterschiedlich. Wesentlicher als die wissenschaftliche Kritik blieb stets die ideologische. Vielen waren die marktwirtschaftlichen Schlüsse der Klassiker ein Dorn im Auge. Die Rezepte zur Erhöhung des »nationalen Wohlstands« stießen auf Missfallen. Insbesondere die Großgrundbesitzer wehrten sich gegen die Aufhebung der Getreidezölle, deren negative Folgen die klassischen Ökonomen aufgezeigt hatten. Die Argumentation, die sich auf ökonomische Gesetze bezog, stieß auf harten Widerstand. Ökonomie wurde die *dismal science* getauft, die »ungute Wissenschaft« im Gegensatz zur *gay science*, zur »heiteren Wissenschaft« der Poesie. Tatsächlich wollten die Ökonomen ja auch keine Heldengesänge anstimmen, sondern widmeten sich harten Fakten. Leider überschätzten sich die klassischen Ökonomen dabei selbst. Da komplexe Phänomene selten messbare »harte Fakten« aufweisen und keine zahlenmäßigen Gesetze zulassen, stellte sich die reale Welt als zu unhandlich für die Werkzeuge der neuen Ökonomie dar. So gingen die klassischen Ökonomen dazu über, eine Scheinwelt zu erdenken, die aus »makroökonomischen« Faktoren bestand und sich wesentlich einfacher und eindrücklicher beschreiben ließ.

Als Reaktion auf diese sehr künstlich erscheinende »Makroökonomie« entstand letztlich die Historische Schule. Ihre Kritik an der klassischen Ökonomie war durchaus berechtigt. Die deutschen Ökonomen wandten ein, dass sich die angeblichen ökonomischen Gesetze doch bloß auf die Scheinwelt künstlicher Annahmen beziehen. In Wirklichkeit sei jede Beobachtung wirtschaftlicher Phänomene doch nur ein Zeitdokument. Keine daraus gewonnene Gesetzmäßigkeit könne universelle Gültigkeit beanspruchen. Die Historische Schule ging in ihrer Ablehnung ökonomischer Gesetze jedoch eine Spur zu weit, und sie begann jegliche Gesetzmäßigkeit und damit jegliche Möglichkeit ökonomischer Theorie zu leugnen. Das kam in Deutschland wie schon zuvor in Großbritannien und Frankreich den Machthabern und Interessengruppen gelegen, die den Menschen für ihre Experimente missbrauchen wollten. So wurden einige der jüngeren Vertreter dieser Schule von »unguten Ökonomen« wieder zu »heiteren Poeten«, die den Ruhm der Hohenzoller besangen, denen eine preußische Kameralistik oder Policeywissenschaft zu dienen habe – so die alten deutschen Begriffe für diese theorielose, vermeintlich »praktische« Ökonomie.

Carl Menger trat eigentlich in die Fußstapfen der älteren Historischen Schule. Er lernte nicht nur von den Klassikern, sondern bezog sich auf zahlreiche deutsche Ökonomen. Sein Hauptwerk widmete er gar Wilhelm Roscher, einem bedeutenden Vertreter der Historischen Schule. Menger wollte den Historikern mit etwas Theorie unter die Arme greifen. Er hatte erkannt, dass Geschichte ohne Theorie unmöglich ist. Ohne Theorie hat man es bloß mit einer Fülle leerer Fakten zu tun, die man nicht zu deuten vermag. Was bringt das Dokumentieren von Preisen, wenn man noch gar nicht wirklich versteht, was Preise sind, wie sie entstehen, was sie ausdrücken. In der Preistheorie und Werttheorie taten sich auch die größten Lücken der klassischen Theorie auf. Menger wollte zunächst bloß diese Lücken schließen.

Die Realitätsferne der Klassik und die Theorieferne der Historischen Schule ließen ihm keine andere Wahl, als eine eigene Schule zu begründen. Seine Betonung, dass Theorie wichtig sei und es in der Ökonomie Gesetzmäßigkeiten gebe, an die sich auch die Politik zu halten habe, trug ihm den Vorwurf ein, doch bloß ein Klassiker zu sein. Bis heute wird die Österreichische Schule oft der sogenannten Neoklassik zugeordnet. In Wirklichkeit nahm die Österreichische Schule eigentlich eine Position in der Mitte ein: Sie sucht zwar nach ökonomischen Gesetzmäßigkeiten, lehnt aber die künstliche Theorie streng ab, die von einem homo oeconomicus ausgeht. Damit bezeichnet man jenes Modell eines Scheinmenschen, der sich genauso verhält, wie es den klassischen Ökonomen gefällt.

Werte und Kosten

Objektive Wertlehren

Nach dem Studium der Rechtswissenschaften in Krakau, seinerzeit zur k. u. k. Monarchie gehörend, war Carl Menger nach Wien gegangen. In der österreichischen Hauptstadt schlug er sich zunächst als Journalist durch. Eine seiner Aufgaben bestand darin, das Geschehen an der Wiener Börse zu kommentieren. Vermutlich erkannte Menger hier, dass die herrschende Preistheorie nichts mit der Realität zu tun hatte. Die klassischen Ökonomen hatten vergeblich versucht, Preise »objektiv« zu erklären, das heißt als Folge anderer Faktoren. Preise sind die wohl offensichtlichsten Fakten der Wirtschaft, daher dokumentieren Ökonomen sie mit großer Leidenschaft. Wie die Messwerte der Ingenieure lassen sich Preise sammeln, in umfangreichen Tabellen ordnen und für Berechnungen nutzen.

Wenn wir einen Händler fragen, warum er für ein von ihm angebotenes Gut einen bestimmten Preis verlangt, wird er vermutlich auf seinen Einkaufspreis und seine Kosten hinweisen. Daher war es für die klassischen Ökonomen naheliegend, Preise durch die darin enthaltenen Kosten zu erklären. Doch die Kosten drücken sich für den Händler selbst wieder in Preisen aus, die er zu zahlen hat. Wo endet diese Kette?

Carl Menger lebte bereits im Zeitalter moderner Blasenwirtschaft. Die Börse hielt sich nicht an die Wünsche der Ökonomen oder Politiker. Steigt eine Aktie, weil ihre »Kosten« steigen? Dies ist offensichtlich Unfug. Die klassischen Ökonomen hätten hier eingewandt, dass die Dinge eben nicht immer so viel kosten, wie sie wert sind. Dies führt uns zu der mindestens so schwierigen Frage, wie es dazu kommt, dass eine Sache einen größeren Wert aufweist als eine andere.

Die Klassiker David Ricardo und Adam Smith gaben folgende Antwort: Den objektiven Hintergrund aller Kosten und Werte bilde die dafür aufgewandte Arbeit. Dieser Gedanke ist naheliegend und durchaus eine mögliche Antwort auf die Frage: Wenn es kein Geld gäbe, was wäre dann der Wertmaßstab? Eine Stunde Arbeit klingt nach einem vernünftigen Vorschlag, denn nahezu jeder scheint dazu fähig, sie aufzubringen. Arbeit kennt jeder aus eigener Erfahrung: Das ist doch, was man tut, um das Geld zu verdienen, mit dem man einkaufen geht. Lässt man das Geld unberücksichtigt, so müsste sich also die Arbeit direkt in die eingekauften Güter übersetzen. Der Gedanke ist jedoch verkehrt; die Denker der Österreichischen Schule haben diese Argumentation mit einiger Mühe vom Kopf wieder auf die Füße gestellt. Wäre Arbeit wirklich der Wertmaßstab, dann würde mehr Arbeit eine Sache wertvoller machen. Das erinnert ein wenig an den Schüler, der beim Lehrer Einspruch gegen seine schlechte Note erhebt, weil er sich viel länger auf die Prüfung vorbereitet habe als andere. Eugen Böhm von Bawerk, ein Schüler von Carl Menger, brachte das Beispiel, dass guter Wein, der in Fässern reift, ganz ohne weitere Arbeit mit den Jahren im Wert steigt. Ist dieser Mehrwert ungerecht, nur reine Einbildung? Verliert ein Produkt an Wert, wenn der Produzent schneller oder weniger hart arbeitet, weil er über mehr Übung oder Routine verfügt?

Karl Marx versuchte die Arbeitswertlehre zu retten, denn er erkannte darin eine der wichtigsten Zutaten seiner Ideologie. Wenn aller Wert aus der Arbeit entstünde, folgerte er, müsste auch aller Wert dem Arbeiter zustehen. Jeglicher Mehrwert, der dem Sparer, dem Geduldigen, dem Unternehmer, dem Ideengeber zufällt, wäre ungerecht. Marx' Rettungsversuch besteht darin, den Wert über die im Durchschnitt gesellschaftlich notwendige Arbeitszeit zu erklären. Doch auch der Behelf der Statistik kann diese Lehre nicht retten. Selbst wenn die marxistischen Kontrolleure überall ihre Augen hätten, um solche Durchschnittswerte zu ermitteln, wie sollten diese die Grundlage menschlichen Handelns bilden? Wir müssten dann stets bei der Zentrale nachfragen, wie hoch wir die Dinge und Leistungen um uns zu bewerten haben.

Wasser und Diamanten

Betrachten wir ein anderes Beispiel, um den Fehler der Arbeitswertlehre zu verstehen. Wenn wir Minenarbeiter nach dem Wert ihrer Ausbeute fragen, dann werden sie uns versichern, dass der hohe Wert eines Diamanten eben darin besteht, dass sie dafür dieser gefährlichen und harten Arbeit nachgehen müssen. Weil das Auffinden eines Diamanten so schwierig sei und nur so wenige diese Kunst beherrschen, deshalb seien Diamanten teuer und dem edlen Schmuck vorbehalten. Doch sind Diamanten wirklich wertvoll, weil wir nach ihnen schürfen? Würden sie wertlos, wenn wir nicht mehr nach ihnen graben müssten? Sind die kostenlosen Güter im Schlaraffenland ohne jeden Wert?

Die Diamantenschürfer denken und argumentieren verkehrt. Sie haben schließlich auch ein Interesse daran, dass der Wert des Diamanten quasi den Wert ihrer Arbeit widerspiegelt. In Wirklichkeit jedoch ist das Argument wie folgt vom Kopf auf die Füße zu stellen: Diamanten sind nicht deshalb wertvoll, weil Menschen nach ihnen graben. Menschen graben nach Diamanten, weil sie wertvoll sind. Es gibt unzählige seltene, kuriose, nur unter Lebensgefahr zu erringende Dinge, mit denen niemand seinen Lebensunterhalt bestreiten kann. Warum sollte die nötige Arbeit ein objektiverer Maßstab sein als andere? Durchaus lässt sich auch viel Arbeit aufbringen, ohne irgendeinen Wert zu schaffen.

Zunächst wollen wir sehen, wie Carl Menger und mit ihm die Österreichische Schule die naheliegende Frage erklärte: Warum haben denn Diamanten einen Wert? Der Leser mag amüsiert den Kopf schütteln, aber diese Frage hat die Ökonomen tatsächlich jahrhundertelang in Bann gehalten. Es ist im Nachhinein erstaunlich, dass sie erst so spät befriedigend gelöst werden konnte. Manche Irrtümer sind eben sehr hartnäckig, besonders wenn wir sie gerne aufrechterhalten, weil sie in unserem Interesse liegen. Die Ökonomen sprachen sogar von einem Paradoxon, so rätselhaft war ihnen das Problem: Nahezu jeder Mensch würde versichern, dass Wasser eines der wertvollsten Güter sei. Und dennoch zieht fast jeder Mensch einen Diamanten einem Glas Wasser vor, wenn man ihn vor die Wahl stellt. Für die Moralphilosophen war das ein Hinweis auf den verdorbenen Charakter der Menschen: Es stehe objektiv doch fest, dass Diamanten im Vergleich zu Wasser vollkommen wertlos und entbehrlich seien, und dennoch würden sich die Menschen so falsch entscheiden.

Carl Menger erkannte, dass jene Werte, mit denen wir in der Wirtschaft zu tun haben, etwas anderes sind als die Werte, die in Sonntagsreden beschworen werden. Zur Verwirrung trägt auch bei, dass leider dasselbe Wort hier gänzlich verschiedene Aspekte bezeichnet. Als wir fragten, warum ein Diamant wertvoll sei, dann meinten wir die subjektive Wertbeimessung durch konkrete Menschen, nicht irgendwelche ewigen, universellen, objektiven Wertvorstellungen und Begrifflichkeiten. Letztere prägen zwar das Denken der Menschen, aber was wir beobachten können, ist ihr Handeln. Und dieses Handeln erfolgt durch konkrete Menschen mit ihren jeweils eigenen Gründen und Wünschen. Die Entscheidung darüber, was für die Menschen von Wert ist, treffen sie selbst. Der »Wert«, den die Ökonomie meint, ist der Ausdruck konkreter Entscheidungen. Was die Menschen zu ihren Entscheidungen bewegt, das ist in ihren Köpfen unsichtbar versteckt. Die Ökonomie im Sinne der Österreichischen Schule unterscheidet sich von der Psychologie dadurch, dass sie über die Beweggründe keine Mutmaßungen anstellt.

Subjektive Wertbeimessung

Menger warnte vor schlampigem Denken: Niemals können wir auf der Grundlage von »Wasser« an sich handeln. Es sind stets konkrete Gütereinheiten, zwischen denen wir zu entscheiden haben. Wasser mag uns als abstraktes Konzept unendlich wertvoll sein. In der Realität ist das allenfalls beim ersten Glas Wasser in der Wüste der Fall, das uns vor dem Verdursten bewahrt. Dem zweiten Glas kommt schon ein geringerer Wert zu. Für uns in unserer komfortablen Welt ist das Glas Wasser aus der Wasserleitung bloß ein Glas zusätzlich zu einem unerschöpflichen Reservoir – wir haben ja selbst eine Leitung zu Hause. Der Diamant hingegen, der uns angeboten würde, wäre in den meisten Fällen der allererste Diamant für uns.

Doch weshalb ist ein Diamant wertvoll für uns? Vielleicht haben wir selbst gar keine Verwendung für ihn. Wir ahnen aber, dass es andere Menschen gibt, für die der funkelnde Stein einen so hohen Wert darstellt, dass sie uns allerlei dafür anbieten würden, das für uns wiederum von größerem Wert wäre. Für die meisten Menschen besitzt der Diamant also bloß einen Tauschwert. Einen solchen kann er aber nur haben, wenn er wirklich für andere einen besonders hohen Gebrauchswert aufweist. Wieder stehen wir am Anfang unserer Frage. Der gute Wissenschaftler hört wie ein neugieriges Kind nicht auf damit, »Warum?« zu fragen.

Warum haben also bestimmte Dinge für Menschen einen Wert und andere nicht? Der Ökonom spricht von Gütern: Das sind Dinge und Dienste, für die wir uns entscheiden, auch wenn wir etwas anderes für sie aufgeben müssen. Carl Menger formulierte vier Bedingungen, die erfüllt sein müssen, damit wir uns für bestimmte Güter entscheiden: An erster Stelle steht ein reales, persönliches Ziel, das wir verfolgen, etwa unseren Hunger zu stillen. Zweitens muss die betrachtete Sache geeignet sein, uns bei der Erreichung dieses Ziels zu helfen. Drittens müssen wir das auch wissen. Viertens muss die Sache verfügbar sein. Diamanten sind wertvoll, weil sie für manche Menschen taugliche und bekannte Hilfsmittel sind, Ziele zu erreichen, die sie sehr hoch bewerten. Wir mögen den Kopf darüber schütteln, doch zum Glück wird in einer Gesellschaft der Wert der Dinge nicht von denjenigen bestimmt, denen sie gar nichts bedeuten. Die Dinge finden so den Weg zu jenen, für die sie besonders wertvoll sind, was eigentlich eine wunderbare Sache ist.

Entscheidung für bestimmte Güter

Grenznutzen

Ist es also ihre Seltenheit, die Diamanten so wertvoll macht? Der Zusammenhang ist nicht so einfach, wie er scheint. Knappe Güter werden nicht automatisch hoch bewertet, bloß weil sie knapp sind. Entscheidend ist die Knappheit im Bezug zu den menschlichen Zielen. Knappe Güter sind nur dafür ausreichend, die am höchsten bewerteten Ziele anzustreben. Je nachdem, wie hoch das letzte noch mit dem knappen Gut erreichbare Ziel von unseren Mitmenschen bewertet wird, desto höher ist der Tauschwert einer Sache. Ein einfaches Beispiel illustriert diesen Zusammenhang, bei dem es sich um eines der wenigen echten ökonomischen Gesetze handelt.

> Ein Bauer erntet vier große Säcke Getreide. Wenn er in einem Jahr nur einen Sack geerntet hätte, würde er diesen verwenden, um daraus das tägliche Brot für seine Familie zu produzieren. Das ist seine höchste Priorität, ohne diesen Sack leiden er und seine Familie Hunger. Den zweiten Sack, den seine Ernte einbringt, wird er verwenden, um ihn im nächsten Jahr als Saatgut zu verwenden. Das ist seine zweite Priorität: auch im nächsten Jahr keinen Hunger zu leiden. Den dritten Sack kann er verwenden, um seine Tiere zu füttern und so seinen Speiseplan ein wenig zu erweitern. Der vierte Sack bleibt für Luxusgenüsse übrig: Der Bauer könnte damit etwa Bier brauen.

Welchen Wert hat nun ein Sack Getreide? Für andere klar erkennbar wird die Bewertung des Bauern dann, wenn er einen Sack für anderes aufgibt, das ihm wertvoller erscheint. Ist er über den Tausch mit anderen Menschen verbunden, so sind seine Wünsche und Ziele ein kleines Element der gesellschaftlichen Wertbildung. Wenn der Bauer einen Sack aufgibt, so wird es stets der zuletzt aufgeführte sein. Damit ist nicht exakt dieser Sack gemeint, sondern ein Sack unter der Bedingung, dass für die Abdeckung der drei höheren Prioritäten genügend Getreide zur Verfügung steht. Für den, der diesen Sack im Tausch erhält, wird es hingegen vermutlich der erste Sack sein. Diesen bewertet er nach dem am höchsten bewerteten Ziel, zu dem ihm das Getreide dient.

Der Wert eines Gutes bemisst sich also nach der zuerst aufgegebenen oder zuletzt hinzugekommenen Einheit dieses Gutes. Die Ökonomen sprechen dabei vom *Grenznutzen.* »Nutzen« bedeutet die Eignung eines Gutes, beim Erreichen unserer Ziele zu helfen. Für unsere Entscheidungen relevant ist der Nutzen, der an der »Grenze« unseres Handelns auftritt. Gemeint sind damit die Situationen, in denen wir gerade an der Kippe stehen, etwas herzugeben oder in Anspruch zu nehmen. Es handelt sich um die »Grenze«, die entlang der konkreten Gütereinheiten verläuft, die wir gerade angeboten bekommen oder bereit sind herzugeben.

Carl Menger war nicht der Erste, der den Wert der Güter erklären konnte. Vor ihm hatten schon zahlreiche Denker ähnliche Ansätze verfolgt, die jedoch immer wieder in Vergessenheit geraten waren oder verdrängt wurden. Einige wichtige deutsche Vorläufer von Menger seien erwähnt, um nicht den Eindruck zu erwecken, nur Österreicher seien zur Ökonomie befähigt: Johannes Nider, ein Schwabe, der bereits am Anfang des 15. Jahrhunderts (!) an der Universität von Wien wirkte, war schon fast so weit gelangt wie Menger. Dasselbe gilt für Gottlieb Hufeland, der Anfang des 19. Jahrhunderts an der Universität Halle lehrte. Der unmittelbarste Vorläufer Mengers schließlich war der Preuße Hermann Heinrich Gossen, der 1854 sein Werk *Entwicklung der Gesetze des menschlichen Verkehrs und der daraus fließenden Regeln für menschliches Handeln* veröffentlichte.

Subjektivistische Wertlehre

Den Erklärungsansatz von Carl Menger nennt man subjektivistische Wertlehre. Um einer Begriffsverwirrung vorzubeugen: Diese Wertlehre ist nicht »subjektiv«, sondern stellt eine objektive Beschreibung der Realität durch die Handlungen einzelner Wirtschaftssubjekte dar. Die subjektiven Ziele verschiedener Menschen und ihr subjektiver Wissensstand spielen dabei die größte Rolle. Wirtschaft wird so als ein dynamischer Prozess von Entdeckungen und Entscheidungen verstanden. Was morgen den Menschen etwas wert sein wird, lässt sich nicht mit Sicherheit vorhersagen. Irrige Ziele, Illusionen über die Tauglichkeit von Gütern, Irrtümer und Wissenslücken können Werte und damit letztlich auch Preise bestimmen. Doch niemand kann es besser wissen als die handelnden Menschen selbst; um ihre Ziele und ihr Wissen geht es schließlich.

Präferenzen

Ein Börsenkurs wird nicht durch seine Vergangenheit bestimmt, so wenig wie ein Preis durch die Produktionskosten bestimmt wird. Entscheidend ist die Zahlungsbereitschaft und damit Bewertung der Käufer. Diese Bewertung richtet sich stets auf die Zukunft, auf ein unerreichtes Ziel und eine ungewisse Entscheidung über knappe Mittel. So wie Börsenkurse Erwartungen abbilden, tun das auch die unzähligen anderen Bewertungen der Menschen. Menschen sind in ihrem Handeln zum Glück nicht vollkommen durch ihre Vergangenheit bestimmt, sondern handeln auf eine ungewisse Zukunft hin.

Handeln bedeutet, Mittel einzusetzen, um Ziele zu erreichen. Wir können nicht alle Ziele zugleich erreichen, darum müssen wir eine Reihung vornehmen. Wir haben uns zu entscheiden: das wichtigste Ziel von den anderen scheiden und momentan auf anderes verzichten. Genauso verhält es sich bei den Mitteln, auch hier müssen wir zwischen Alternativen wählen. In der Ökonomie spricht man von Präferenzen. Präferieren bedeutet vorziehen; wir ziehen bestimmte Ziele und Mittel anderen vor, die wir ebenso gut verfolgen oder nachfragen könnten. Diese Präferenzen sind unsichtbar, solange wir keine konkrete Entscheidung treffen und handeln. Man kann uns zwar darüber befragen, doch die so erhaltenen Antworten sind nicht sonderlich wertvoll. Wenn ich dem Leser erzählen würde, eigentlich sei es meine erste Präferenz, im Moment, in dem ich diese Zeilen schreibe, einen Spaziergang zu machen, so lässt sich dies leicht als unwahr erkennen. Ich kann noch so viel behaupten: Durch meine Handlung demonstriere ich meine eigentliche Präferenz. Nach der Österreichischen Schule ist daher streng zwischen ausgedrückten und demonstrierten Präferenzen zu unterscheiden. Zwischen unseren Worten und unseren Taten besteht oft ein großer Unterschied.

Opportunitätskosten

Jede Handlung ist eine Entscheidung, jede Entscheidung ein Wahlakt. Ein Mittel, das für ein Ziel eingesetzt wird, könnte bei einem anderen fehlen. Man kann einen Kuchen nicht zugleich aufessen und aufheben. Hieraus folgt eine weitere wichtige, wenngleich sehr unangenehme Erkenntnis: Jedes Handeln ist mit Kosten verbunden. Eine Entscheidung für etwas ist stets eine Entscheidung gegen etwas anderes. Mengers Schüler Friedrich von Wieser prägte für diese Einsicht den Begriff Opportunitätskosten.

Wenn Politiker »kostenlose« Leistungen versprechen, dann schüttelt es den Ökonomen. Etwas Kostenloses gibt es nicht. Jeder gewählte Weg führt zur Aufgabe von Dingen, die irgendwem ebenso »opportun« wären. Nur wenn man die Alternativen nicht beachtet, können Entscheidungen als kostenlos erscheinen. Bei politischen Entscheidungen muss in der Regel jemand anderer dafür bezahlen. Doch Opportunitätskosten bestehen nicht bloß aus Geld. Sie bezeichnen die Bewertung der Alternativen, gegen die man sich entscheiden musste. Verschwendung findet dann statt, wenn Güter und Leistung für Verwendungen aufgebraucht werden, die nicht den höchsten Prioritäten derjenigen entsprechen, die dafür aufkommen.

Versunkene Kosten

Opportunitätskosten, die in der Vergangenheit angefallen sind, nennen Ökonomen versunkene Kosten. Die Entscheidungen, die sie herbeiführten, sind bereits getroffen worden. Wir haben oft große Hemmnisse, einzugestehen, dass Kosten bereits »versunken« sind. Wenige geben gerne ihre Fehler zu. Hierzu ein einfaches Beispiel:

> Ich möchte mir einen neuen PC kaufen. Dieser kostet in Wien 2 000 Euro. Ein Freund weist mich darauf hin, dass es denselben PC in Berlin für 1 200 Euro momentan im Angebot gibt, man müsse diesen jedoch vor Ort kaufen, ein Versand sei nicht möglich. Ich stelle eine schnelle Rechnung an und folgere, dass ich um 300 Euro für Reise, Verpflegung, Unterkunft und Kulturgenuss zwei schöne Tage in Berlin verbringen könnte, die mich für den Zeitaufwand entschädigen. Ich freue mich, so noch immer 500 Euro einzusparen. In Berlin angekommen, stelle ich nun fest, dass der PC mittlerweile 1 800 Euro kostet. Ich addiere meine Ausgaben von 300 Euro und folgere, dass der PC für mich nun 100 Euro teurer ist, als wenn ich ihn gleich in Wien gekauft hätte. Wenn ich deshalb nun ohne PC zurückkehre, hätte ich einen Fehler begangen: Bei einem Kauf in Wien würden meine Gesamtkosten jetzt nämlich 2 300 Euro betragen, denn die Ausgaben für die Reise sind ja bereits angefallen. Auch der umgekehrte Fehler passiert uns oft: Würde der PC in Berlin tatsächlich 2 100 Euro kosten, sollte ich ohne PC zurückkehren. In solchen Situationen ziehen viele allerdings die Mehr-

kosten vor, weil sie sonst zugeben müssten, einen 300 Euro teuren Fehler gemacht zu haben.

Man spricht hier davon, dem schlechten Geld gutes Geld nachzuwerfen. Solche Fehler haben nämlich die Tendenz, sich zu summieren. Die Kosten, die abzuschreiben sind, steigen umso mehr, je länger man davor zurückschreckt, sie sich einzugestehen.

Viele Studenten erliegen einem Irrtum, der mit »versunkenen Kosten« zu tun hat. Sie wählen ein Fach, das sie nicht interessiert und für das sie kein Talent haben. Nach einem Jahr überlegen sie einen Wechsel, schrecken dann jedoch davor zurück, weil das erste Jahr »umsonst« gewesen wäre, wenn sie das Studium aufgeben. So belegen sie noch ein Jahr, quälen sich durch das Studium und überlegen erneut einen Wechsel. Doch dann hätten sie ja schon zwei Jahre »verloren«. Manche verlieren auf diese Weise ein ganzes Jahrzehnt, ja ein ganzes Leben, eben weil sie Angst davor haben, Zeit zu verlieren. Sehr häufig finden wir solches Verhalten bei Projekten in Großunternehmen oder in der Politik. Anstatt solche Projekte aufzugeben, weil sie offensichtlich ihre Zwecke nicht erfüllen können, wird immer mehr Geld hineingepumpt. Hörte man nämlich damit auf, Geld nachzuschießen, würden die bisherigen Beträge als »umsonst« erscheinen – als teure Fehler. Doch tatsächlich wird damit der Fehler immer teurer und teurer. Unerfahrene Börsenspekulanten machen oft ähnliche Fehler. Ihr Hauptirrtum besteht darin, den Verkaufszeitpunkt einer Aktie danach zu wählen, ob sie über dem Kaufpreis liegt. Der Kaufpreis ist, so wie alle anderen Kosten, in jedem Fall »versunken«. Viele halten jedoch an Aktien fest, denn solange man nicht verkauft, muss man sich den Fehler nicht eingestehen. Doch der erzielbare Verkaufskurs fällt und fällt …

Nutzenkalküle

Noch andere besonders gefährliche Irrtümer sind mit dem Übersehen von Opportunitätskosten verbunden. Zyniker weisen immer wieder darauf hin, welche großartigen wirtschaftlichen Folgen Kriege hätten. Danach würde die Wirtschaft für den Wiederaufbau kräftig angekurbelt. Um so etwas ernst zu meinen, muss man schon viele Jahre an der Universität studiert haben, bis auch der letzte Funken Hausverstand abgestorben ist. Dies ist eben der Unfug der neoklassischen Ökonomie, die von »der Wirtschaft« ausgeht und für den realen Menschen und sein Wohlbefinden kein Auge mehr hat. Kriege machen nur wenige reich und viele sehr arm. Um die Kosten zu erkennen, muss man nur jene Alternativen betrachten, die unsichtbar sind, weil sie von vornherein vereitelt wurden. Um wie viel lieber würden die »angekurbelten Produzenten« ihren Schweiß, ihre Lebenszeit, ihre Ersparnisse aufwenden, um ihr Leben zu verbessern – als mit Mühe nochmals aus bitterster Not das Wesentlichste neu zu schaffen, das sie verloren haben!

Multiplikatoreffekt

Ähnlich zynisch verhält es sich mit der »Umwegrentabilität«, die gut bezahlte Experten für Großprojekte berechnen. Großprojekte sind Projekte, die groß genug sind, sich Volkswirte leisten zu können, die der Bevölkerung Sand in die Augen streuen. Da wird akribisch berechnet, wie ein Euro für das nächste Stimmenfangprojekt eines Politikers und seiner privatwirtschaftlichen Günstlinge zig Euro an Wertschöpfung nach sich ziehen würde. Jeder Euro, so das Kalkül, wandere von Hand zu Hand, vom Politiker zum Bauunternehmer, zum Manager, zum Vorarbeiter, zum Hilfsarbeiter, zum örtlichen Gasthaus, zum Landwirt. So viele Leute seien nun einen Euro reicher. Das nennen Volkswirte den Multiplikatoreffekt. Je mehr und je eiliger die Menschen ihr Geld zum Fenster herauswerfen, desto höher dieser Effekt und desto größer der wundersam geschaffene Wohlstand. Gebt deshalb euer Geld mit Freuden euren Politikern, die machen mehr daraus! Der Irrtum sollte jedem offensichtlich sein, ist es aber für die wenigsten. Was wäre mit dem Euro passiert, hätte ihn der Politiker nicht verschwendet? Die studierten Volkswirte gehen offenbar davon aus, dass normale Menschen ihre Euronoten zu Joints drehen und rauchen. Freilich »multipliziert« sich auch Geld, das nicht verschwendet, sondern für jene Zwecke ausgegeben wird, die den Menschen wirklich wichtig sind – mit Wohlstandsschaffung aus dem Nichts hat diese Multiplikation aber nichts zu tun.

Besonders schlaue Volkswirte beginnen dann, Kosten und Nutzen aufzurechnen. Auf der einen Seite stünden die niedrigen Kosten der gemolkenen Steuerzahler, für die ein paar zig Euro zusätzlich nun wirklich nicht ins Gewicht fielen. Auf der anderen Seite stünde der große »volkswirtschaftliche« Nutzen, der den geringen »Disnutzen« all derjenigen aufwöge, die dafür auf anderes verzichten müssen. Was hier als neutrales Expertengutachten auftritt, ist eine Ideologie mit dem Namen Utilitarismus. Ihr bedeutendster Vertreter, Jeremy Bentham, gab die Devise aus, Aufgabe der Politik sei es, den Nutzen zu maximieren. Dazu muss die Politik freilich auf alles ein Auge haben und kann Anspruch auf alle Ressourcen anmelden, wenn sie größere Nützlichkeiten wittert. Es ist kein Zufall, dass Bentham auch einen Entwurf für das perfekte Gefängnis vorlegte, das er »Panopticon« nannte (»das allumfassende Auge«). Alle Zellen sind darin rund um einen zentralen Wachposten angeordnet und offen einsehbar.

Die Vertreter der Österreichischen Schule warnten von Anfang an vor der Vorstellung, der Nutzen sei etwas, das sich einfach berechnen und vergleichen ließe. Wenn wir eine Birne einem Apfel vorziehen, dann dürfen wir zwar sagen, die Birne habe einen größeren Nutzen – allerdings nur für uns und nur in diesem konkreten Moment der Handlung. Um wie viel größer der Nutzen dieser bestimmten Birne für uns war, können wir nicht einmal selbst angeben. Noch weniger können wir über den Nutzen für fremde Menschen irgendeine sinnvolle Aussage machen. Deshalb ist es absurd, dem Nutzen irgendeinen Zahlenwert zuzuordnen. Neoklassische Ökonomen gehen gar von einer Nutzenfunktion aus, mit der sich allerlei mathematische Spielereien vorführen lassen. Das Einzige, was ein realistischer Ökonom in der Tradition der Österreichischen Schule über die Ziele anderer Menschen aussagen kann, ist, dass sich im Handeln eine Reihung ausdrückt. Im obigen Beispiel steht die Birne in jenem Moment und für jene Person an erster Stelle und der Apfel nimmt die zweite Stelle seiner persönlichen Reihung ein. Unfug hingegen wäre es, der Birne einen Nutzenwert von 100 und dem Apfel einen von 50 zuzuweisen. Ein Anhänger des Utilitarismus würde auf der Grundlage solcher Zahlenwerte behaupten: Wenn ich jemandem seine Birne raube und der Ärger darüber den Beraubten nur 30 Nutzenpunkte »kostet«, mich die Birne aber um 100 Nutzenpunkte »glücklicher« macht, wäre die Volkswirtschaft damit um

70 Nutzenpunkte reicher geworden. Welch groteske Vorstellung! Nachdem wir nicht einmal unsere eigenen Ziele gegeneinander mit Zahlenwerten aufrechnen können, ist der Vergleich zwischen verschiedenen Menschen vollkommen unmöglich.

Die frühen Vertreter der Österreichischen Schule entblößten zwar klar die Unmöglichkeit und den Unsinn solcher Kalküle eines »allumfassenden Auges« oder »großen Bruders«. Doch sie hingen selbst noch einer abgeschwächten Form des Utilitarismus an, der die Bedürfnisbefriedigung als höchsten Wert erscheinen ließ. Dies ist in einer Zeit des Mangels verständlich. Spätere Vertreter der Österreichischen Schule gingen auch hiervon ab. Doch auch die früheste Generation hatte kein gutes Haar am Zerrbild der modernen Ökonomie gelassen, das den Menschen nur als roboterhaften Nutzenmaximierer darstellt. Julius Friedrich Gans von Ludassy, ein Schüler von Carl Menger und einer der ungarischen »Österreicher«, war der erste Ökonom, der den Begriff des homo oeconomicus prägte, um vor einer unrealistischen Volkswirtschaftslehre zu warnen, die sich mit Scheinmenschen befasst. Dies erkannte er bereits 1893 in größerer Klarheit als sämtliche modernen Ökonomen nach ihm. Dennoch oder womöglich gerade deshalb ist er heute auch in Fachkreisen vollkommen in Vergessenheit geraten.

Handel und Märkte

Warum Menschen tauschen

Wie wir im letzten Kapitel gesehen haben, ist der erste Grundsatz einer realistischen Ökonomie, dass die Menschen Dinge unterschiedlich bewerten. Keine »objektiven«, für alle gleichen Faktoren bestimmen den Wert einer Sache, sondern das jeweils subjektive Ziel und Wissen der handelnden Menschen. Diese unterschiedliche Bewertung ist der Grund dafür, dass Menschen miteinander tauschen. Das Tauschen lässt sich in jeder Gesellschaft und Kultur beobachten, sogar bei höheren Tieren. Die enge Verknüpfung von Handeln und Tauschen spiegelt die deutsche Sprache wider: »Handeln« hat neben »agieren« auch die Bedeutung »Handel treiben«. Vertreter der Österreichischen Schule wiesen stets darauf hin, dass das Tauschen sogar die Essenz des Handelns ist. Jedes Handeln bedeutet eine Entscheidung, jede Entscheidung eine Veränderung und damit einen Austausch von Alternativen. Darum nannte Ludwig von Mises das Handeln ohne Gegenüber den inneren Tausch, denn dabei tauschen wir mit uns selbst. Beim zwischenmenschlichen Tausch hingegen beziehen wir unsere Mitmenschen ein.

Innerer und zwischenmenschlicher Tausch

Tausch und Handel waren den Menschen lange suspekt, und objektive Werttheorien können das Tauschen nur unzulänglich erklären. Das Vorurteil lautete, es werde beim Handel nichts Neues produziert, er stelle daher eine geradezu parasitäre Tätigkeit dar. Natürlich: Wer nur die Kosten betrachtet, sieht bloß den Aufschlag des Händlers. Aristoteles und viele Denker nach ihm hingen dem Irrtum an, dass beim Tausch Gleichwertiges die Hände wechseln würde. Erst bei einer solchen Gleichwertigkeit der getauschten Dinge wäre der Tausch gerecht. Hätten die getauschten Dinge hingegen nicht einen gleich hohen Wert, wäre eine Seite übervorteilt worden. Diesen Gedanken nennt man den Montaigne-Irrtum. Es handelt sich um den Irrtum, dass bei einem Tausch eine Seite nur gewinnen kann, wenn die andere verliert. Dieser Irrtum steht auch hinter vielen Vorbehalten gegenüber dem internationalen Handel.

Doch warum tauschen Menschen dann überhaupt? Adam Smith, ein Anhänger der objektiven Werttheorie, sah den Grund dafür in einem dem Menschen angeborenen Tauschtrieb. Diese Erklärung ist allerdings unbefriedigend. Wenn der Tausch Ausdruck einer inneren Neigung wäre, warum hören die Menschen dann jemals auf zu tauschen? Wir würden in diesem Fall ein Hin-und-her-Tauschen beobachten. In Wirklichkeit endet jedoch fast jeder Tausch nach dem ersten Tauschakt.

Die Erklärung für den Tausch besteht eben darin, dass die Menschen Dinge unterschiedlich bewerten. Zwei Menschen tauschen dann – und nur dann –, wenn sie gegenläufige Präferenzen haben. Das bedeutet, dass für eine Person das, was eine andere besitzt, wertvoller erscheint, als das, worüber sie selbst bereits verfügt. Durch den Tausch gelangen also beide Seiten zu einem von ihnen präferierten Ergebnis. Auf diese Weise wird durch Handel ein Mehrwert geschaffen. Wenn zwei Menschen einen Apfel gegen eine Birne tauschen, können wir daraus Folgendes schließen: Derjenige, der den Apfel hatte, erwartet, dass die Birne für ihn wertvoller ist, und umgekehrt. Indem nun jeder sein im Moment vorgezogenes Obst erhält, steigt das Wohlbefinden. Ökonomen neigen sogar dazu, von einer Steigerung des nationalen Wohlstands zu sprechen. Das ist ein wenig irreführend, denn auf nationaler Ebene lassen sich solche momentanen Vorlieben gar nicht vergleichen.

Entscheidend ist, dass beide Seiten eine Besserstellung erwarten müssen, um zu tauschen, sonst kommt es nicht freiwillig dazu. Natürlich kann sich eine Seite irren: So wie das Gras auf der anderen Seite immer grüner erscheint, mag die Birne nur erstrebenswert erscheinen, solange sie ein anderer besitzt. Ökonomen halten sich in der Regel nicht lange bei solchen Ausnahmen auf: Sie gehen davon aus, dass Menschen lernen und daher in den allermeisten Fällen nur getauscht wird, wenn dadurch eine subjektive Besserstellung möglich ist.

Arbeitsteilung

Warum kommt es so oft vor, dass die einen genau das haben, was die anderen wollen, und umgekehrt? Sind die Menschen so dumm, stets im Besitz der falschen Sachen zu sein – so wie bei der Weihnachtsbescherung, die zum großen Umtauschen nach den Feiertagen führt? Der Grund dafür ist die gesellschaftliche Arbeitsteilung. Diese führt dazu, dass wir Dinge produzieren, die wir selbst nicht brauchen, um sie mit anderen zu tauschen. Auf diese Weise erhalten wir die Dinge, die wir brauchen und ersehnen, günstiger, einfacher und in höherer Qualität, als wenn wir sie selbst herstellen würden.

Adam Smith ging davon aus, dass die Menschen gleich sind und es erst ihre Spezialisierung ist, die zur Arbeitsteilung führt. Die Ökonomen der Österreichischen Schule waren etwas realistischer in ihren Annahmen. Sie lassen sich nicht dadurch verwirren, dass der Mensch gleich an Würde ist (oder sein sollte), um daraus zu folgern, Menschen seien sich tatsächlich völlig gleich. Gerade unsere Unterschiede sind doch interessant und werten uns auf. Die berechtigte und lobenswerte Sorge um den Schwächeren hat in der Ökonomie oft zu Scheuklappen geführt. Weil nicht alle gleich viel zu geben haben, gleich intelligent und geschickt sind, ihre Interessen mit gleicher Vehemenz durchsetzen können, rümpft der Moralist oft die Nase über den Tausch. Er interpretiert ihn als einen Akt des Vergleichens, bei dem eine Seite leicht unterliegen kann: diejenige, die über weniger Geld, Ressourcen, Erfahrung, Talent, Beziehungen, Macht verfügt. Gerechter wäre es, so der utopische Moralist, die Dinge zuzuteilen, anstatt den Menschen den freien Tausch zu gestatten. Hinter dieser Forderung steht freilich weniger die Sorge um die Schwachen als der Drang zur Macht, um die Gesellschaft nach eigenem Belieben umzugestalten. Die Abhängigkeit der Menschen voneinander wird zugunsten einer Abhängigkeit vom zuteilenden Staat aufgegeben. Doch hierbei läuft der Schwächere noch viel eher Gefahr, zu kurz zu kommen. Denn beim Tausch aufgrund der Arbeitsteilung gibt es eine interessante Gesetzmäßigkeit, die den Ökonomen optimistisch zu stimmen vermag.

Sehen wir uns ein beliebtes Beispiel an, das die Bedeutung des Tausches illustriert. Die Österreichische Schule greift gerne auf die Geschichte von Robinson Crusoe zurück, da sie allgemein bekannt ist und die einfachste Form einer Wirtschaft beschreibt. Robinson wird auf seiner einsamen Insel aus Existenznot bald ein hochspezialisierter Fischer sein, der seinen »Beruf« täglich ausüben muss. Eines Tages trifft er auf Freitag, und der ist womöglich geschickter dabei, auf Kokospalmen zu klettern. Nehmen wir an, Robinson kann an einem Tag zehn Fische fangen, Freitag hingegen nur vier Fische. Umgekehrt gelingt es Robinson an einem Tag bloß, vier Kokosnüsse zu pflücken, während Freitag zehn von den Palmen holen kann. Wenn jeder für sich wirtschaftet und je einen halben Tag zum Fischen und Palmenklettern verwendet, dann wird Robinson am Abend über fünf Fische und zwei Kokosnüsse verfügen, Freitag hingegen über zwei Fische und fünf Kokosnüsse. In dieser kleinen Volkswirtschaft wurden also sieben Fische und sieben Kokosnüsse produziert. Macht jeder hingegen das, worin er am besten ist, wächst die Produktion auf insgesamt zwanzig Güter. Die Arbeitsteilung führt also zu einem Wirtschaftswachstum von 43 Prozent! Doch wem kommt dieses Wachstum zugute?

Wer profitiert vom Tausch?

Robinson und Freitag haben sich überhaupt nur deshalb in dem Ausmaß spezialisiert, weil sie davon ausgehen, tauschen zu können. Ohne Tausch würden sie das nicht tun, ihr Speiseplan wäre sonst zu eintönig. Sie wissen selbst, wie ihre Situation ohne Tausch aussehen würde. Diese Alternative wird wohl auch darüber bestimmen, wie viel sie bereit sind, einzutauschen. Beide können jeweils fünf Stück des Guts aufgeben, über das sie verfügen, und müssen von der Gegenseite bloß drei Stück des anderen Gutes erhalten, um über mehr Güter zu verfügen, als sie ohne Spezialisierung und Tausch hätten. Wir können also davon ausgehen, dass das ihre Verhandlungsgrundlage ist. Es interessiert den Ökonomen nicht allzu sehr, wer letztlich besser verhandelt.

Ist es schlimm, wenn Robinson sich besser durchzusetzen vermag und für nur drei Fische fünf Kokosnüsse ergattert? Freitag hätte womöglich lieber mehr Fische bekommen. Aber selbst bei diesen scheinbar ungünstigen Konditionen geht es ihm nun besser als zuvor. Unser Mitgefühl für den hypothetischen Tauschpartner mag sich darin ausdrücken, Robinson ins Gewissen zu reden. Noch besser wäre es, Freitag selbst bessere Konditionen anzubieten. Oft richtet ein solch hypothetisches Mitgefühl hingegen Unheil an. Es könnte zur Anmaßung verführen, das Tauschen gänzlich zu vereiteln. Es sucht Sündenböcke und geht mit Schuldgefühlen hausieren. Der Vorbehalt, dass irgendwer irgendwo den Kürzeren ziehen könnte, ist völlig unfruchtbar. Unsere Welt wird nicht besser durch diffuse Verdächtigungen, Schuldzuweisungen und moralisierende Besserwisserei, nur durch Bessertun. Ein solches Bessertun bestünde darin, in einem konkreten Fall einen schlechteren Tausch durch einen besseren zu tauschen, also eine konkrete Alternative zu bieten.

Die Tauschskeptiker wenden dann gerne ein: Das Beispiel sei künstlich, eine solche Gleichheit gebe es in der realen Welt kaum. Was, wenn Freitag gar nicht fischen darf oder kann? Hier muss der Ökonom der Österreichischen Schule die klassische Ökonomie ein wenig in Schutz nehmen. Zwar steht außer Frage, dass diese voll von versteckten politischen Annahmen war und oft politischen Interessen diente. Doch die Politisierung jeder Fragestellung ist eine unglückliche Entwicklung der Moderne. Es ist sinnlos, jede Äußerung über unser Zusammenleben als politische Stellungnahme zu deuten oder zu formulieren. Freilich gibt es viele Übel in unserer Welt. Natürlich können viele nicht so, wie sie wollen, und die politischen Rahmenbedingungen spielen hierbei selbstverständlich eine Rolle. Diese Rolle wird aber, und das ist auch ein Erbe des Marxismus, oft überschätzt. Das, was wir nicht tun, obwohl wir können, überwiegt doch in der Regel das, was wir tun wollen, aber nicht können oder dürfen.

Politische Rahmenbedingungen

Die oft künstlich wirkenden Beispiele der klassischen Ökonomie haben immerhin einen großen Vorteil: Sie helfen uns, die politischen und ideologischen Konflikte der Moderne für einen Moment auszublenden. Sie sollen unseren Blick schärfen, indem sie so weit vereinfachen, wie es möglich ist. Die klassischen und insbesondere schließlich die neoklassischen Ökonomen haben den Fehler begangen, noch darüber hinaus zu vereinfachen, bis zu einer unrealistischen Einfachheit. Doch die Einfachheit des Tausches zwischen zwei Menschen, die sich nichts Böses wollen, die sich nicht selbst und gegenseitig täuschen, die mit dem zufrieden sind, was sie haben, und sich über das freuen, was ihnen die Gegenseite an Mehrwert bietet, ist eine Einfachheit, die unserer Welt zwar immer ferner sein mag, aber nicht unrealistisch und unerreichbar ist.

Komparativer Vorteil

Selbst wenn wir das Beispiel ein wenig abändern und eine unangenehme Gegebenheit ergänzen, macht es uns Mut. Gehen wir nun davon aus, dass Robinson Freitag insofern »überlegen« ist, dass er sowohl besser fischen als auch schneller Kokosnüsse ernten kann. Womöglich hat er ein Wissen erworben, das Freitag fehlt. An einem Tag könnte Robinson nun entweder zehn Fische oder zehn Kokosnüsse oder je fünf Stück davon produzieren. Freitag hingegen vermag nur entweder vier Fische oder acht Kokosnüsse oder jeweils die halbe Stückzahl aus eigener Kraft zu erlangen. Der Vergleich zeigt, dass bei einer Spezialisierung trotzdem die Gesamtausbeute höher liegt: zehn Fische und acht Kokosnüsse anstelle von sieben (fünf plus zwei) Fischen und neun (fünf plus vier) Kokosnüssen.

Aus Sicht der Österreichischen Schule ist allerdings noch gar nicht gewiss, ob es sich hierbei tatsächlich um einen Mehrertrag handelt. Wir wissen nämlich nicht, ob drei zusätzliche Fische eine Kokosnuss aufwiegen. Ob dies so ist, liegt allein an den subjektiven Präferenzen der beteiligten Menschen. Doch wenn das nicht der Fall wäre, könnten sie ihre Handlungen ändern: Robinson könnte etwa seinen Tag dazu nutzen, neun Fische anstelle von zehn zu fangen und dafür zusätzlich eine Kokosnuss zu pflücken. Der Vergleich würde dann zeigen, dass der Mehrertrag nach Arbeitsteilung genau dem Wert von zwei Fischen entspricht. Wem dieser Überschuss zugutekommt, wissen wir nicht. Ob Robinson und Freitag überhaupt tauschen, ist ebenfalls ungewiss. Doch auch in dem Fall, wo einer selbst alles besser kann als ein anderer, bietet der Tausch für beide Seiten einen Vorteil. Diese Erkenntnis wird nach David Ricardo das *Gesetz des komparativen Vorteils* genannt.

Gesetz des komparativen Vorteils

Für viele Kritiker der klassischen Ökonomie steht diese Erkenntnis unter dem Verdacht, bloß den Freihandel legitimieren zu wollen. In der Tat formulierte Ricardo sein Gesetz für ganze Nationen, nicht bloß tauschende Individuen. Die Österreichische Schule lieferte jedoch die Erklärung, warum es sich hier um eine fundamentale Tatsache des persönlichen Tausches handelt: Denn nicht absolute Kosten sind für uns entscheidend, sondern die Opportunitätskosten. Vergleicht man ihre Alternativen, so »kostet« Robinson die Produktion einer Kokosnuss einen Fisch, Freitag nur einen halben Fisch: So viel müssen sie jeweils von der einen Sache aufgeben, um ein Stück mehr von der anderen Sache zu produzieren.

Tausch und Gesellschaft

Diese Erkenntnis, dass der Tausch auch dann für alle Beteiligten vorteilhaft sein kann, wenn die einen den anderen in allem überlegen sind, macht Mut: Denn das bedeutet nichts anderes, als dass sich uns bei noch mehr Gelegenheiten eine Alternative zur Gewalt bietet, als wir dies intuitiv erwartet hätten. Darum nennt man das Gesetz vom komparativen Vorteil auch *Vergesellschaftungsgesetz*. Gemeint ist damit eben nicht Verstaatlichung, sondern das Entstehen von Gesellschaft im Sinne eines friedlichen Nebeneinanders von sich fremden Menschen.

Die Ökonomen der Österreichischen Schule betonten stets, welch große Bedeutung das Tauschen für die Gesellschaft hat. Friedrich von Hayek ging sogar so weit, ein neues Wort für Ökonomie vorzuschlagen, das auf Richard Whately zurückgeht: Katallaktik. In dieser Neuschöpfung steckt ein besonders schönes und symbolträchtiges griechisches Wort: *katallattein*. Es bedeutet sowohl »tauschen« als auch »vom Feind zum Freund machen«. Für viele Ökonomen der Österreichischen Schule, insbesondere der jüngeren, stellt dieser Aspekt überhaupt die Essenz des ökonomischen Denkens dar: Wie lassen sich menschliche Ziele, die sich so oft widersprechen, ohne Zwang und Täuschung erreichen? Das ist alles andere als selbstverständlich. Wer sich in einer modernen Stadt aufhält, muss eigentlich über dieses Wunder staunen: Massen von Menschen, die sich fremd und verschieden sind, die Neid, Hass und Gier empfinden können, die sich mit bloßen Händen gegenseitig umbringen könnten, fallen im Regelfall nicht übereinander her, sondern gehen friedlich ihrer Wege. Auch ihre Versorgung ist alles andere als selbstverständlich. Nur der Ökonom, der hinreichend nüchtern ist, all dies als keine Selbstverständlichkeit hinzunehmen, kann darüber staunen. Und das Staunen, so lehrt uns Aristoteles, ist der Beginn jeder wahren Wissenschaft.

Ein Grund zur Skepsis gegenüber dem Freihandel lässt sich nicht von der Hand weisen: Tausch erzeugt Abhängigkeit. Freitag könnte das Fischen gänzlich verlernen, wenn er sich nur noch auf Kokosnüsse spezialisierte. Wir modernen Bewohner unserer einsamen Inseln inmitten des bedrohlichen Ozeans der Massengesellschaft sind uns dieser Abhängigkeit bewusst, und sie macht uns oft Angst. Wenn die globale Arbeitsteilung, in die wir heute eingebettet sind, eines Tages zum Erliegen käme, würden die meisten mit Schrecken feststellen, dass sie ihre Grundbedürfnisse nicht mehr selbst befriedigen können. Immer weniger Menschen können selbst kochen, geschweige denn selbst den Boden bewirtschaften. Jede Faser an unserem Leib, jeder Krümel unseres Mahls, jeder Ziegel unserer Behausung ist uns durch Tausch und in der Regel eben nur durch Tausch zugänglich.

Abhängigkeit ist nicht an sich etwas Schlechtes. Im besten Falle ist es sogar etwas ganz Wunderbares. Der Mensch ist ein soziales Wesen und vermag viel besser zu leben, indem er anderen dient. Doch Abhängigkeit ist nur dann gut, wenn wir Vertrauen haben können. Die Abhängigkeit des Kindes von der Mutter ist für beide Seiten wunderschön, wenn Vertrauen und Liebe die Grundlage ihrer Beziehung bilden. Die Abhängigkeit vom Kollegen ist wunderbar, wenn Vertrauen und Freundschaft die gemeinsame Arbeit aufwerten. Die Angst vor der Abhängigkeit ist kein Fehler des Tausches, sie ist eine Folge unseres schwindenden Vertrauens in unsere Gesellschaften und Institutionen.

Schon die frühesten Vertreter der Österreichischen Schule mögen diesen Vertrauensschwund geahnt haben, doch ihre Zeit überdeckte ihn mit falschen Versprechungen und falschem Gemeinschaftsgefühl. Auch wenn ihre Tauschbegeisterung für unsere ernüchterten Ohren mittlerweile etwas fahl klingt, sollten wir ihnen das nicht vorwerfen. Der Freihandel, den sie ersehnten, war keiner, den Politiker in komplizierten Verträgen unter Einfluss mächtiger Lobbies verordnen. Es ging um die Freiheit des Menschen, auch in demjenigen einen Mitmenschen und Tauschpartner zu sehen, der zufällig auf der anderen Seite der nationalen Grenzen steht, die das 20. Jahrhundert mit so viel Blutvergießen schuf. Frédéric Bastiat, ein wichtiger Vorläufer der Österreichischen Schule, bemerkte: »Wenn nicht Waren die Grenzen überschreiten, dann werden es Soldaten tun.« Wir ernüchterten Skeptiker der Postmoderne erwidern darauf vielleicht: Zuerst marschieren die Soldaten und dann die Waren! Doch Bastiat und auch die frühen Denker der Österreichischen Schule betrachteten Handel noch nicht als den Strom anonymer Warenkontingente, der sich über Konsumabhängige ergießt. Es ging vielmehr um den konkreten Tausch zwischen realen Menschen, die bewusst und freiwillig füreinander produzieren.

Marktfeindlichkeit

Dass Menschen Dinge für den Tausch und nicht bloß den eigenen Gebrauch herstellen, stieß in der Geschichte oft auf Vorbehalte. Moralisch sind diese Vorbehalte zweifelhaft. Sie unterstellen dem Handwerker, bloß zu produzieren, um sich an anderen zu bereichern. Dabei ist es doch wesentlich egoistischer, Wertvolles nur für den eigenen Gebrauch und nicht auch für andere zu schaffen. Es wäre doch ein gutes Zeichen und an sich eine schöne Sache, wenn unsere Erzeugnisse für andere so wertvoll sind, dass sie uns etwas im Tausch dafür bieten.

Die Vorbehalte deuten jedoch auf eine Gefahr hin: Bei der Konzentration auf den Tausch drohen wir die Beziehung zur eigenen Berufung zu verlieren. Das ist dann der Fall, wenn unser Werk nicht auch Selbstzweck für uns ist, sondern wir nur noch für fremde Zwecken arbeiten. Am Schaffen an sich empfinden wir dann keine Freude mehr und müssen stets durch den Ertrag dafür entschädigt werden. Wer nur noch für den Tausch und nicht auch ein wenig für sich selbst am Werk ist, verdient aber weniger unsere Verachtung als unser Mitleid. Wie so viele Vorbehalte ist auch dieser in anmaßender Übertreibung gefährlich, stellt recht verstanden aber eine Orientierungshilfe dar: Wer bei der Ausübung seines Berufes auch einer Berufung folgt und nicht bloß einen »Job« erledigt, geht seiner Tätigkeit nicht nur deshalb nach, weil er dafür bezahlt wird; ganz im Gegenteil würde er sogar dafür bezahlen, ihr nachgehen zu dürfen.

Besonders verdächtig erscheinen vielen Menschen heute die sogenannten »Märkte«. Doch denken wir für einen Moment zurück: Funkelnde Kinderaugen am Jahrmarkt mögen uns daran erinnern, dass das auch ganz wunderbare Einrichtungen sein können. Auch der moderne Supermarkt ist ein kolossales Wunder. Wenn wir für einen Moment mit den Augen eines Kindes oder Philosophen an die Sache herangehen, lernen wir wieder das Staunen. Welch grandiose Koordinationsleistung, hier das Wirken von Abermillionen Menschen aus allen Ecken der Welt schön säuberlich aufgereiht zu sehen – und das alles zu Diensten unserer bequemen Bedürfnisse. Es ist ein Wunder, gewiss, doch hat es heute einen schalen Beigeschmack. Die Supermärkte nehmen uns so vieles ab, dass sie uns letztlich doch wieder überfordern. Weil wir beim Einkaufen nicht mehr denken müssen, verflüchtigt sich der Geist aus unseren Märkten. Die komplexe, moderne Welt fühlt sich kalt an. Der moderne Mensch ist aber meist bequem, und so fängt er an, die Märkte zu verachten, statt selbst ein wenig für Geist und Wärme zu sorgen. Vergleichbar einem verwöhnten Kind, das sich gegen seine Eltern auflehnt.

Niemand ist gezwungen, sich über bestimmte Märkte zu versorgen – oder überhaupt über Märkte. Wenn Vertreter der Österreichischen Schule die Märkte gegenüber den Besserwissern in der Politik, den Medien und Universitäten in Schutz nahmen, dann stets aus Sorge um die verwöhnten Kinder, die ohne ihre Massenversorgung zu Massenhunger oder gar Massenmord neigen. Ludwig von Mises prophezeite das bittere Ende der Experimente, die Märkte politisch abzuschaffen, als ihn seine Zeitgenossen für diese Gewissheit noch verspotteten.

Unser Begriff Markt verweist auf *merx*, das ist das lateinische Wort für Ware. Und die Ware hat heute einen ebenso schlechten Ruf wie der Markt, vielleicht weil es noch nie so viel wie heute davon gab. Auf diesen Vorbehalt stießen wir schon eben: Wenn etwas bloß Ware ist, dann ist es austauschbar. Dass etwas Ware ist und somit tauschbar, ist eigentlich eine schöne Sache, denn so vermag es eben auch unseren Mitmenschen zu dienen. Dass etwas nur noch Ware ist, verweist hingegen auf einen Mangel an Bedeutung und Sinn. Dieser Sinnverlust war eigentlich gemeint, als Karl Marx von der Entfremdung sprach und damit den Nerv der Zeit traf. Die Dinge, die wir produzieren und konsumieren, sind uns fremd geworden. Der wesentliche Grund dafür liegt aber gerade in der Abwesenheit von Märkten, nicht in zu viel Markt: Die Beiträge der unzähligen Menschen zu einem Produkt wurden im Laufe des letzten Jahrhunderts zunehmend innerhalb von großen Betrieben vereint, die homogene Waren produzieren, die wirklich austauschbar sind. Es treffen sich immer weniger Selbstständige auf Märkten, um dort zu tauschen und sich aufeinander abzustimmen.

Sinnverlust

Alternativen zum Markt

Drei Aspekte definieren den Markt für den Ökonomen: Eine Vielzahl tauschender Akteure trifft aufeinander, die miteinander im Wettbewerb stehen und über Preise koordiniert werden. Märkte sind Mechanismen zur Koordination der Güterverteilung. Bestimmte Menschen verfügen über bestimmte Dinge und sind bereit, bestimmte Dienste zu erbringen. Gibt es Alternativen zum Markt, die für eine bessere Verteilung sorgen könnten?

Zuteilung

Eine Möglichkeit besteht in der Zuteilung durch eine Autorität. Handelt es sich um eine echte Autorität, dann folgen ihr die Menschen freiwillig. In diesem Fall wäre es eine Art Ratgeber, der es besser weiß als die anderen Gruppenangehörigen. In einer engen Sippe oder in einem Kloster ist das durchaus plausibel. Vertreter der Österreichischen Schule warnten jedoch oft davor, die Moral kleiner Gruppen auf eine größere Gesellschaft zu übertragen. Meist steht Anmaßung dahinter. Weil es unwahrscheinlich ist, dass es eine solche Autorität mit einem so umfassenden Wissen und dem dazu nötigen Vertrauen der Mitmenschen in einer großen, anonymen Gruppe gibt, läuft die Zuteilung meist auf Zwang hinaus. Einer nimmt den Menschen einen kleineren oder größeren Teil dessen, was sie haben, und verteilt es nach eigenem Gutdünken.

Der Markt stellt ein dazu alternatives Verfahren dar. Die einzelnen Menschen tauschen, worüber sie momentan rechtmäßig verfügen. Bei einer Vielzahl tauschender Akteure regiert nicht ein Plan, sondern viele Pläne werden koordiniert. Spätere Vertreter der Österreichischen Schule betonen, dass man nur dann von einem Markt sprechen sollte, wenn für keinen dieser Pläne Zwang eingesetzt wird und kein Betrug geschieht. Manche unterscheiden in dieser Hinsicht zwischen ökonomischen und politischen Mitteln. Das ökonomische Mittel, um Ziele zu erreichen, die von anderen abhängen, ist die Überzeugung durch Argumente oder Angebote. Politische Mittel hingegen sind, frei nach Vito Corleone, Angebote, die man nicht ablehnen kann.

Weil man auf einem Markt Angebote ablehnen kann, also die einzelnen Akteure entscheiden, was sie wogegen eintauschen, besteht Wettbewerb. Wenn Freitag nicht damit zufrieden ist, dass ihm Robinson drei Fische für fünf Kokosnüsse bietet, kann er sein Angebot ablehnen und sich nach besseren Anbietern umsehen. Wir sind bei dem wohl bekanntesten Modell der klassischen Ökonomie angelangt, den beiden berühmtesten ökonomischen Kurven: Angebot und Nachfrage. Einer der Gründe, warum die Österreichische Schule oft fälschlicherweise der Neoklassik zugerechnet wird, liegt darin, dass sie Preisdynamiken ähnlich wie die Klassik deutet. Doch ihr Zugang ist ein grundlegend anderer: Es geht nicht um Modelle fiktiver »perfekter« Bedingungen, sondern um das Verständnis realer Phänomene. Darum scheuen Ökonomen der Österreichischen Schule oft davor zurück, auch diese einfachsten Kurven aufzumalen. Denn sie machen für viele Menschen aus ganz einfachen Grundtatsachen, die dem Hausverstand zugänglich sind, ein mathematisches Mysterium. In den Kurven ist Folgendes aufgetragen: Je höher der Preis, desto mehr wird angeboten und desto weniger wird nachgefragt.

Angebot und Nachfrage

Freitag hört sich nach alternativen Anbietern von Fisch um, die zugleich Nachfrager von Kokosnüssen sind. Jeder Anbieter auf einem Markt ist zugleich Nachfrager. Darum sind Angebots- und Nachfragekurve gegengleich. Man muss nur die Achsen ändern, um alles auf den Kopf zu stellen. Diese einfachen Verhältnisse von zwei Größen, die je nach Betrachtung gegengleich sind, verwirren die meisten Menschen, Ökonomen eingeschlossen.

Je mehr und schneller Freitag über die Präferenzen der anderen Marktteilnehmer Bescheid weiß, desto eher beginnt die Situation einer Auktion zu ähneln. Freitag wird weniger Anbieter von Fisch finden, die bereit sind, mit ihm zu tauschen, wenn er für drei Fische anstelle von fünf Kokosnüssen bloß eine anbietet. Diese Verhältnisse sind genau das, was Ökonomen mit dem Begriff Preis bezeichnen. Geld braucht es hierfür noch keines. Preise sind die konkreten Tauschverhältnisse von Waren oder Leistungen. Auf realen Märkten gibt es unterschiedliche Preise. Je schneller die potenziellen Tauscher voneinander wissen, je mehr Geduld sie mitbringen, je näher beisammen sie sind, desto mehr nähern sich diese Preise an. Wenn Freitag jemanden findet, mit dem er fünf Kokosnüsse gegen vier Fische tauschen kann, dann beobachtet man auf diesem Markt einen Preis für Kokosnüsse in Fisch von 4/5. Das ist dasselbe wie ein Preis für Fisch in Kokosnüssen von 5/4. Das kann man auch als 0,80 oder 1,25 schreiben, wenn Dezimalzahlen mehr Eindruck machen.

Das sind die heiß geliebten Daten der empirischen Ökonomen. Preise sind Zahlen, die sich erheben lassen und reale Handlungen dokumentieren. Ein besonders seltener Glückfall für den Sozialwissenschaftler, der mit Blick auf den zahlenreicheren Naturwissenschaftler oft unter unterdrückten Minderwertigkeitsgefühlen leidet. Dies führt dazu, dass viele einer ungesunden Fixierung auf solche Zahlen erliegen. Realistische Ökonomen nehmen Preise nicht so ernst. Es handelt sich zwar um wichtige Dokumente und Orientierungshilfen, denn die Beobachtung der Preise hilft Menschen ganz beträchtlich bei ihrer Koordination. Jemand, der gerade überlegt, ob er nun fischen oder auf Palmen klettern soll, kann hier eine gute Entscheidungshilfe finden. Doch er sollte dabei vorsichtig sein. Preise sind Daten, und Daten beschreiben stets die Vergangenheit. Entscheidend für unser wirtschaftliches Handeln ist aber die ungewisse Zukunft. Dass der Preis für Fisch heute 0,80 beträgt, hilft demjenigen wenig, der morgen fischen geht, um übermorgen seinen Fisch anzubieten. Vielleicht hat Freitag morgen keine Lust mehr auf das Palmenklettern, und der Preis für Fisch fällt rapide. Warum das so ist, darf der Leser als einfache Denksportaufgabe nachvollziehen. Ein Hinweis: Der Preis für Fisch ist in diesem Beispiel in Kokosnüssen ausgedrückt. Wer mit solchen Beziehungen zwischen Größen gut umgehen kann, hat schon die nützlichste Fertigkeit eines modernen Ökonomen gemeistert. Seine übrige Qualifikation besteht ohnehin vorwiegend aus nutzloser, weil schlampiger und zu spezialisierter Mathematik, Datenmanipulation und der Begabung, einfache Dinge kompliziert auszudrücken.

Empirische Ökonomie

Doch stellt oben beschriebene Dynamik eine Notwendigkeit dar? Es ist leicht, sich Ausnahmen auszudenken. Dass höhere Preise zu mehr Anbietern und weniger Nachfragern führen, scheint auf der Annahme zu beruhen, dass es allen nur darum geht, mehr zu verdienen und weniger zu bezahlen. Die Kritik ist berechtigt, aber etwas übertrieben. Menschen begeben sich auf Märkte, um dort ihre Zwecke eher zu erreichen. Menschen tauschen überhaupt erst mit anderen, wenn sie sich einen Nutzen davon erwarten. Natürlich ist es falsch, unsere Mitmenschen nur noch aus dieser Warte zu betrachten, nur noch als Mittel für unsere Zwecke. Historisch waren Märkte stets sehr wertvolle, aber räumlich oder gar zeitlich beschränkte Tauschorte. Der Markt ist dazu da, dass sich fremde Menschen nach klaren Regeln koordinieren.

Einige Entwicklungen haben dazu geführt, dass diese Märkte nicht nur den Eindruck wecken, »kälter« geworden zu sein, sondern auch Überhand zu nehmen. Erstens sind wir uns fremder geworden, wir haben wesentlich öfter mit Fremden zu tun. Wer den Frieden zwischen Fremden schätzt und darüber staunen kann, der vermag Märkte zu würdigen. Die einfache Grundregel des Marktes mag kalt wirken: Wir tauschen dann mit jemandem, wenn er uns etwas anbietet, das uns wertvoller erscheint als das, was er dafür von uns verlangt. Diese Regel ist hinreichend einfach und voraussetzungslos, um die Kluft zwischen Menschen, die sich noch nicht kennen und trauen, zu überwinden. Es ist nicht selbstverständlich, dass die Gegenseite nicht beleidigt ist und uns Böses will, wenn wir ihr Angebot ablehnen. Die Marktregel ermöglicht das Zusammenleben von Fremden besser als jede Zuteilungsregel, denn eine solche erfordert Zwang und schürt Misstrauen. Doch die Marktregel ist aufgrund ihres schlichten Kalküls denkbar ungeeignet für Familien und enge Gemeinschaften. Die dauerhaften, intimen Beziehungen würden durch ein ständiges Aufrechnen Schaden nehmen. Die Ablehnung des Marktes entspricht daher oft einer Sehnsucht nach Gemeinschaft und Familie. Doch wer Fremden die Möglichkeit nimmt, frei miteinander zu tauschen, schafft noch keine Liebe zwischen ihnen; ganz im Gegenteil.

Die Kälte der Märkte

Ein zweiter Grund, warum die Märkte einen immer kälteren Eindruck machen, ist die Vereinheitlichung der Güter. Preise als einzige Richtschnur kann es nur geben, wo sich die Güter vollkommen gleichen. Wenn Fische nur noch als einheitliches Gut »Fisch« wahrgenommen werden, dann bleiben eines Tages nur die billigsten Anbieter übrig, bis irgendwann irgendwo der Einheitsfisch für die gesamte Welt vom Fließband fällt.

Die frühen Vertreter der Österreichischen Schule lebten in einer Zeit der Knappheit, und die Massenproduktion einheitlicher Güter erschien dieser Zeit zu Recht als Segen. Doch schon damals, als alle Welt das Heil in der Zentralisierung suchte, warnten die »Österreicher« davor. Unsere heutige Produktionsstruktur ist noch immer von Resten der Kriegswirtschaft geprägt. Doch wir dürfen nicht die Märkte – also unsere Tauschpartner – dafür verantwortlich machen, dass wir stets das billigste Produkt wählen, so als ob nur eine Seite der Kurve zählte: das Geld. Dieses Geld ist auch der wesentliche Grund für die gefühlte Kälte der Märkte – mehr dazu später. Eines sei vorweg verraten: Es hängt mit dem Paradoxon zusammen, dass Märkte dann besonders dominant wirken und auf ihnen besonders kurzfristig agiert wird, wenn das Tauschen von Werten bedroht ist. Deshalb haben im Sozialismus manche Menschen geradezu eine Marktbesessenheit erlebt, all ihr Denken kreiste um die seltenen und riskanten Gelegenheiten, etwas zu tauschen. Wenn wir darauf vertrauen können, auf den Märkten nachhaltige Werte zu finden, auch morgen noch tauschen zu können und Tauschpartner zu finden, auch morgen noch etwas von Wert zu haben, das auf Nachfrage stößt, dann können wir heute den Markt beruhigt Markt sein lassen und uns wichtigeren Aspekten unserer Existenz widmen. In diesem Sinne ist der Ökonom der Österreichischen Schule ein wenig verblüfft über die Marktfeindlichkeit, die doch wieder nur eine verdrehte Marktbesessenheit ist.

Märkte gab es bisher überall, wo es Menschen gibt, und es wird sie immer geben, solange die Welt nicht gänzlich auf isolierte Familienverbände zurückfällt, die sich voreinander fürchten und untereinander nur zu roher Gewalt fähig sind. Aus allen Weltenbürgern mit Gewalt eine einzige Familie zu formen, ist kein schöner Gedanke, sondern eine totalitäre Utopie. Natürlich können und sollen wir auch Fremden helfen. Doch es wäre zu wenig, sich allein auf die Nächstenliebe zu verlassen. Die schlichte Regel, die schon die alten Römer mit *quid pro quo* (etwas für etwas) oder *do ut des* (ich gebe, damit du gibst) erfassten, ist dagegen ein humanes Mindestmaß der Kooperation. Mehr ist immer möglich, solange dieses Minimum gewahrt bleibt.

Globalisierung

Eine naheliegende Reaktion auf das überfordernde Angebot an Verlockungen und die Globalisierung unserer Tage ist der Rückzug aus der internationalen Arbeitsteilung. Dieses Rezept wird Protektionismus genannt. Seit die Menschen mit Fremden Handel treiben, gab es immer wieder das Begehren, den Warenströmen Grenzen zu errichten. Der Österreichischen Schule hat man oft den Vorwurf gemacht, letztlich eine Ideologie des Freihandels zu vertreten, die auf vollkommene Globalisierung abziele.

Hierbei muss man den Begriff der Globalisierung etwas differenzierter betrachten. Die globale Angleichung der politischen Strukturen und Kulturen hat relativ wenig mit dem Handel über nationale Grenzen hinweg zu tun. Dass beispielsweise die japanische Kultur in überraschend kurzer Zeit ihren asketischen Charakter verloren hat und die dortigen Konsumenten kurzfristige Vergnügungen nachfragen, die den bei uns populären Vergnügungen nicht nur ähneln, sondern sie oft noch an Dekadenz übertreffen, liegt nicht am Import solcher Verlockungen. Die allermeisten dieser Spielzeuge und anderer Ablenkungen, die moderne Japaner nachfragen, werden in Japan selbst produziert. Japan ist gar zu einem Exporteur solcher Vergnügungen geworden.

Die wenigsten wissen, dass es sich bei der Globalisierung um ein uraltes Phänomen handelt. Die Hochkulturen der Antike und des Mittelalters wiesen stets eine beeindruckende internationale Verflechtung des Handels auf. Erst vor relativ kurzer Zeit hat die Globalisierung wieder das Ausmaß erreicht, das bereits vor den Weltkriegen bestand. Protektionismus konnte erst in den künstlichen, überdehnten Nationalstaaten der Moderne aufkommen – denn kleinere politische Einheiten würden an ihrem Protektionismus rasch zugrunde gehen.

Einschränkung der Handelsbeziehungen

Die Vielfältigkeit der Welt ist etwas Wunderbares, das man nicht einer falschen Vorstellung von Autarkie opfern sollte. Der Gedanke der wirtschaftlichen Eigenständigkeit kleinerer Einheiten ist jedoch nicht so falsch, sofern man ihn nicht übertreibt. Eine gewissenhafte Auswahl der Tauschpartner stellt keinen Fehler dar. Doch Protektionismus ist eine ideologische Überdehnung: Es wird dabei der Eindruck erweckt, mehr Menschlichkeit in unser Wirtschaften bringen zu können, indem wir nach einer pauschalen Regel den Handel mit Fremden unterbinden.

Sehen wir uns ein Beispiel für die praktischen Auswirkungen an, die eine Einschränkung der Handelsbeziehungen auf einen engen Raum mit sich bringt:

> Eine Designlehrerin aus Philadelphia führte mit ihren Studenten folgendes Experiment durch: Sie wollte feststellen, ob es möglich ist, einen kompletten Anzug zu schneidern, der nur aus Materialien besteht, die innerhalb von 160 Kilometern produziert werden, und ausschließlich mit lokaler Arbeitskraft auskommt. Zwanzig örtliche Handwerker konnte sie dazu gewinnen. Drei Schafe gaben die Wolle, die in traditioneller Weise gesponnen wurde. 500 Arbeitsstunden später war die Aufgabe erledigt. Acht Prozent der Materialien konnten nicht ersetzt werden, und dennoch enttäuschte das Ergebnis. Der »Anzug« erinnerte eher an eine Bekleidung aus der Steinzeit.

Wo liegt das Problem? Zwei Aspekte überschneiden sich hier: Einerseits die gute Absicht, durch lokale Begrenzung der Materialien einen lokalen Bezug zu schaffen, anderseits der Versuch, durch Begrenzung der Arbeitsteilung einen menschlicheren Bezug zum Endprodukt zu finden. Der erste Aspekt stellt sich leider als Irrweg heraus: Durch das Projekt erfährt die Region keine Aufwertung, sondern eine Entwertung. Nicht jene Bereiche, in denen besondere lokale Vorzüge bestehen, stechen heraus, sondern stets die Bereiche lokaler Mängel. Es genügt ein kleiner Mangel, um etwas unbrauchbar zu machen, so exquisit alles sonst auch sein mag. Auch die häufig vorgebrachten Motive für lokale Importsubstitution (Ersetzung von Einfuhren durch Eigenproduktion) sind leicht als ökonomische Irrtümer zu enttarnen: Der Anzug benötigte mehr Arbeit, mehr Energie und höhere Kosten als Alternativen, die weniger begrenzt angelegt sind.

Die zweite Absicht ist schon sinnvoller, doch ebenfalls problematisch. Tatsächlich sind wir von den meisten Dingen, die wir nutzen, »entfremdet«. Bei den technischen Geräten, die uns immer zahlreicher umgeben, kann diese Entfremdung gar in Abhängigkeit und Hilflosigkeit umschlagen. Kein Wunder, dass die Existenzangst viele quält, vollkommen unwichtig und dadurch wertlos zu sein. Letztlich handelt es sich bei der Sehnsucht nach lokalen Bezügen um eine Sehnsucht nach Sinn. Dahinter steht die romantische Vorstellung, durch einen stärkeren Bezug zu unseren Lebensmitteln unsere Existenz wieder mit Sinn zu erfüllen. Diese Vorstellung besitzt in der Tat einen wahren Kern: Handel durch regionale und schließlich Eigenproduktion zu ersetzen, hat notwendigerweise ein asketischeres Leben zur Folge. Und Verzicht ist eines der besten Mittel, das Wesentliche zu erkennen. Doch wer den Verzicht zum Selbstzweck kürt, läuft Gefahr, genau das Gegenteil zu erreichen: nämlich aus der gefühlten Sinnlosigkeit eine Lebensfeindlichkeit an sich zu folgern. Fehlende Arbeitsteilung kann auch bittere Verschwendung bedeuten. Wäre die Existenz des brillanten Musikers und des genialen Ingenieurs sinnvoller, wenn sie ihre Socken selbst strickten? Bei Menschen, die ihre Berufung gefunden und somit das Wesentliche schon erkannt und zu schätzen gelernt haben, wird offensichtlich, dass eine Reduktion der Wirtschaftsräume lebens- und sinnfeindlich ist. Für diejenigen freilich, deren Suche bisher stets enttäuscht wurde, mag die Reduktion als Einkehr und Askese durchaus einen Weg zur Erkenntnis bieten; Garantie gibt es hierfür aber keine.

Verzicht als Selbstzweck

Moderne Konsumenten quälen heute oft Schuldgefühle bei ihren Kaufentscheidungen. Der Mittelwert der Selbstversorgung mit Obst und Gemüse liegt in Deutschland nur bei knapp 20 Prozent. Das liegt auch daran, dass Deutschland ein vergleichsweise strenges Klima aufweist; im Wesentlichen aber hat es mit den Präferenzen der Konsumenten zu tun. Ist es angemessen, Obst um den gesamten Globus zu versenden? Das ist als moralische Frage eine nach Maß und Ziel, und damit wieder ein Exkurs jenseits der Ökonomie der Österreichischen Schule. Der höhere Preis kommuniziert schon, dass damit nicht leichtfertig umzugehen ist. In Massen herbeigeflogenes Obst zu konsumieren, nur weil man unbedingt im Winter Erdbeeren essen muss, mag maßlos sein. Es kann aber nichts dagegen einzuwenden sein, entferntes Obst als besonderen Leckerbissen zur Abwechslung des Speiseplans nachzufragen. Wenn es nicht aus Leichtfertigkeit und Bequemlichkeit geschieht, dann ist es auch etwas ganz Wunderbares, hierfür die Hand über den gesamten Erdball auszustrecken. Die große Freude, die wir über das schöne und gute Obst empfinden, steht dann im rechten Maß zum Aufwand aller daran Beteiligten. Diese Freude auch ein wenig über den Globus zu verteilen, ist doch großartig.

Marktversagen und Interventionen

Profitstreben

Wenn heute vom »Markt« die Rede ist, weckt dies bei den meisten Menschen ganz bestimmte Assoziationen. Nicht nur Vorbehalte gegenüber dem Handel werden hier angestimmt, sondern auch die wachsende Ernüchterung über unsere Zeit und unser Wirtschaften. Wir leben in einer Marktwirtschaft, so denken wir, und die Märkte seien Ausdruck eines immer härteren Kalküls. Wir beklagen, dass unsere Mitmenschen nur noch dann für uns da sind, wenn wir ihnen eine Gegenleistung bieten. Diese Klage übersieht, dass Marktregeln bloß ein moralisches Minimum darstellen. Noch schlimmer wäre es, wenn uns die Mitmenschen nicht einmal mehr zu Diensten sein wollen, können oder dürfen, obwohl wir ihnen eine Gegenleistung bieten.

Diese Erfahrung kennen unterdrückte Minderheiten, Andersdenkende und Andersgläubige. Sie fühlen die Erleichterung, dann zumindest noch nach Marktregeln Unterstützung zu finden. Der Rassist, der beim billigeren und besseren Anbieter aufgrund dessen Hautfarbe nicht kauft oder kaufbereite Kundschaft aus diesem Grund abweist, ist selten, schadet er sich doch selbst. Es ist bitter, wenn Menschen andere nur noch aus der Warte betrachten, wie viel sie von ihnen profitieren können. Noch bitterer ist, wenn sie nicht einmal mehr voneinander profitieren *wollen*.

Doch gewährleistet das Profitstreben tatsächlich eine gute Koordination der menschlichen Tätigkeiten? Neigt dieser Trieb nicht dazu, rasch ins Extreme übersteigert zu werden? Eine häufig gemachte Beobachtung spricht dagegen: Diejenigen, die die größte Profitgier zeigen, weisen nur selten nachhaltig hohe Profite auf. Weil die Marktregel die Ablehnung von Angeboten zulässt, sollte man es sich mit seinen Kunden nicht verscherzen. Wenn heute oft und durchaus zu Recht übertriebenes Profitstreben kritisiert wird, ist eigentlich besondere Kurzfristigkeit gemeint. Es ist in der Tat zu beklagen, dass heute viele Menschen sehr kurzfristig zu handeln scheinen. Doch die Kurzfristigkeit benötigt nicht den Markt, um sich auszuleben. Auch in Beziehungen und in der Politik sehen wir diese Kurzfristigkeit; dort oft noch viel ausgeprägter. Auf Kurzfristigkeit in der Wirtschaft werden wir noch zu sprechen kommen – die Ökonomen der Österreichischen Schule haben sie früh bemerkt und analysiert.

Profitstreben

In einer kurzfristigen Zeit ist die Sorge berechtigt, dass unsere Mitmenschen uns manchmal schaden wollen, um sich selbst einen Nutzen zu verschaffen. Das kann auch bei einem Tauschakt passieren, wenn wir getäuscht oder überrumpelt werden. Doch nicht erst das Tauschen auf Märkten ruft diese unangenehmen Charaktereigenschaften hervor. Wenn wir nicht einmal mehr erwarten können, dass uns unsere Mitmenschen für eine Gegenleistung Gutes tun, dürfen wir auch nicht erwarten, dass sie es ohne Gegenleistung täten. Wo die Menschen beim Tauschen schon täuschen, würden sie ohne Tausch wohl Gewalt anwenden.

Privateigentum

Die Skepsis gegenüber den Märkten muss also noch einen anderen Grund haben. Es ist die Sorge, von unserer Lebensgrundlage ausgeschlossen zu werden, wenn wir keine geeignete Gegenleistung erbringen können. Ein verdrängtes historisches Trauma liegt dieser Sorge zugrunde; auch die alten Vertreter der Österreichischen Schule haben es übersehen. Es hängt mit dem Privateigentum zusammen.

Aufgrund der Knappheit in unserer materiellen Welt sind Konflikte vorprogrammiert. Die grundlegendste Bedeutung von Knappheit ist, dass bestimmte Zwecke andere ausschließen. Die daraus resultierenden Konflikte würden auch dann bestehen, wenn wir alleine auf der Welt wären: Es handelt sich um Zielkonflikte, die wir sogar als Einsiedler mit uns selbst auszutragen hätten. Einen gefangenen Fisch kann man entweder sofort aufessen oder pökeln und aufheben, jedoch niemals beides zugleich. Würden wir solchen Zielkonflikten nicht mit Entscheidungsfreude begegnen, gingen wir an Erstarrung zugrunde. Um Zielkonflikte, die zwischen verschiedenen Menschen bestehen, aufzulösen, werden in jeder friedlichen Gesellschaft persönliche Verfügungsbereiche respektiert. Je exklusiver diese Verfügungsbereiche, desto genauer lässt sich persönliche Verantwortung zurechnen.

In unserer Zeit ist der persönliche Verfügungsspielraum stark durch Gesetze und Vorschriften eingeschränkt. Gleichzeitig, und das erscheint paradox, ist jeder Flecken Land und jedes materielle Gut einem exklusiven Eigentümer zurechenbar. Die Organisation mit Namen Staat ist der größte einzelne Eigentümer, und in dieser Hinsicht agiert diese Organisation wie jede andere. Ihr Eigentum unterliegt ihrer alleinigen Verfügung. Vor einigen Jahrhunderten noch gab es größere Bereiche, die keinem einzelnen und ausschließlichen Eigentümer zugerechnet wurden. Dabei handelte es sich beispielsweise um die Allmenden: Land, das in einer überschaubaren Gemeinschaft geteilt wird und das alle nach klaren Regeln nutzen können. Insbesondere Weideflächen waren Teil der Allmende. Heutiges Staatseigentum ist etwas gänzlich anderes.

Solange sich die Menschen, die beisammen leben, hinreichend ähnlich sind, lassen sich die unvermeidlichen Konflikte durch Regeln im Zaume halten. Wo deine Herde alles leer gefressen hat, kann meine nicht mehr grasen. Darum gibt es Regeln, die die Nutzung einschränken. Die Konflikte nehmen rasant zu, sobald die Menschen immer unterschiedlicheren Interessen nachgehen. Diejenigen, die keine Weidetiere halten, beginnen den Hirten die Allmende zu neiden. Sie empfinden es als ungerecht, dass nur wenige Nutzen aus der Allmende ziehen, die doch Allgemeingut sein sollte. Sie versuchen also, aus ihrem »Anteil« ebenso etwas herauszuholen. Sobald das Vertrauen in dieser Gemeinschaft schwindet, weil die Menschen zu verschieden sind oder sich nicht mehr persönlich kennen, kann es zu einer verheerenden Dynamik kommen. Diese Dynamik wird als Tragödie der Allmende bezeichnet. Die Vertreter der Österreichischen Schule gingen von solchen Dynamiken aus, weil sie in einer Zeit lebten, in der die Menschen immer dichter in anonymen Massen zusammenlebten und alles nach intensiver Massenversorgung strebte. Die Idylle der gemeinsamen Weide hatte wenig Platz in dieser Welt, die nach Wohnraum und Arbeitsplätzen drängte.

Die Tragödie der Allmende

Die Tragödie der Allmende gestaltet sich folgendermaßen: Jeder versucht so viel wie möglich »herauszuholen«. Wo einer maßhält, wird er dafür bestraft, indem dann ein anderer auf seine Kosten zum Zug kommt. Jedes Grasbüschel, das man nicht selbst verwertet hat, wird ein Schnellerer für sich beanspruchen. In kurzer Zeit verödet die Allmende also und wird wertlos. Um die Nutzung eigentümerloser Ressourcen setzt ein Ellenbogenwettkampf bis zu deren Erschöpfung ein. Solche Tragödien kennen moderne Städter zur Genüge. Die Menschen verhalten sich an öffentlichen Orten rücksichtslos, hinterlassen ihren Müll und nehmen alles mit, was nicht niet- und nagelfest ist. Kein Wunder, dass es als einziger Schritt gegen das Verkommen der Allmende erscheinen musste, die Verfügungsbereiche abzustecken. Lieber Nachbar, wenn du kurzfristig agieren möchtest, wenn du deinen Müll ablädst, wenn du überdüngst, tu das auf deiner Seite. Gute Zäune machen gute Nachbarn, sagt man. Diese Erfahrung ist schon uralt, wie unsere Sprache verrät: Das Wort Friede ist mit der Umfriedung verbunden.

Doch die Umfriedung wurde in den Wirrnissen der Geschichte etwas übertrieben und führte zu neuem Unfrieden. In Großbritannien wuchs die Begierde von Großgrundbesitzern auf die Allmenden. Die florierende Wollindustrie führte zu einer rapiden Ausdehnung von Schafherden. Unter den Tudors kam es zu den berüchtigten *enclosures* – der Umwandlung von Allmenden in umzäunte Weideflächen. Die Menschen klagten darüber, dass nun die Schafe die Menschen »fressen«. Denn insbesondere für die Ärmsten war die Allmende stets eine Stütze gewesen. Die Menschen wurden nun vom Land ausgesperrt und, wenn sie aus Not bettelnd durch das Land zogen, in Armenhäuser eingesperrt.

Ähnliches geschah etwas später in Frankreich, doch aus anderen Interessen. Der Nationalstaat nach der Französischen Revolution entwickelte ein unersättliches Verlangen nach Finanzmitteln. Dazu wurden zunächst »Volksfeinde« massakriert und die Kirche enteignet. Um diese Mittel noch weiter aufzublähen, wurde ein Schuldgeld mit Namen *assignat* ausgegeben, das durch Grundstücke gedeckt sein sollte. Dazu war es notwendig, nach und nach ganz Frankreich in umzäunte Parzellen aufzuteilen. Auch diese Zäune verhießen nichts Gutes. Da erstaunt es nicht, dass Jean-Jacques Rousseau das Leben der edlen Wilden ersehnte, die ohne Zäune leben. Er erklärte das Umzäunen von Land zur Ursünde der Gesellschaft, die alles Verbrechen in die Welt gebracht habe. Revolutionäre in dieser Tradition haben jenes historische Trauma stets dazu benutzt, das Privateigentum in Frage zu stellen und utopische Gesellschaftsentwürfe vorzulegen. Besonders perfide dabei ist, dass das Trauma seinen Ursprung gerade in den revolutionären Umtrieben der Zeit und der Missachtung von bewährten Formen des Zusammenlebens hatte.

Sozialismus

Die Österreichische Schule entstand in jener Zeit, als die Auseinandersetzung mit dem Sozialismus das ökonomische Denken bestimmte. Damals erwarteten sich viele, dass die Konzentration der Produktion gewaltige Produktivitätssteigerungen hervorbringen würde. Mit ihren heutigen Nachfahren hatten die alten Sozialisten kaum etwas gemein. Sie waren nicht Kritiker der kapitalistischen Massenproduktion, sondern versprachen, diese konsequent zu Ende zu führen. Sie waren mit dem Versprechen angetreten, den Wohlstand noch weiter und noch rascher zu steigern; dazu sollte die gesamte Produktion in einem großen Staatsbetrieb konzentriert werden. Zu diesem Zweck musste natürlich den einzelnen Menschen die Verfügung über die Produktionsmittel genommen werden. Die Sozialisten deuteten dies jedoch nicht als ein Wegnehmen: Die meisten Menschen seien ihrer Produktionsmittel ohnehin schon verlustig gegangen. Da es eine natürliche Tendenz in Richtung Konzentration gebe, müsse der Staat das Ruder übernehmen, damit nicht private Sonderinteressen alles aufhäuften.

Nach einem Jahrhundert historisch einmaliger Wohlstandsmehrung war der Fortschrittsglaube ungebrochen. Die materialistischen Liberalen, die damals die überwiegende Mehrheit der Politiker stellten, gaben sich einer gefährlichen Illusion hin: Die breite Masse würde friedlich ihren Geschäften nachgehen, und mit dem Ende der materiellen Not würde auch jedes Übel aus der Gesellschaft verschwinden. Der Liberalismus wurde zum glorreichen Ende der Geschichte erhoben. Auch viele Vertreter der Österreichischen Schule dachten in dieser Weise. Doch genau das Gegenteil trat ein. Es ist ein alter Irrtum, dass Menschen erst dann revoltieren, wenn es ihnen schlecht geht. Doch wenn alle arm sind, ist Armut nichts Besonderes. Sie fällt erst dann ins Auge, wenn sie schwindet, wenn viele wohlhabend und einige reich sind. Der Marxismus war eine Revolte der Ungeduld. Er trat an mit dem Versprechen, ein rational geplantes System zu schaffen, das noch effizienter sein würde als das bestehende »Chaos«, das noch schnellere und noch reichere materielle Ernte bringen würde. Die alte Ordnung mit den Relikten einer früheren Zeit – den bourgeoisen Tugenden und der Religion – war den Marxisten zu wenig materialistisch.

Wenn alle Produktion erst zentralisiert wäre, dann würde der Staat als neuer, supereffizienter Großkonzern agieren und nur noch materialistischen Zwecken dienen. Die Jahrespläne waren durchwegs rein quantitativ, die Planung sollte ein materialistisches Paradies überreicher Güterversorgung schaffen. Diesem Ziel durften weder moralische noch ökologische Bedenken im Weg stehen. Wo gehobelt wird, da fallen Späne, entgegneten die ursprünglichen Marxisten den Bedenkenträgern; Umweltschutz galt ihnen überhaupt als kleinbürgerlicher Unfug. Am Ende schließlich würde der Marxismus einen solchen Güterüberfluss schaffen, dass die Menschen »heute dies, morgen jenes tun, nachmittags fischen und abends kritisieren« könnten.

Dieses Versprechen scheiterte auf kolossale Weise. Die heutigen Marxisten haben daraus ihre Schlüsse gezogen und einfach ihre Ideologie um

180 Grad gedreht, um sie den neuen Erfordernissen anzupassen. Die wenigsten taten dies aus böser Absicht. In einem treffen sich die damaligen und die heutigen Sozialisten, und in diesem Punkt liegen sie nicht so falsch: Sie wecken Zweifel an unserem Wirtschaftsleben, das ihnen, wie vielen anderen Menschen auch, unheimlich ist. Darum sprach Karl Marx eben von der Entfremdung.

Zentralisierung

Wem oder was ist der moderne Mensch fremd? Ist er durch Mangel oder Überfluss entfremdet? An der historischen Übergangsphase zwischen Mangel und Überfluss, der »industriellen Revolution«, war es zunächst naheliegend, den Mangel verantwortlich zu machen und den Gegensatz zur Entfremdung im Versprechen vom irdischen Paradies des Überflusses zu suchen. Die »industrielle Revolution« war ein mehrere Jahrhunderte dauernder Prozess, bei dem die Politik eine große Rolle spielte. Die erste wahrgenommene Entfremdung, die dabei auftrat, war die des Arbeiters von seiner Arbeit. War diese dem Mangel geschuldet? Nur zum Teil. Wir haben es mit einem historischen Prozess zu tun, bei dem die wirtschaftlichen Einheiten immer größer wurden, weil sie mit den politischen Einheiten wuchsen. Nur teilweise ist diese Größenzunahme dadurch zu erklären, dass die Großbetriebe produktiver waren: Die Massenproduktion für einen entstehenden Massenmarkt führte zu einer größeren Masse gleichartiger Produkte. Mindestens ebenso bedeutsam war die politische Verdrängung, Vernichtung und Untergrabung kleinerer Wirtschaftseinheiten: Der Einzelunternehmer hatte immer schlechtere Karten; es entstanden Konzerne, deren Vorstände auf Augenhöhe mit der Politik verhandeln konnten.

Diese Entfremdung ist also in Wirklichkeit eine Enteignung; sie geht mit der Abnahme des Eigenen einher: des eigenen Unternehmens zugunsten des Angestelltendaseins, des »eigenen« Kaufmanns, Schusters, Schneiders zugunsten der Fabriken und Ketten, des Eigenkapitals zugunsten des Fremdkapitals, des Eigenheims zugunsten der Mietwohnung. Paradoxerweise wird diese Entwicklung aber nur selten als Ausdruck zunehmenden Mangels wahrgenommen. Heute überwiegt die Wahrnehmung, dass diese Entwicklung mit steigendem Überfluss einhergeht.

Das Kalkulationsproblem

Die Ersetzung vieler individueller Eigentümer durch eine Zentralgewalt ist nicht nur ethisch problematisch, auch ökonomisch hält das Versprechen nicht. Heute, nach dem Ende des real existierenden Sozialismus, erinnern wir uns kaum noch an die Zeit, als die Zukunft den sozialistischen Experimenten zu gehören schien. Darum ist eine Wiederholung auch nicht unwahrscheinlich. Damals zweifelte kaum jemand daran, dass die Konzentration ökonomische Vorteile brächte; gegen den Sozialismus wurden vorwiegend ethische Argumente vorgebracht. Ein Denker jedoch prophezeite das ökonomische Ende der sozialistischen Utopie vor allen anderen: Ludwig von Mises. Für sein tiefgehendes Verständnis der Probleme marxistischer Ökonomie wurde er sogar von ideologischen Gegnern gewürdigt. Der Sozialist Oskar Lange schlug vor, ihm eine Statue in jedem Ministerium für Zentralplanung zu errichten. Denn Mises hatte gezeigt, an welchem Problem die Zentralplanung litt: dem Kalkulationsproblem.

Koordination über Preise

Wirtschaftliches Handeln bedeutet Entscheiden. Doch wie sollen wir entscheiden? Offensichtlich gibt es bessere und schlechtere Entscheidungen, gar nicht so selten desaströse Fehlentscheidungen. In einer Marktwirtschaft bietet sich dazu eine Orientierungshilfe. Dabei ist es nicht so, wie viele glauben machen, dass der Markt auf wundersame Weise selbst tätig wird und die Menschen koordiniert. Menschen werden nicht vom Markt koordiniert, sondern koordinieren sich am Markt. Diese Koordination erfolgt im Wesentlichen über Preise. Preise geben uns eine Auskunft über vergangene Austauschverhältnisse, und diese Verhältnisse wiederum sind Ausdruck unzähliger Entscheidungen. Mises' Schüler Friedrich von Hayek verglich Preise mit einer Telekommunikationseinrichtung.

Nehmen wir an, eine natürliche Ressource nähert sich der Erschöpfung. Beispielsweise stellen Minenbetreiber fest, dass das abgebaute Kupfer immer knapper wird. Nun müssten alle der unzähligen kupferverarbeitenden Betriebe darüber informiert werden, damit sie das Metall schrittweise, wo dies möglich ist, durch andere Materialien ersetzen, um ein vollkommenes Erliegen der Produktion zu verhindern. Sie müssten nun viel sparsamer mit dieser Ressource umgehen und Möglichkeiten finden, sie wiederzuverwerten. Außerdem wäre es nötig, nach neuen Vorkommen zu suchen. In einer Planwirtschaft müsste nun die Zentrale die Daten der Minen rechtzeitig erhalten und richtig interpretieren. Sodann müsste sie sämtliche betroffene Betriebe kontaktieren und ihnen neue Anweisungen geben. Der Aufwand wäre immens.

Preise leisten genau diesen Koordinationsaufwand, ohne dass jemand zum Telefon greifen muss: Das knappere Kupfer wird teurer. Die verarbeiteten Betriebe brauchen gar nicht zu wissen, was wo geschehen ist. Sie werden jene Entscheidungen, die an der Kippe standen, ändern. Wo dies möglich ist, bieten sich nun günstigere Alternativen an. Das Recycling lohnt sich plötzlich. Gleichzeitig ziehen die höheren Kupferpreise Investoren an. Vorkommen, deren Ausbeutung sich bisher nicht rentierte, werden attraktiv. Ohne dass die Akteure voneinander wissen, koordinieren sie sich. Daher sprachen die klassischen Ökonomen von einer »unsichtbaren Hand«. Dieses Bild ist aber irreführend. Es sind unzählige, sehr sichtbare Hände, die keinem Automatismus folgen. Letztlich sind es menschliche Entscheidungen, und jeder kann sich stets auch anders entscheiden. Die Preise stellen hier bloß eine Orientierungshilfe dar.

Mises' Argument ist noch grundlegender: Preise lassen sich nicht künstlich schaffen. Sie sind Ausdruck realer Entscheidungen. Produktionsentscheidungen sind nur dann möglich, wenn sich in den Preisen für Produktionsmittel die alternativen Verwendungen abbilden können. Betrachten wir ein Beispiel: Zwei Orte, zwischen denen ein Gebirge liegt, sollen durch eine Straße verbunden werden. Soll ein Tunnel oder eine Serpentinenstraße gebaut werden? Eine wichtige Orientierungshilfe dafür ist die Kalkulation: Welche Kosten lassen sich jeweils erwarten? Die Kosten geben Aufschluss darüber, wie relativ knapp die jeweiligen Produktionsmittel sind. Die Knappheit der Produktionsmittel wiederum ist insbesondere durch ihre alternativen Verwendungen bestimmt. Existiert nur ein zentraler Entscheider, so können sich diese Alternativen und Knappheiten nicht ausdrücken; die Entscheidung wird zu bloßer Willkür. Preise kann es nur dort geben, wo Menschen über etwas verfügen können und entscheiden dürfen, wie sie es nutzen.

Es handelt sich um ein gewichtiges Argument gegen die Konzentration. Wir finden dieselbe Dynamik in Großkonzernen. Je mehr Produktionsmittel einer einzigen Entscheidungsmacht unterliegen, desto schwieriger wird die Kalkulation. Knappe Ressourcen werden dann verschwendet, so beispielsweise in sinnlosen »Meetings« die Zeit der Mitarbeiter, eben weil sie keinen Preis trägt. Das ist einer der Gründe, warum den sogenannten positiven Skaleneffekten auch negative gegenüberstehen. Skaleneffekte nennen Ökonomen sinkende oder steigende Grenzkosten in Abhängigkeit von der Betriebsgröße. Die Konzentration ist daher kein notwendiger Weg zu größerem Wohlstand, denn irgendwann überwiegen die Nachteile die Vorzüge. Aufgrund des Kalkulationsproblems und des Koordinationsaufwands sind größere Betriebe kleineren nicht immer überlegen.

Positive und negative Skaleneffekte

Beispiele für Marktversagen

Doch führen die Regeln des Marktes nicht auch zu Fehlkoordination, die korrigiert werden muss? Könnte es nicht zu »Marktversagen« kommen? Wo reale Menschen tätig sind, gibt es immer Versagen. Die neoklassische Ökonomie behauptet, dass der Markt in drei Problembereichen quasi von selbst versagt. Den ersten Bereich nennt sie das Externalitätenproblem: Es handle sich um das Problem, dass wirtschaftliches Handeln positive oder negative Wirkungen auf Außenstehende hat, die nicht abgegolten werden können. Das zweite Problem sei das Angebot »öffentlicher Güter«. Das sind Güter, von denen man keine Nutzer ausschließen kann oder will, sodass es *free riders* gibt – Nutznießer, die nichts dafür bezahlen wollen. Das dritte Problem nennt die Neoklassik *lock-in*. Darunter versteht sie das Auftreten eines irreversiblen nicht optimalen Gleichgewichts. Es würde sich etwa ein Standard durchsetzen, der nicht mehr verlassen werden kann, obwohl er nicht ideal ist. Es ist bezeichnend, dass sich gerade die drei Lehrbuchbeispiele für oben genannte Probleme mittlerweile als falsch erwiesen haben.

Zunächst rüttelte Steven Cheung 1973 am vermeintlichen Problem der Externalitäten. Ein beliebtes Beispiel dafür ist der Imker, dessen Bienen für die Bauern in der Nachbarschaft eine willkommene »positive Externalität« darstellen. Die Unmöglichkeit, diesen Nutzen zuzurechnen, bringe den Imker theoretisch um die Möglichkeit, sich die entstandenen Kosten der Bienenhaltung von den Nutznießern vergüten zu lassen. Cheung zeigte, dass Apfelbauern und Bienenzüchter in den USA zu vertraglichen Lösungen gelangten, lange bevor Ökonomen behaupteten, sie wären dazu theoretisch unfähig.

Im Jahr darauf gelang es Ronald Coase anhand des Paradebeispiels für öffentliche Güter ein weiteres Marktversagen zu widerlegen. Schon die Koryphäe der Neoklassik, Paul Samuelson, beklagte bei Leuchttürmen eine vermeintliche Differenz zwischen Kosten und »wahrhaftem sozialen Nutzen«. Es wäre undenkbar, Gebühren einzuheben, um Leuchttürme privat zu errichten. Coase machte sich die Mühe, die historische Entwicklung von Leuchttürmen in England und Wales zu untersuchen und fand zur großen Überraschung der Ökonomen heraus, dass die meisten Leuchttürme im 17. Jahrhundert von privaten Unternehmern aus Profitstreben gebaut wurden. Sie hoben in den Häfen dann tatsächlich Gebühren von den anlegenden Schiffen ein.

Das dritte Problem, das auf Marktversagen hindeuten soll, ist das Problem ungünstiger Standards. Das Lehrbuchbeispiel hierzu ist die QWERTY/Z-Tastatur. Die uns geläufige Tastenanordnung sei ursprünglich dazu gedacht gewesen, das Tippen zu verlangsamen, da die Tasten früherer Tastaturen bei zu schnellem Tippen stecken blieben. Durch die rasche Verbreitung und das Erlernen dieses Tastenmusters seien die potenziellen Kosten für eine Umstellung immer stärker angestiegen. Als verbesserte Mechanik schließlich ein schnelleres Tippen erlaubt hätte, sei es zu spät gewesen, zu einer überlegenen Anordnung zu wechseln – dem »Dvorak-Design«. Die Ökonomen Liebowitz und Margolis untersuchten 1990 die zugrunde liegenden Quellen und fanden, dass sich die behauptete Überlegenheit der alternativen Anordnung ausschließlich auf Angaben ihres Erfinders August Dvorak sowie auf eine Studie der US-Marine stützte. Dvorak war jedoch während des Zweiten Weltkriegs selbst Offizier der Navy und solche Studien fielen in seinen Verantwortungsbereich. Da er das Patent besaß und viel Geld in das Design floss, liegt ein Interessenkonflikt nahe. Aktuellere ergonomische Studien können die damaligen Ergebnisse nicht bestätigen und führen sogar an, dass die ursprünglich technische Motivation zur Schonung der Tastaturen die Maximierung der Frequenz des Handwechsels zur Folge hat, was zu sehr günstigen Auswirkungen auf die Geschwindigkeit führt.

»Marktversagen« als Legitimierung

Natürlich wäre es absurd, in Abrede zu stellen, dass es auf Märkten zu Versagen kommt. Nur Gleichgewichtsökonomen gehen von derart unrealistischen Annahmen aus. Fehler sind die notwendigen Begleiterscheinungen menschlichen Handelns. Heutige Ökonomen haben allerdings ein Interesse daran, den Eindruck zu erwecken, dass es sich um ein Versagen handle, das von Experten korrigiert werden könne. Im Einzelfall mag man es besser wissen, in der Regel erkennt man Fehler jedoch nur im Nachhinein. Das »Marktversagen«, das moderne Ökonomen mit so viel Akribie suchen und behaupten, soll ihnen und ihren Geldgebern als Legitimierung dienen.

»Österreichische« Ökonomen sprechen in diesem Zusammenhang von der Nirwana-Täuschung. Diese Täuschung arbeitet damit, den Eindruck zu erwecken, zum Versagen realer Menschen gäbe es die Alternative eines fehlerfreien Nirwanas. Neben diesem Nirwana der Besserwisser sehen alle realen Institutionen schlecht aus. Jeder Missbrauch, jeder Irrtum, jedes Pech ist ihnen recht als Vorwand für die Ausdehnung ihrer Befugnisse. Leider erkennen die wenigsten den Interessenkonflikt, dass das Einkommen der »Experten« für Marktversagen den schlichten Menschen, die sich auf Märkten verdingen müssen, abgezogen wird. Je mehr Marktversagen diese »Ökonomen« behaupten, desto höher ist die Umverteilung, die sie so in ihre Richtung auslösen können. Die Verteidigung der Menschen, die ihr Einkommen ausschließlich aus den freiwilligen Angeboten ihrer Mitmenschen verdienen, gegenüber jenen Besserwissern wird hingegen leicht als einseitige Marktideologie missverstanden. Viele Ökonomen der Österreichischen Schule ließen sich von der Heftigkeit der Debatte ihrer Zeit und angesichts dessen, wie viel auf dem Spiel stand und wie groß die Bedrohung durch totalitäre Utopisten war, in der Tat zu manch ideologischer Übertreibung hinreißen.

Kommunismus

Das Misstrauen in die Märkte ist ein Misstrauen gegenüber unseren Mitmenschen – und dieses leider nicht immer unberechtigt. Daher schlagen manche vor, anstelle des einfältigen Konsumenten und des gierigen Verkäufers sollten gemeinschaftliche Komitees auf der Grundlage des Gemeinwohls entscheiden. Die frühen Kommunisten wollten nicht die Zentralisierung aller Entscheidungen beim Staat, sondern die Entscheidung über die Produktionsmittel innerhalb relativ kleiner Gemeinschaften. Dies würde einer Klosterökonomie ähneln. Zum Modell der Kommunenwirtschaft gibt es eine Fülle an Erfahrungen, die hier ein Urteil erlauben. Wir wissen etwa aus dem Beispiel der Besiedlung des amerikanischen Kontinents durch Europäer, dass selbst Produktions- und Gütergemeinschaften auf der stärksten möglichen Grundlage, nämlich einer religiösen, kaum jemals länger als eine Generation überleben.

Kibbuzim

Noch aktuelleres Anschauungsmaterial bietet Israel. Ursprünglich sollte dort eine alternative Wirtschaftsordnung entstehen, was nicht verwundert, waren die Zionisten doch durchwegs Sozialisten bzw. Kommunisten. Was als Modell der gesamten Wirtschaft hätte dienen sollen, fristet heute als aussterbende Gattung ein Nischendasein: der Kibbuz. Der Philosoph Robert Nozick schlug einst vor, die Kibbuzim als Maßstab dafür zu verwenden, wie viele Menschen sich freiwillig für ein Leben im Kommunismus entscheiden würden, wenn sie die Wahl hätten. Nozick begründet dies so: »Um herauszufinden, welcher Prozentsatz von Menschen insbesondere unter dem Kommunismus leben wollen, brauchen wir eine Situation, in der die Menschen eine hinreichend attraktive kommunistische Option und ebenfalls eine hinreichend attraktive nicht kommunistische Option vorfinden. Wenn es auch nicht exakt das optimale Experiment ist, um unsere Frage zu beantworten, so kommt die israelische Erfahrung mit den Kibbuzim so nah, wie es die reale Welt kann.«

Nozick gelangt so zu einem Anteil von sechs Prozent und zeigt damit, dass der Kommunismus ein Minderheitenprogramm ist, das nur mittels Gewalt einer Mehrheit aufgezwungen werden kann. Mittlerweile ist der Prozentsatz weiter rapide gesunken. Die Kibbuzim haben in den letzten Jahrzehnten eine faszinierende Entwicklung durchgemacht, heute gibt es in Israel nur noch 262 dieser Kollektive. Das Überraschende: Bloß ein Viertel davon sind ihren kommunistischen Wurzeln treu geblieben, der überwiegende Rest wurde in der Zwischenzeit privatisiert. Der typische moderne Kibbuz ist eine Unternehmensgemeinschaft; 22 Kibbuz-Unternehmen werden sogar schon an der Börse gehandelt.

Was ist passiert? Keine neoliberale Verschwörung war hier am Werk. Eine Kibbuz-Mitarbeiterin spricht von einem Wertewandel: »Die Menschen wollten mehr Kontrolle über ihr eigenes Leben und ihr Wirtschaften. Sie wollten ihre eigenen Entscheidungen fällen, ihr eigenes Auto und ihr eigenes Telefon haben. Es ist sehr schwierig, dieses stark gemeinschaftliche Leben zu führen. Es ermüdet sehr.« Nachdem sich das durchschnittliche Lebensniveau in Israel über die Subsistenz der ersten harten Jahre gehoben hatte, versuchten auch die Kibbuzim, ihre Wirtschaftstätigkeit auszuweiten, um den wachsenden Bedürfnissen zu entsprechen. Die egalitäre Methode, die in der Landwirtschaft womöglich noch funktionell war, erwies sich als gänzlich ungeeignet für Fabriken. Die Konflikte nahmen zu. Die meisten Kibbuz-Unternehmen gingen schnell bankrott. 1985 musste der Staat zu Hilfe kommen, um die Kibbuz-Bewegung mit Subventionen zu retten. Die israelische Gesellschaft hatte die Kibbuzniks stets als Elite bewundert, doch ihr Prestige sank nun beträchtlich. Sie erschienen als bloße Interessengruppe, die vom Geld des Staates abhing. Als Reaktion begann in den 1990er-Jahren die Privatisierung der Kibbuzim. Diesen Weg gingen die Kibbuzim aus eigenem Entschluss, denn sie hofften, so wieder innovativ und relevant zu werden. In einem privatisierten Kibbuz dürfen die Beschäftigten ihre Verdienste behalten und bezahlen im Gegenzug für alle Güter und Dienstleistungen, die der Kibbuz einst »gratis« zur Verfügung gestellt hatte.

Zur Koordination von Menschen, die sich fremd sind und immer fremder werden, eignen sich Märkte besser als Kommunen. Alle Menschen zu einem klösterlichen Leben oder in eine künstliche »Familie« zu zwängen, ist jedenfalls der schlimmste Totalitarismus, den man sich vorstellen kann, obwohl sowohl Klöster als auch Familien an sich wunderbare Institutionen sind. Es wäre umgekehrt genauso falsch, Märkte auf Familien und

Klöster auszudehnen oder Freundschaften und Beziehungen nach Marktregeln auszurichten.

Mindestpreise

Wenn Märkte in Frage gestellt werden, dann steht noch ein anderer Vorbehalt dahinter. Die Ergebnisse der Tauschakte können uns manchmal missfallen. Manche Preise erscheinen als zu tief, andere als zu hoch. Da ist es naheliegend, nach Korrektur zu rufen. Wenn Menschen nicht mehr vom Erlös ihrer Arbeit leben können, weil die Marktpreise für ihre Produkte zu niedrig sind, ist dies bitter. Genauso bitter scheint es, wenn Menschen sich Lebensnotwendiges nicht mehr leisten können, weil es zu teuer ist. Leider handelt es sich dabei um Problemlagen, die sich direkt widersprechen. Oft geht es hier bloß darum, welche Interessengruppe sich durchsetzt. Britische Großgrundbesitzer wehrten sich lange mit Erfolg gegen eine Verbilligung des Getreides und damit des Brotes, obwohl Menschen Hunger litten. Sie schimpften über die Märkte, die ihre Profite bedrohten. Gleichzeitig wurden Höchstlöhne eingeführt, um die Preise für Arbeit niedrig zu halten.

Gesetzliche Preisvorschriften

Preise sind Ausdruck konkreter Tauschverhältnisse und daher menschlicher Präferenzen, die sich treffen. Es mag uns kränken, wenn die Gegenseite unser Angebot ausschlägt, obwohl wir uns so viel Mühe gegeben haben. Dann müssen wir ohne Tausch nach Hause gehen oder immer weniger als Gegenleistung verlangen, bis die Gegenseite einwilligt. Könnten uns gesetzliche Preisvorschriften hiervor schützen?

Der Gesetzgeber könnte etwa einen Mindestpreis für unser Produkt vorgeben. Das bedeutet, kein Angebot unter diesem Preis wäre legal. Wenn der auf unserem Markt erzielte Preis ohnedies höher als dieser Mindestpreis ist, dann werden wir überhaupt keine Veränderung spüren. Daher liegen Mindestpreise, um überhaupt eine Wirkung zu haben, über dem jeweiligen Marktpreis. Das bedeutet wiederum, dass irgendwo auf unserem Markt sich sowohl ein Anbieter als auch ein Nachfrager bei diesem oder einem ähnlichen Produkt zu einem niedrigeren Preis einig wurden. Bei einem höheren Preis dürfen wir daher erwarten, dass einige Nachfrager ausfallen.

Dies ist wiederum kein bloßer Automatismus, sondern liegt daran, dass die Menschen verschieden sind. Einigen ist der Erwerb einer zusätzlichen Einheit des Gutes eben nicht so viel wert als dass sie dafür mehr aufgeben würden. Wenn der Preis für eine Tasse Kaffee von einem auf zwei Euro steigt, heißt das nicht, dass nur noch die Hälfte der Menschen Kaffee trinkt. Der eine ändert sein Verhalten gar nicht (er jammert bloß ein wenig), der zweite trinkt nur mehr eine anstelle von zwei Tassen nach dem Mittagessen, der dritte hingegen geht dazu über, sich den Kaffee nun zu Hause selbst zu kochen.

Bei einem höheren Preis können wir zudem erwarten, dass es mehr Anbieter gibt. Womöglich hat es sich für den einen oder anderen bisher gar nicht ausgezahlt, zu produzieren oder sich auf den Markt zu begeben. Auch wenn der Verkäufer meint, den Preis bloß aufgrund steigender Kosten anzupassen, benötigt er dann doch auch Käufer zu diesem neuen Preis – und darüber kann er nicht selbst bestimmen. Durch behördlichen Zwang lassen sich Präferenzen nur schwer und mit Verspätung ändern. Der neue Mindestpreis ändert diese Präferenzen zunächst nicht. Darum finden wir nun etwas mehr Anbieter und etwas weniger Nachfrager. Die Folge ist eine Überproduktion: Das heißt, am Markt ist mehr von einem Gut verfügbar, als sich überhaupt absetzen lässt. Solche Mindestpreise sind die Ursache der bekannten Milchseen und Butterberge.

Höchstpreise

Ein Höchstpreis hingegen versucht, den Marktpreis zu unterbieten. Das bedeutet, es waren sich zuvor Menschen zu einem höheren Preis einig, als nun zulässig ist. Wir können als Folge etwas mehr Nachfrager und etwas weniger Anbieter erwarten. Erfolgt etwa eine Beschränkung von Mietpreisen mit einer gesetzlichen Höchstmiete pro Quadratmeter, werden einige Eigentümer dazu übergehen, besonders attraktive Wohnungen selbst zu nutzen oder gar leer stehen zu lassen, während einige Mieter nun bessere Wohnungen nachfragen, weil sie günstiger werden.

Der Nachfrageüberhang bei Höchstpreisen führt zum sogenannten *Warteschlangenphänomen*. Nicht jeder kommt zum Zug, die Nachfrager drängen sich um ein knappes Angebot. Manche versuchen womöglich gar, mit Schmiergeld eine Vorreihung zu erkaufen. Die Warteschlangen im Sozialismus waren legendär, denn dort durfte die Knappheit des Warenangebots keine Übersetzung in höhere Preise erfahren. Da sich die fundamentalen Ursachen – Güterknappheit in Relation zu den menschlichen Präferenzen – aber nicht per Gesetz aus der Welt schaffen lassen, mussten die Menschen den Mehrpreis durch hohe Wartezeiten oder saftige Bestechungsgelder bezahlen, wenn sie nicht vollständig auf Schwarzmärkte auswichen. Märkte sind ein universelles Phänomen, was dadurch belegt wird, dass selbst im Sozialismus im Schnitt 40 Prozent der Güter aus inoffiziellen Quellen stammten – Subsistenzwirtschaft und Schwarzmärkte. Während einfältige Westler noch immer glauben, die moderate Politik Gorbatschows hätte zu einem friedlichen Übergang vom Sowjetsozialismus zu einer Sozialdemokratie geführt, sehen die Tatsachen anders aus: Die blindwütigen Maßnahmen des Generalsekretärs gegen die Schwarzmärkte, um den Sozialismus zu retten, bedeuteten dessen Ende. Gorbatschow ließ 150 000 Menschen wegen illegaler Wirtschaftstätigkeit inhaftieren. Wenn er von »Transparenz« oder »Offenheit« – so die Bedeutung des Schlagwortes *Glasnost* – sprach, um westliche Beobachter zu besänftigen, handelte es sich um Ausreden für weitere repressive Maßnahmen.

Warteschlangenphänomen

Zurück zu den Warteschlangen: Diese Dynamik lässt sich auch für Marketing-Maßnahmen nutzen. So verbieten Fußballverbände oder Konzertveranstalter etwa den inoffiziellen Weiterverkauf von Eintrittskarten zu höheren Preisen, obwohl es eine rege Nachfrage danach gäbe. Wären für Fußballspiele Marktpreise zulässig, das heißt, der Verkauf von Eintrittskarten erfolgte an die Meistbietenden, würden weitaus höhere Preise erzielt werden. Warum nutzen die Fußballverbände diese Spannen nicht selbst und verkaufen die Karten zu wichtigen Spielen zu jenen höheren Preisen, bei denen sie auch noch alle Karten losbekämen? Der Grund liegt in der Zuschauerdifferenzierung. Gerade weil Fußball ein Breitensport ist, lässt sich sehr viel über Werbeeinnahmen und Senderechte verdienen. Würden im Stadion nur mehr die Meistbietenden sitzen und kaum mehr normale »Fans«, würde Fußball als Sport von Neureichen seine Breitenwirkung verlieren.

Ähnlich ist es bei Konzerten von Musikgruppen, die auf ein junges Zielpublikum abzielen. Durch die Warteschlangen beim Kartenverkauf aufgrund der Höchstpreise unter den erzielbaren Marktpreisen differenziert sich das Publikum: Es werden jene angezogen, die mehr Zeit als Geld haben – also eher Jüngere. Diesen Effekt macht sich beispielsweise der Elektronikvermarkter Apple zunutze. Anstatt die ersten Exemplare eines neuen elektronischen Spielzeuges an die Meistbietenden zu versteigern, gehen diese an die Meistwartenden. Die Warteschlangen werden so zum Marketinginstrument, um große Nachfrage zu suggerieren.

Mengenbeschränkungen

Ein anderes Phänomen sind Mengenbeschränkungen. Dabei wird nicht der Preis einer Ware festgesetzt, sondern die abgesetzte Menge beschränkt. Ein Beispiel dafür sehen wir im »Krieg gegen Drogen«. Die Beschlagnahmung von Drogen reduziert die gehandelte Menge. Dadurch wächst aber ebenfalls die Spanne zwischen Nachfrage und Angebot. Diese Spanne überträgt sich in höhere Profitspannen. Das führt zu der paradoxen Folge, dass härtere Maßnahmen gegen den Drogenhandel diesen für die verbleibenden Anbieter immer lukrativer machen. Dadurch werden diese immer risikofreudiger und besitzen immer größere Mittel, um sich gegen die Behörden zu wappnen. Daraus erklärt sich das Wettrüsten zwischen Drogenhändlern und Polizei, wobei in manchen Ländern Erstere hinsichtlich ihrer Bewaffnung schon lange mit Letzteren konkurrieren können.

Interventionsspiralen

Gesetzliche Marktinterventionen können Präferenzen nicht auf Anhieb ändern. Das frustriert die meisten Bemühungen. Wirklich gefährlich werden Preisfestsetzungen, wenn sie Spiralen in Gang setzen. Ein Beispiel:

> Nach einem Ernteausfall wird Getreide knapp, das bedeutet, vielen Nachfragern stehen wenige Anbieter gegenüber. Wenn diese Anbieter auch Fremden Getreide verkaufen und nicht bloß alles selbst verbrauchen oder mit Familie und Freunden teilen, stellen sie fest, dass sie sehr viele Angebote bekommen. Sie wählen die für sie besten, was dazu führt, dass die beobachteten Marktpreise für Getreide rapide in die Höhe schnellen. Jene, die zu kurz gekommen sind, werden bald zu Neidern. Dumme oder bösartige Politiker könnten sich dazu verleiten lassen, hier zu intervenieren. Sie setzen also Höchstpreise für Getreide fest – vorgeblich, um auch den Armen den Bezug zu ermöglichen. Doch diese gesetzliche Maßnahme kann natürlich die zugrunde liegende Knappheit nicht aus der Welt schaffen. Per Erlass wächst kein Korn. Die Folge ist genau gegenteilig: Verfügbares Getreide verschwindet vom Markt. Die Knappheit wird noch größer. Zusätzlich werden die Anreize verringert, für zukünftige Ernteausfälle Getreide aufzuheben.

Diese Erfahrung war im Nachkriegsdeutschland überdeutlich. Die alliierten Besatzer hatten Preisfixierungen durchgesetzt, die den Mangel nach dem Krieg fortdauern ließen. Ein damals junger, deutscher Ökonom, der über Wilhelm Röpke durch die Österreichische Schule beeinflusst war, setzte sich gegen die Amerikaner durch und ließ alle Preisfestsetzungen abschaffen. Damit schuf er den Grundstein für das deutsche Wirtschaftswunder. Sein Name: Ludwig Erhard.

Es wäre schön, wenn alle Menschen die Zukunft richtig einschätzten und überdies in der Not für Gotteslohn einander beistünden. Die Ökonomen der Österreichischen Schule sind hier nüchtern genug, auf die besten Triebe zu hoffen und sie zu würdigen, sich aber bloß auf die *stärksten* Triebe zu verlassen. Man darf darauf hoffen, dass einem der Fremde in der

Not hilft. Man wird aber wesentlich ruhiger schlafen, wenn es jenem auch nützt und nützen darf. Märkte erlauben genau dies: dass Fremde, die uns nicht kennen und denen wir leider nur wenig bedeuten, mit so großem Einsatz und so großer Sorgfalt an unserer Versorgung mitwirken, als würden sie nur für unsere Bedürfnisse leben.

Weil Interventionen in das komplexe Netzwerk menschlicher Präferenzen oft unerwartete Konsequenzen haben, scheinen sie oft weitere Interventionen nach sich zu ziehen. Man spricht hier von einer Interventionsspirale. Da die gesetzlichen Maßnahmen oft neue Probleme schaffen, wird die Politik zu neuen »Lösungen« gedrängt, die wiederum weitere Probleme verursachen und so weiter. Das erklärt unter anderem die ausgeprägte Politikskepsis aller jüngeren Vertreter der Österreichischen Schule. Politik erscheint ihnen selten als Lösung und oft als Problem.

Sperrklinkeneffekt

Natürlich muss eine Intervention keine weitere nach sich ziehen – wenn es die Bereitschaft gäbe, Fehler einzugestehen. Hier liegt allerdings der eigentliche Grund für die Interventionsspirale: der sogenannte Sperrklinkeneffekt. Eine Sperrklinke ist eine Vorrichtung, die das Drehen in nur eine Richtung ermöglicht, in die andere hingegen verhindert. Die Spirale der Interventionen lässt sich wesentlich leichter in eine Richtung drehen als in die andere. Es ist einfacher und billiger, ein neues Gesetz zu erlassen als ein altes aufzuheben. Denn jeder Weg gegen die Sperrklinke würde das Eingeständnis eines Fehlers bedeuten, und dies erfordert mehr Mut als kurzfristig denkende Politiker in der Regel an den Tag legen. Wir haben es hier mit einem ähnlichen Phänomen zu tun wie jenem der »versunkenen Kosten«.

Arbeitsplätze

Das Arbeitsleid

Eine wirklich existenzielle Bedeutung erhält Wirtschaft für die meisten erst dann, wenn es um den eigenen Arbeitsplatz geht. Darum dreht sich ein großer Teil der wirtschaftlichen Debatten und politischen Vorhaben der Moderne um Arbeitsplätze. Auch die Krisenangst ist vornehmlich eine Angst um den eigenen Arbeitsplatz und damit um die Lebensgrundlage. Doch warum freuen wir uns nicht darüber, wenn die Arbeit weniger wird, sondern beklagen dies? Ist Arbeit erstrebenswert oder ein notwendiges Übel?

Die meisten frühen Vertreter der Österreichischen Schule gingen davon aus, dass der Mensch Arbeitsleid empfindet. Dies ist eine uralte Vorstellung, die sich auch in unserer Sprache und in unseren Mythen findet. Das Wort »Arbeit« beruht auf der indogermanischen Wurzel R-B. Dieselbe Wurzel findet sich, anders umgeformt, im englischen *labour*. Die slawischen Sprachen haben noch eine genauere Erinnerung der Ursprungsbedeutung behalten: *Rabota* (russisch) oder *robota* (tschechisch) kennt man in Österreich noch als Robot oder Raboth; der Roboter kommt daher. Robot bedeutet Frondienst. Der Roboter führt mechanisch vorgegebene Tätigkeiten aus, jede Handlung dient fremden Zwecken, und der Roboter ist selbst ausschließlich Mittel und Werkzeug.

Das Englische wiederum erinnert sich besser an die mythologischen Aspekte: *Labour* bedeutet nicht nur Arbeit, sondern bezeichnet auch den Geburtsschmerz: beides Folgen des Sündenfalls der Menschheit. In der christlichen Überlieferung wird dies bildlich ausgedrückt durch die

Vertreibung aus dem Paradies, doch dieser Mythos ist freilich viel älter; davon zeugt, dass Paradies das persische Wort für einen umfriedeten Garten ist. Das Wort Werk hingegen ist der ursprüngliche Gegenbegriff zur Arbeit, was sich im Englischen *work* im Gegensatz zu *labour* noch deutlicher zeigt, wenngleich auch dort die Begriffsunterscheidung in Vergessenheit geraten ist und man die Wörter mittlerweile für Synonyme hält.

Arbeit vs. Werk

Die Verachtung der alten Griechen für die Arbeit, die sie *ponos* nannten, ist wohlbekannt. Sie betrachteten sie als eines freien Bürgers unwürdig und behielten sie den Sklaven vor. Arbeit galt als Strafe. Ponos ist der Dämon der Mühsal und des Schmerzes, Enkel der Dunkelheit (Nyx) und Sohn der Zwietracht (Eris). Aus dieser Perspektive würden die heutigen Rufe danach, »Arbeit zu schaffen«, als absurder, geradezu satanischer Kult erscheinen. »Arbeitsplätze« würde ein Besucher aus der Vergangenheit wohl als die Stätten dieses Kultes interpretieren. Staatliche »Arbeitsbeschaffungsprogramme« wären dann wohl als das Errichten von Tempeln durch die Obrigkeit zu deuten, um die Untertanen mittels dieses abgründigen Kultes gefügig zu halten.

Arbeitsbeschaffung

Die »österreichischen« Ökonomen reagieren daher etwas verständnislos auf den wirtschaftspolitischen Trend der Arbeitsbeschaffung. Warum sollte man Menschen dafür bezahlen, Arbeit zu erledigen, für die gar keine Nachfrage besteht? Das Credo der modernen Wirtschaftspolitik, dem auch die Nationalsozialisten folgten, lautete, Arbeiter zu beschäftigen und sie damit beschäftigt zu halten. Manchmal, wenn der Politik kein besserer Zweck einfiel, wie etwa Kriege vorzubereiten, dann ließ man diese Arbeiter schlicht Löcher ausheben und wieder zuschütten. Das Wort verrät schon die Intention: Störenfriede im Kindergarten werden »beschäftigt«. John Maynard Keynes, der große Gegenspieler der Österreichischen Schule, schlug allen Ernstes vor, der Staat solle Geldscheine in alte Flaschen füllen und diese vergraben. Die Such- und Grabarbeit, um diese wieder ans Licht zu bringen, würde dann zahlreiche Arbeitsplätze schaffen.

Eigentlich geht es bei den Arbeitsplätzen aber gar nicht um die Arbeit. Diese ist nur ein Vorwand für das erzielte Einkommen. Moderne Beschäftigte üben sich daher durchaus oft darin, Arbeit vorzutäuschen. Wäre es nicht einfacher und menschlicher, den »Arbeitern« die Geldscheine direkt in die Hand zu drücken, anstatt sie sinnlos graben zu lassen? Wenn die Wirtschaftspolitik von Arbeitsplätzen spricht, geht es also in Wirklichkeit um Umverteilung. Die Vortäuschung oder Schaffung von Arbeit ist bloß nötig, um diese Umverteilung zu legitimieren. Die wesentliche Frage aber ist: Woher kommt das Einkommen der Arbeitenden? Wenn es bloß aus einer Umverteilung zu Lasten der Steuerzahler oder zu Lasten zukünftiger Generationen stammt, kann man sich diese »Arbeitsplätze« doch sparen. Mehr Arbeit ist kein Selbstzweck. Der geniale Erfinder, der Arbeit einzusparen hilft, leistet Großes für seine Mitmenschen, auch wenn sie ihn im Moment verachten mögen.

Vortäuschung von Arbeit

Natürlich kann Arbeit auch ein Zweck für sich sein. Doch in einer Zeit, in der die Menschen erschöpft mehr Freizeit und Urlaub ersehnten, weil ihnen die eintönigen und entfremdenden Tätigkeiten in den städtischen Fabriken zusetzten, galt das Augenmerk dem Arbeitsleid und demnach der Verringerung von Arbeit. Für Arbeit, die auch ein Selbstzweck ist, sollten wir eher den oben erwähnten Begriff des Werks oder der Berufung anführen. Ludwig von Mises etwa definierte Arbeit im Gegensatz dazu als jenen Aufwand, der immer nur ein Mittel für uns darstellt und dem wir die Muße vorziehen. Deutlich wird dieser Gedanke anhand der Unterscheidung von Arbeit und Freizeit. In der Freizeit fühlt man sich frei von äußeren Zwecken, es ist die Zeit des Spielens. Den Job hingegen machen die meisten nur als Mittel zum Zweck. Die wirklich Glücklichen würden das, was sie tun, auch ohne äußeren Zweck tun. Auch wenn sie kein Geld damit verdienen und wenn sie der letzte Mensch auf Erden wären, würden sie es tun. Wer diese Einstellung hat, kennt die künstliche Unterscheidung zwischen Arbeit und Freizeit nicht. Das Berufsleben wird zum Spiel.

Produktionsfaktoren

Doch auch beim Verfolgen einer beglückenden Berufung lebt der Mensch nicht von der Liebe und der Freude allein. Woher also kommt das Einkommen, das dem Arbeitenden sein Auskommen ermöglicht? Am einfachsten scheint sich diese Frage in der Landwirtschaft beantworten zu lassen. Der arbeitende Bauer ringt, so die idealisierte Vorstellung, sein Einkommen dem bearbeiteten Boden selbsttätig ab. Diese Sicht führte viele Ökonomen der Vergangenheit zur Behauptung, jedes reale Einkommen sei letztlich dem Boden abgerungen. Das Politikum der Arbeitslosigkeit wurde daher zunächst als mangelnder Grundbesitz interpretiert. Als wirksamste Maßnahme gegen die Arbeitslosigkeit galt daher lange Zeit die Neuverteilung des Bodens. Dieser Ansatz greift aber zu kurz. Bereits Carl Menger warnte: »Die Meinung, dass lediglich die physischen Bedürfnisse Gegenstände unserer Wissenschaft seien, ist irrig, die Auffassung unserer Wissenschaft als einer bloßen Theorie der physischen Wohlfahrt der Menschen unhaltbar.«

Nach der »Blut-und-Boden-Ökonomie« folgte die »Schweiß-und-Tränen-Ökonomie«. Die falsche Vorstellung, dass die Arbeit über den Wert eines Produktes bestimmt, haben wir schon kennengelernt. Dieser Trugschluss der klassischen Ökonomen liegt dem Marxismus zugrunde, der jegliches Einkommen der Arbeit zuschreibt. Es bliebe dann nur noch die politische Aufgabe, den Arbeitenden das Einkommen zuzuteilen, welches ihnen schon moralisch zustünde.

Doch reale Güter entstehen nicht durch Ansprüche. Aus der Erfahrung des Mangels leiteten die »österreichischen« Ökonomen die nüchterne Einsicht ab, dass zunächst etwas produziert werden muss, wenn etwas verteilt werden soll. Aus der Beobachtung, dass Menschen arbeiten, kann noch nicht geschlossen werden, dass hier auch Werte geschaffen werden. Wie viel Schweiß wird unnütz vergossen, wie viel Land wird schlecht genutzt, wie viele Ansprüche können nie eingelöst werden! Produktion ist die Hervorbringung von Gütern. Und Güter, so wissen wir bereits, sind das Zusammentreffen von menschlichen Bedürfnissen, realer Tauglichkeit, nötiger Kennt-

Güter

nis und Verfügbarkeit. Aus dieser Perspektive ist jedes neue Gut, das in die Welt kommt, ein kleines Wunder. Nichts ist schon an sich und für sich ein wirtschaftliches Gut ohne menschliche Erkenntnis. Was lange als wertlos galt, kann plötzlich zum Gut werden, ohne dass sich objektiv etwas geändert hat, ohne dass der Boden besser und die Menschen fleißiger wurden.

Für die klassischen Ökonomen bestimmte die Arbeit zwar den Wert, doch sie erkannten wohl, dass Arbeit alleine selten ausreicht, um Güter hervorzubringen. So definierten sie Arbeit als einen von drei Produktionsfaktoren. Als die beiden anderen Faktoren wurden Boden und Kapital angesehen. Es ist interessant, dass die Ökonomen der Österreichischen Schule, die die Bedeutung von Kapital so betonten, jenes im Gegensatz zu den Klassikern nicht als ursprünglichen Produktionsfaktor betrachteten. Unter Kapital werden die produzierten Produktionsmittel verstanden. Das heißt, es handelt sich hierbei um Güter, die vorher selbst erst durch menschlichen Einsatz hervorgebracht werden mussten.

Produktionsstruktur

Carl Mengers Erkenntnis, dass es Güter gibt, die selbst wiederum bloß ein Mittel sind, um andere Güter hervorzubringen, ermöglicht es ihm, eine Ordnung der Güter aufzustellen. Diejenigen Güter, mit denen ein Produktionsprozess abschließt, nennt Menger Güter erster Ordnung oder Konsumgüter. Ein Konsumgut ist ein direktes und letztes Mittel zum Erreichen eines menschlichen Ziels und bedarf keiner weiteren Umwege mehr. Der Konsum, verstanden als Erfüllen menschlicher Wünsche, ist sowohl Zweck als auch Ursache der Produktion. Die Ursache des wirtschaftlichen Handelns liegt in der Zukunft und veranlasst in der Gegenwart Menschen zu handeln. Alles, was wir an materiellen Gütern und Preisen beobachten können, gehört hingegen bereits einer Vergangenheit an: Es ist Ausdruck von bereits durchgeführten Handlungen. Der Verlauf zwischen Ursache und Wirkung ist in der Ökonomie daher scheinbar verkehrt: Nicht die Vergangenheit bestimmt die Zukunft, sondern Erwartungen über die Zukunft bestimmen die Gegenwart.

Das ist der Grund, warum Menger die Güterordnung am Ende und damit in der Zukunft beginnen lässt. Jene Güter, die die Konsumgüter hervorbringen, nennt er Güter zweiter Ordnung. Je weiter ein Gut vom Konsum entfernt ist, desto größer ist seine Ordnungszahl. Konsumieren kommt von dem lateinischen Wort *consumere*, das »aufbrauchen« bedeutet. Eines der größten wirtschaftlichen Koordinationsprobleme besteht darin, dass lange vor dem Moment des Konsums viel Mühe, Wissen und Ressourcen zu diesem Zwecke eingesetzt werden mussten. Wenn wir unsere Konsumgüter so betrachten, beginnen wir zu staunen. Die Ursache, dass wir sie erworben oder erzeugt haben, dass wir ihnen einen bestimmten Wert beimessen, liegt in unseren Erwartungen hinsichtlich ihres Konsums. Doch unsere Wünsche alleine lassen diese Güter nicht erscheinen. Sie haben eine materielle Vorgeschichte unzähliger Entscheidungen. Woher wussten all diese Entscheider von unserem Wunsch? Das konkrete Konsumgut gäbe es nicht ohne die lange Kette an Gütern höherer Ordnung, die ihm vorausgingen. Diese Ketten können in komplexen Gesellschaften eine ganz erstaunliche Länge aufweisen.

Güterordnung

Am Anfang dieser Ketten stehen die Kapitalgüter höchster Ordnung, und diese müssen einst aus den ursprünglichen Faktoren Arbeit und Boden hervorgegangen sein. Der erste Rohstoff und das erste Werkzeug in dieser Kette mussten der Natur unter Einsatz menschlicher Leistung abgerungen werden. Unter dem Produktionsfaktor Boden verstehen Ökonomen der Österreichischen Schule all jene natürlichen Ressourcen, die dem Menschen gegeben sind, ohne dass er sie erst produzieren muss. Ein wilder Brombeerstrauch ist »Boden«, die Brombeere als Konsumgut das Ergebnis der Kombination dieses Produktionsfaktors mit Arbeit. Der Ertrag der Arbeit hängt von der Art und Weise dieser Kombination ab.

Ertrag der Arbeit

Wie hoch ist der Ertrag der Arbeit? Ökonomen der Österreichischen Schule betrachten hier wieder die »Grenze« des Handelns, denn dort offenbaren sich die Alternativen, nach denen wir Entscheidungen bewerten können. Bei dieser »Grenze« handelt es sich um die Entscheidungen, die gerade an der Kippe stehen: wo wir gerade überlegen, etwas hinzuzunehmen oder abzugeben. Wie viele zusätzliche Beeren pflückt eine zusätzliche Einheit Arbeit? Wenn wir solche Fragen betrachten, stoßen wir bald auf die Erkenntnis, dass es keinen einfachen Zusammenhang zwischen einem Produktionsfaktor und dessen Ertrag gibt. Zehn Pflücker können einem Strauch nicht die zehnfache Ausbeute entnehmen; sie würden sich gegenseitig im Weg stehen. Man kann nicht einen Faktor beliebig vermehren, während die anderen gleichbleiben. Ab einer gewissen Schwelle sinken die Grenzerträge.

Ertragsgesetz

Diese Gesetzmäßigkeit ist Bauern schon lange bekannt. Man spricht in der Ökonomie vom *Ertragsgesetz*. Als Gesetz formuliert wurde es, als Bauern bemerkten, dass sie nicht durch immer höhere Düngung immer größere Erträge erwirtschaften konnten; im Gegenteil sanken bei zu viel Dünger die Erträge rapide. Die Bauern mussten vielmehr das rechte Maß an Dünger finden. Zunächst dachte man, es mit einem biologischen Gesetz zu tun zu haben. Doch diesen Zusammenhang finden wir überall, wo Menschen wirtschaften. Das Ertragsgesetz besagt: Bei der Kombination von Produktionsfaktoren gibt es ein optimales Verhältnis. Vermehrt man einen Faktor darüber hinaus, sinken die Grenzerträge. Betrachten wir ein einfaches Beispiel:

> Jemand pflegt in seinem Garten eine größere Zahl von Apfelbäumen. Die Bäume tragen mehr Früchte, als er selbst pflücken kann. In diesem Fall könnte der Gärtner Fremden die Mitarbeit anbieten. Die einfachste Regel wäre, dass der Helfer alle selbst gepflückten Äpfel behalten darf. Doch es ist für unseren Gärtner vermutlich kein Selbstzweck, einen Fremden in den eigenen Garten zu bitten, der kein Gast und noch kein Freund ist und auch nicht sichtlich in Not. Wenn wir dem Gärtner abverlangen, keinen Nutzen aus der

fremden Hilfe zu ziehen, wird er sie nicht als Hilfe ansehen und letztlich gar nicht in Anspruch nehmen.

Lassen wir also die Marktregel zu: Zwei sich (noch) Fremde kommen einander über den gegenseitigen Nutzen näher. Was wird der Gärtner dem Mitarbeiter anbieten? Er wird abschätzen, wie viele Äpfel eine zusätzliche Arbeitskraft in einer zusätzlichen Stunde zu pflücken vermag. Diese Anzahl nennen Ökonomen das *Grenzprodukt*. Wir können es als wahrscheinlich annehmen, dass dies das Maximum darstellt, das der Gärtner dem Pflücker als Lohn offerieren wird. Es ist sehr unwahrscheinlich, dass er ihm mehr Äpfel anbieten wird. Vielleicht werden sie sich einig, dass der Helfer die Hälfte der gepflückten Äpfel behalten darf. Nun könnten noch mehr Fremde Lust auf des Gärtners Äpfel verspüren und ihm ihre Mithilfe zu denselben Konditionen anbieten. Doch der Gärtner wird feststellen, dass das Grenzprodukt weiterer Pflücker dazu tendiert, niedriger auszufallen. Irgendwann ist der Punkt erreicht, wo es für keine Seite mehr attraktiv ist: zu viele Pflücker, zu wenige Bäume.

Grenzprodukt

Anhand des Beispiels ahnen wir schon, worin das Unbehagen vieler Kritiker an der ihrer Meinung nach unzureichenden Entlohnung von Arbeitern liegt: am Privateigentum. Erst der Umstand, dass der Gärtner über die Bäume verfügt und den Zugang willkürlich begrenzen kann, versetzt ihn in die Lage, über den Lohn zu bestimmen. Das Problem bei dieser Perspektive ist die Überschätzung des Faktors Boden. Freilich gibt es wilde Apfelbäume, und wir können darüber philosophieren, dass deren Früchte jedem zustehen sollten. Diese Frage fällt aber so wenig ins Gewicht, dass wir uns nicht länger damit aufhalten. Allein von dem, was uns die Natur ohne Vorsorge und Kapitalaufbau bietet, könnte nur ein winziger Bruchteil der heutigen Menschheit überleben. Unser Überleben hängt davon ab, dass Menschen nicht nur ernten, sondern auch säen. Wenn wir als ungebetene Fremde den Frieden seines Gartens stören, könnten wir dem Gärtner alles Säen und Jäten verderben. Unser Gärtner mag aus freien Stücken die Stätte seines Wirkens mit seiner Familie, seinen Freunden, sogar einer Gemeinschaft teilen. Doch sofern er nicht freiwillig teilt, bleibt nur noch der Zwang und aus dem friedlichen Gartenzaun wird der Stacheldraht eines Straflagers.

In der Regel sind heute Boden und Kapital eng verbunden. Die meisten Bodenschätze sind ohne Kapital unzugänglich und dadurch wertlos. Die gepflanzten Bäume sind in überwiegendem Maße als Kapital zu bewerten. Das bedeutet auch, dass auf Dauer bloße Arbeit allein nicht ausreicht, ohne dass jemand langfristige Verantwortung für Entscheidungen übernimmt, Wissen aufbaut und investiert. Menschen, die nach der Marktregel ihre Arbeitskraft gegen ein Einkommen tauschen, finden nicht vollkommen beliebige Angebote dafür vor. Der Gärtner aus unserem Beispiel bestimmt nicht alleine über die Lohnhöhe; wir können bloß annehmen, dass sein Angebot einer Entlohnung, das einer Nachfrage nach Arbeit entspricht, nur bis zu einer gewissen Höhe geht. Sein Angebot darf abgelehnt werden und er darf Angebote ablehnen.

Grenzwertprodukt

Nehmen wir nun an – wie dies auf Märkten realistischer ist –, dass die Äpfel gar nicht der letzte Zweck des Gärtners sind. Er hat nicht deshalb mehr Bäume gepflanzt, als er selbst abernten kann, weil er eine so unbändige Gier nach Äpfeln verspürt. Er hat bloß festgestellt, dass es für ihn einfacher ist, durch Tausch der überzähligen Äpfel seinen Speiseplan vielfältiger zu gestalten, als wenn er selbst Vieh hielte. Für seine Entscheidungen relevant ist also nicht bloß das Grenzprodukt, die zusätzlich geernteten Äpfel. Bedeutsam ist die Bewertung dieser Äpfel auf dem Markt, wo der Gärtner diese tauschen oder verkaufen möchte. Wenn eine zusätzliche Arbeitskraft in einer Stunde zehn Kilogramm Äpfel pflücken kann und diese Äpfel einen Mehrertrag von zehn Geldeinheiten einbringen, so handelt es sich bei dieser Summe um das sogenannte *Grenzwertprodukt.* »Wert« steht hierbei dafür, dass über einen Markt die Ermittlung des Tauschwertes ermöglicht wird. Stellt dieser Wert also das zu erwartende Maximum des gebotenen Lohnes dar?

Der »österreichische« Ökonom würde hier noch eine Sache zu bedenken geben: Das Pflücken muss stattfinden, bevor die Äpfel Käufer finden können. Will der Pflücker seinen Lohn, bevor die Äpfel ihre stets ungewissen und zukünftigen Käufer gefunden haben, muss der Gärtner ihm diesen Lohn vorstrecken. Ist ein solches Vorstrecken erforderlich, gehen die Ökonomen der Österreichischen Schule davon aus, dass ein gewisser

Differenzbetrag zu beobachten sein wird. Darum sei die maximal zu erwartende Lohnhöhe nach der Marktregel durch das diskontierte Grenzwertprodukt gegeben. Unter Diskontierung wird die Reduktion um einen gewissen Prozentsatz verstanden, der ausdrückt, dass der frühere Ertrag höher bewertet wird als der spätere. Warum das so sein soll, werden wir sehen, wenn wir uns das Phänomen der Zinsen näher ansehen.

Ausbeutung

Die Österreichische Schule warnte stets davor, darüber zu spekulieren, wie die Welt sein soll, bevor man noch verstanden hat, wie die Welt ist. Diese Perspektive mag kalt wirken, auch hinsichtlich der Entlohnung. Doch es geht eben darum, zu verstehen, was über die real beobachteten Lohnhöhen bestimmt und welche Entscheidungen ihnen zugrunde liegen. Allein das Wort »Arbeitgeber« zeigt, wie wenig Verständnis Menschen vom Tausch von Arbeitskraft nach der Marktregel haben. Der »Arbeitgeber« gibt keine Arbeit, er nimmt sie in Anspruch. Der »Arbeitnehmer« hingegen nimmt keine Arbeit, sondern gibt seine Arbeit im Tausch für etwas, das er höher bewertet als seine Zeit und Anstrengung.

Lohnabhängige

Die Betrachtung dieser beiden als Tauschende auf gleicher Augenhöhe löst noch immer Unbehagen aus. Die Arbeitnehmer hätten keine andere Wahl, als ihre Arbeitskraft zu vermieten, so heißt es, und sie besäßen eine viel schlechtere Verhandlungsposition als die Arbeitsgeber. Ihnen drohe schließlich das Schicksal der Arbeitslosigkeit. Das ist die Perspektive der Lohnabhängigen. Einst handelte es sich hierbei um eine kleine Minderheit, doch im Laufe des letzten Jahrhunderts nahm ihre Zahl dramatisch zu. Lohnabhängige sind Menschen, die über keine eigene Werkstätte, keine eigenen Werkzeuge, kein hinreichendes Wissen verfügen, um selbst für sich zu sorgen oder anderen selbstständig und ohne fremde Anweisungen, Hilfsmittel und Vorschüsse zu dienen.

Doch das autarke Leben ist heute nicht schwieriger als in der vermeintlich guten, alten Zeit, sondern in der Tat viel einfacher. Es stehen Werkzeuge zur Verfügung, von denen unsere Vorfahren nur träumen konnten, und das in ausreichender Menge und zu lächerlichen Preisen. Wer die behüteten Gärten mit ihren Zäunen leid ist, der kann sich auch heute noch in den Wäldern durchschlagen. Das Wildern ist zwar nach wie vor verboten, aber das Sammeln für den Eigengebrauch in aller Regel gestattet.

Ein »Arbeitsplatz«, an dem jemand ein Einkommen erzielen kann, das zu heutigen Preisen zum Beispiel monatlich einer halben Tonne Fleisch entspricht, ist ein Wunder und keine Selbstverständlichkeit. Dies bedeutet, dass man einen Ort vorfindet, an dem sich die eigene Arbeitskraft in ein komplexes Netz von Zu- und Vorarbeiten fügt und so Werte für die Mitmenschen schaffen kann, die das eigene Subsistenzniveau um ein Vielfaches übersteigen. Die alte Perspektive der »Blut-und-Boden-Ökonomie«, dass die Menschen auf Arbeitsplätze angewiesen sind, weil ihnen der Zugang zum Boden verwehrt bleibt, ist heute offensichtlich Unsinn. Uns wohlgenährten Städtern könnte aller Boden offenstehen und wir würden nichts damit anzufangen wissen. Diese Perspektive war schon im letzten Jahrhundert Schnee von gestern, darum trat ja auch die »Schweiß-und-Tränen-Ökonomie« an ihre Stelle. Doch auch deren Perspektive ist veraltet. Sie geht davon aus, dass die Menschen sich zu Arbeitsplätzen erniedrigen müssen, weil ihnen der Zugang zu den »Produktionsmitteln« fehlt. Der Materialismus dieser Perspektive wirkt nüchtern und realistisch, in Wirklichkeit handelt es sich um Ideologie, die mit der Realität nichts mehr zu tun hat. Die wichtigsten Produktionsmittel sind längst geistige. Es war die Österreichische Schule, die als Erste erkannte, dass Ökonomie vor allem ein Wissensproblem ist. Auch wenn wir über alle Maschinen verfügen könnten, wir würden ihnen bloß ratlos gegenüberstehen.

Es ist schon richtig, dass zum Anlaufen einer Massenproduktion große Finanzmittel nötig sind. Doch ist es interessant, dass die massive Erleichterung des Zugangs zu Finanzmitteln, den wir noch näher betrachten werden, zu einer Entwicklung führte, die den Vorhersagen der »Schweiß-und-Tränen-Ökonomie« vollkommen widerspricht. Die Konsumenten wurden durch die wundersame Kreditvermehrung nicht zu verschuldeten Maschineneigentümern, sondern bloß zu verschuldeten Konsumenten. In aller Regel ist es heute der Druck der Kreditraten, der Menschen auf den Arbeitsmarkt »zwingt« und dazu nötigt, Angebote anzunehmen, die sie eigentlich lieber ablehnen würden.

Sweatshops und Kinderarbeit

Es ist in Mode gekommen, alle äußeren Nöte, denen wir uns gegenübersehen, denjenigen in die Schuhe zu schieben, die uns Angebote machen, die uns nicht gefallen. Das ist so, als würde man die eigene Krankheit dem Arzt übelnehmen, nur weil er einem nicht kostenlos und rund um die Uhr zur Verfügung steht. Ein drastisches Beispiel für fehlgeleitete Moralisierung ist die Entrüstung über Sweatshops. So bezeichnet man mit ausländischem Kapital finanzierte Betriebe in ärmeren Ländern, wo billige Arbeitskräfte unter schlechten Bedingungen und bei langen Arbeitszeiten schuften.

Für eine der zahlreichen Fernsehdokumentationen über solche Betriebe wurde ein Fabrikgelände von außen gefilmt, man sieht Stacheldraht und Sicherheitsleute davor. Der Eindruck eines Arbeitslagers drängt sich auf. Dann verrät eine unvorsichtige Kameraaufnahme dem aufmerksamen Zuschauer den Kontext: Im Hintergrund sind Müllberge sichtbar, auf denen Menschen nach Lebensmittelresten suchen. Im Vordergrund beklagen sich wohlgenährte Arbeiterinnen über lange Arbeitszeiten und sexistische Vorgesetzte. Moralisches Fehlverhalten lässt sich nicht relativieren. Tatsächlich sperrt der Stacheldraht jedoch nicht die Arbeiter im Werk ein, sondern alle anderen aus dem Werk aus. Die Löhne in Sweatshops, die mittels ausländischen Kapitals errichtet wurden, liegen in der Regel mehr als doppelt so hoch wie die lokalen Durchschnittslöhne. Manchmal wird sogar das Fünffache und mehr geboten. Sweatshops sind auch keine Endstation. Einst war China der Inbegriff billiger Arbeitskräfte, die in Sweatshops ausgebeutet werden – die maoistische Kulturrevolution hatte nicht nur Massenmord, sondern auch schreckliche Armut in den ländlichen Regionen hervorgebracht. Mittlerweile errichten die einstigen Sweatshop-Arbeiter selbst Sweatshops in Afrika; die meisten neuen Werkgründungen erfolgen dort durch chinesische Investoren.

Aber ist die Ausbeutung denn nicht offensichtlich, wenn derjenige, der den Sportschuh zusammenklebt, der bei uns für mehr als hundert Euro im Regal steht, bloß Bruchteile eines Euro erhält? Wer davon ausgeht, dass es sich dabei um die Profitspanne handelt, der möge einmal das moralische Klagen einstellen und das Experiment wagen, seiner Profitgier zu folgen. Paradoxerweise würde er dem Arbeiter so mehr Gutes tun, als wenn er die Produkte dieses Unternehmens boykottierte. Wenn die Alternative wegfällt, für einen Hungerlohn zehn Stunden täglich zu schuften, fällt zwar der Lohn weg, aber der Hunger bleibt. Als beispielsweise Frankreich 1998 den Import von Fußbällen aus Pakistan verbot, weil diese von Kindern zusammengenäht wurden, nahm die Kinderprostitution in dem südasiatischen Land dramatisch zu.

Wie agiert hingegen derjenige, der einen Profit machen möchte? Er reibt sich die Hände und denkt sich: Das kann ich auch! Die Errichtung eines zusätzlichen Sweatshops führt zu einer zusätzlichen Nachfrage nach den billigen Arbeitskräften vor Ort. Wahrscheinlich merkt er es gleich selbst, dass die Folge ein Steigen der lokalen Löhne ist. Zusätzliche Nachfrager müssen »an der Grenze« ein wenig mehr bieten. Das macht ihm aber gar nichts, was sind schon einige Cent im Vergleich zur vermeintlich riesigen Spanne? Dann stellt er fest, dass die Sache gar nicht so einfach ist. Trotz eines Heeres hungriger Arbeitsloser ist es nämlich keineswegs gewiss, dass er auch geeignete Arbeitskräfte findet. Er muss die Arbeiter entweder selbst schulen oder erfahrene Arbeiter von der Konkurrenz abwerben und entsprechend mehr bezahlen. Hat er geeignete Arbeiter gefunden, stellt er fest, dass das noch das einfachste Problem war. Die Eröffnung einer Werkstätte erfordert schon für nur einen Arbeiter in weiten Teilen der »Dritten Welt« bis zu einem Jahr an bürokratischen Vorarbeiten, Tausende Euro an offiziellen Gebühren, ganz zu schweigen von den »inoffiziellen«. Der neue Unternehmer beginnt zu ahnen, warum die Menschen vor Ort vorwiegend »schwarz« tätig sind und so wenige Beschäftigungsmöglichkeiten finden.

Dann, endlich, nach unzähligen Investitionen gibt es einen fertigen Sportschuh. Unser profitgieriger Ausbeuter hat die Konkurrenz schamlos kopiert: Der Schuh entspricht exakt dem Original. Und dann erlebt er ein blaues Wunder. Ein Studium der Österreichischen Schule hätte ihn vorgewarnt: Güter sind nicht durch das Materielle allein definiert. Ein Sportschuh am Ende der Welt, außerhalb der kostspieligen Vertriebsstruktur einer bekannten Marke, mag dem Sportschuh in unseren Einkaufszentren physisch exakt entsprechen, doch er besitzt nur einen Bruchteil des Werts. Vermutlich wird sein Wert sogar geringer ausfallen als der Aufwand zu seiner Erzeugung. Die Profitgier hat unserem Unternehmer einen herben Verlust beschert; gewonnen haben nur diejenigen, die er ausbeuten wollte. Für eine Zeit lang blieb ihnen das Müllsammeln erspart.

Die Ökonomen der Österreichischen Schule haben sich nicht lange damit aufgehalten, über das Konsumverhalten ihrer Mitmenschen zu klagen. Wir können unseren Jugendlichen noch so viele Vorhaltungen darüber machen, dass sie für ein Paar Markenschuhe mehr Geld ausgeben als Kinder anderswo ein ganzes Jahr zum Leben haben. Allerdings ist die Nüchternheit der »österreichischen« Ökonomen keine moralische Empfehlung, gleichgültig gegenüber den Missständen unserer Welt zu sein. Sie fordern uns bloß auf, zuerst zu versuchen, die Dinge zu verstehen, uns in die Perspektive der Entscheider zu versetzen, unsere eigenen Entscheidungen zu überdenken und zu ändern, die damit verbundenen Kosten zu tragen, bessere Alternativen hervorzubringen – und erst dann anderen Vorhaltungen zu machen.

Einpreisung von Erwartungen

Sehen wir uns ein weiteres Beispiel an:

> Im Jahr 1873 betritt ein in Fetzen gekleidetes, verarmtes Kind einen Kaufmannsladen in New York. Der Junge fragt schüchtern, ob er hier arbeiten könne. Der Besitzer denkt eine Weile nach und sagt »Einverstanden. Am Montag kannst du anfangen.« Glücklich fragt der Junge: »Was werden Sie mir bezahlen, Sir?« – »Ich dir?!«, ruft der Besitzer aus. »Eher solltest du mir etwas bezahlen, dass ich dir

das Geschäft beibringe!« So fing der Junge ohne Bezahlung zu arbeiten an. Nach drei Monaten harter Arbeit bekam er dann endlich einen Hungerlohn.

Ist die Antwort, wer hier Ausbeuter und wer Ausgebeuteter war, wirklich eindeutig? Auch wenn es sich bei dem kleinen Jungen um Frank W. Woolworth handelt, der später mit der Handelskette Woolworth steinreich wurde? Hat in diesem Fall womöglich Woolworth den kleinen Kaufmann ausgebeutet, weil er für die Lehre, die ihm seinen späteren Reichtum ermöglichte, nichts bezahlte?

Bewertung des Faktors Arbeit

Viele klagen heute über die Ausbeutung der »Generation Praktikum«. Damit sind Studenten und junge Akademiker gemeint, die ein schlecht oder gar nicht bezahltes Praktikum nach dem anderen machen und zunächst kaum besser bezahlte, reguläre Jobs finden. In der Tat war es in der Geschichte eher üblich, dass die Eltern dem ersten Arbeitgeber ihrer Kinder während der Lehrzeit etwas bezahlten; noch heute kennen wir in übertragener Bedeutung das »Lehrgeld«. Wir können beklagen, dass kleine Unternehmer nicht mehr in die Ausbildung ihrer Arbeitskräfte »investieren«. Jüngere erhalten zudem im Schnitt niedrigere Löhne. Das liegt daran, dass niemand im Vorhinein wissen kann, ob die Zusammenarbeit zu beiderseitigem Vorteil sein wird. Der unbekannte (eben fremde) neue Mitarbeiter mag tatsächlich einen positiven Beitrag leisten. Doch der Arbeitgeber kann das im Vorhinein nicht wissen. Die Bewertung des Faktors Arbeit orientiert sich daher am erwarteten diskontierten Grenzwertprodukt. Je jünger ein Mitarbeiter ist, desto weniger Erfahrungen mit ihm liegen vor. Was, wenn sich der neue Mitarbeiter nach der Einarbeitungszeit als unzuverlässig oder betrügerisch herausstellt? Was, wenn er plötzlich nicht mehr am Arbeitsplatz erscheint?

Uns prägt eben auch hier der alte Irrtum, Arbeit als gleichartiges Gut zu betrachten, dessen Wert durch die aufgewandte Arbeitszeit bestimmt wird. Arbeit ist recht verstanden nur ein loser Überbegriff für eine Vielzahl der unterschiedlichsten Bemühungen, Fertigkeiten und Kenntnisse. Wirtschaftlich wird die Bedeutung der Mühe von Arbeit, die sich in der aufgewandten Arbeitszeit ausdrücken soll, weit überschätzt. Der Wert, den wir der Arbeit unserer Mitmenschen beimessen, hängt wesentlich stärker von anderen Faktoren ab. Der wichtigste Faktor ist das eingesetzte Kapital: jene komplexe Struktur an Vorarbeiten und Zuarbeiten, in die sich die Arbeit fügen kann.

Der erwähnte Irrtum hemmt auch die Ausbreitung der sogenannten Tauschkreise, die als Alternative zu unserem mangelhaften Geldsystem gepriesen werden. Tauschkreise nennt man Vereine, in denen Güter und Leistungen gegen Gutscheine getauscht werden. Diese Gutscheine repräsentieren jeweils die Anzahl der nötigen Arbeitsstunden. Die Gleichbewertung jeder Arbeitsstunde soll, so die Hoffnung, menschlicheres Wirtschaften ermöglichen. Tatsächlich handelt es sich bei der Gleichbewertung der Arbeit jedoch um ein Prokrustesbett für unsere Werke: Egal, wie sehr ich mich bemühe, an mir arbeite, meine Werkzeuge verbessere, lerne: Nichts kann und darf jemals den Wert meines Werkes erhöhen – eine Stunde bleibt eine Stunde. In den Tauschkreisen, wo dies nicht zwangsweise untersagt wird, entwickeln sich meist realistischere Verhältnisse. Es wird dann beispielsweise versucht, zumindest zu beschränken, dass nicht mehr als drei Gutschein-»Stunden« für eine Arbeitsstunde verlangt werden.

Arbeitnehmerschutz

Die nüchterne Perspektive der Österreichischen Schule klingt nach einseitiger Parteinahme für den Arbeitgeber. Ein Interessenkonflikt zwischen Arbeitgebern und Arbeitnehmern ist jedoch bloß eine Folge der Konzentration der Wirtschaftsstruktur. Je größer das Unternehmen, je bürokratischer der Umgang, desto eher erscheint der Arbeitgeber als übermächtiger Zuteiler, gegen den man seine Interessen behaupten muss. In kleineren Unternehmen ist in der Regel allen klar, dass sie, obwohl sie sich zunächst fremd sind, ein gemeinsames Interesse zusammengeführt hat.

Weil die Klassenkonflikte so lange beschworen wurden, hat sich die Ansicht durchgesetzt, man müsse den Arbeitnehmer vor dem nüchternen Kalkül der Unternehmer schützen. Es ist zwar lobenswert, am Schicksal unserer Mitmenschen Anteil zu nehmen. Doch der Arbeitnehmerschutz hat leider Folgen, die den guten Absichten vollkommen zuwiderlaufen. Um ein Beispiel anzuführen, sei eine Quelle zitiert, die jeder Parteilichkeit zugunsten der Arbeitgeber unverdächtig ist: Gunnar Myrdal. Es handelt sich dabei um jenen sozialistischen Ökonomen, der gewissermaßen zum politischen Ausgleich gemeinsam mit Friedrich von Hayek den Nobelpreis erhielt. Myrdal stellt über die Probleme von Arbeitnehmern mit schwarzer Hautfarbe fest: »Während der 1930er wurde die Gefahr, ein ausgegrenzter Arbeiter zu sein, durch jene soziale Gesetzgebung vergrößert, die eigentlich die Bedingungen am Arbeitsmarkt hätte verbessern sollen. Einerseits stellen die Schwarzen einen überproportional großen Anteil derjenigen, die unter suboptimalen Sicherheitsvorkehrungen, an schmutzigen und ungesunden Arbeitsplätzen, unter langen Arbeitszeiten und zu Sweatshop-Löhnen arbeiten; anderseits war es die Verfügbarkeit solcher Jobs, die den Schwarzen überhaupt die Chance auf Beschäftigung gab. Es war hauptsächlich ihre Bereitschaft, niedrige Arbeitsstandards zu akzeptieren, die sie schützte. Wenn die Regierung interveniert, um Mindeststandards durchzusetzen, zerstört sie, was vom alten Arbeitsmonopol in den ›schwarzen Jobs‹ übrig ist.«

Mindeststandards

Nun ist es vollkommen berechtigt und wichtig, schlechte Arbeitsbedingungen zu kritisieren. Doch die Zusammenhänge werden oft missverstanden. Nüchterne Beobachter waren etwa in den USA des vorletzten Jahrhunderts verblüfft, dass Zuwanderer aus Irland im Schnitt noch schlechtere Arbeitsbedingungen als die Schwarzen aufwiesen. War das ein Ausdruck eines antiirischen »Rassismus«? Wäre den Iren durch Mindeststandards geholfen gewesen? Tatsächlich wählten irische Arbeiter freiwillig und vollkommen bewusst gefährlichere Arbeitsbedingungen, als die damaligen Sklavenhalter ihren Sklaven zumuten wollten. Letztere waren ja ihr Eigentum und ihr Verlust hätte sie finanziell getroffen. In Gesellschaften, in denen bestimmten Bevölkerungsgruppen attraktivere Beschäftigungsmöglichkeiten vorenthalten sind, bieten Arbeiten, die sonst niemand erledigen möchte, jene seltenen Chancen für ein höheres Arbeitseinkommen. Verbietet man die Beschäftigungen der »Unberührbaren«, nimmt man ihnen die Lebensgrundlage, sofern nicht gleichzeitig eine Änderung der Gesellschaft erfolgt.

Es wird immer marginale Arbeitnehmer geben, solche, die nur einen vergleichsweise geringen Mehrwert für ihre Mitmenschen schaffen. Das bedeutet nicht, dass diese Menschen wertlos oder würdelos sind. Es bedeutet bloß, dass – aus welchen Gründen auch immer – ihre Grenzproduktivität in den Verwendungen, die andere freiwillig nachfragen, geringer ist als die von anderen Menschen. Dank des komparativen Vorteils können solche Menschen ebenfalls ein Einkommen verdienen. Die Zahlungsbereitschaft der potenziellen Arbeitgeber wird aber niedriger sein.

Eben um solche Menschen zu schützen, gelten Mindestlöhne. Unter einem Mindestlohn versteht man jene gesetzliche Vorschrift, die ein offizielles Beschäftigungsverhältnis unter einer festgelegten Lohnhöhe verbietet. Ein Mindestlohn kann jedoch kaum etwas an der Zahlungsbereitschaft der Arbeitgeber ändern, da per Gesetz keine neue Nachfrage, kein zusätzliches Kapital, kein zusätzlicher Job geschaffen werden. Ein Mindestlohn ist nichts anderes als ein Mindestpreis für Arbeit. Dies führt, sofern sich die Präferenzen und Voraussetzungen nicht ändern, dazu, dass Nachfrager von Arbeit wegfallen und zusätzliche Anbieter von Arbeit hinzukommen. Das Angebot und die Nachfrage von Arbeit gehen also auseinander: Es kommt zu einem Arbeitsüberschuss. Ein anderes Wort dafür ist Arbeitslosigkeit. Das Problem ist, dass jene Grenzanbieter von Arbeit, die nun aus dem Arbeitsmarkt ausgeschlossen werden, genau jene sind, deren Produktivität an der Grenze liegt. Es trifft also genau jene Gruppen, die vermeintlich geschützt werden sollten. Das moderne Phänomen der dauerhaften Arbeitslosigkeit ist eine Folge der vermeintlichen Schutzmaßnahmen. Deren Zweck liegt nämlich eigentlich darin, diejenigen zu schützen, die bereits einen Arbeitsplatz haben.

Mindestlöhne

Wiederum ist es ein Leichtes, darüber zu dozieren, welche Löhne wofür eigentlich gerechtfertigt wären und denjenigen die Leviten zu lesen, die zu niedrige Löhne bezahlen. Dabei vergessen viele Mahner geflissentlich, dass sie selbst die niedrigsten Löhne bezahlen: nämlich gar keine. Wieder drückt sich hier das Unbehagen aus, nicht mehr in einer Sippe zu leben, sondern mit Fremden zu tun zu haben. Dank der Marktregel – und nur dank dieser Marktregel – laden Menschen fremde Hilfskräfte in ihre Wohnzimmer ein, mit denen sie sonst gar nicht verkehren würden. Freilich könnten sie sich einen höheren Stundensatz leisten. Würden die Putzhilfen und Pflegekräfte aber nach Handwerkersätzen verrechnen, wäre die Nachfrage nach ihrer Arbeit viel geringer. Man mag es begrüßen, dass die Pflege dann öfter innerhalb der Familie – ohne den Umweg über Märkte – geleistet werden müsste. Man gebe aber nicht vor, vorgeschriebene höhere Löhne seien im Interesse und zum Schutz der fremden Pflegekräfte. Gute Absichten gewährleisten noch keine guten Ergebnisse. Betrachten wir ein Beispiel näher, bei dem wir es mit dem Inbegriff der Nächstenliebe zu tun haben: die Caritas. So heißt nicht nur die Nächstenliebe auf Latein, sondern auch jenes kirchliche Hilfswerk, das zweifellos Großartiges leistet. Die Vertreter dieses Werks gehören zu den Mahnern, die uns regelmäßig an die Nächstenliebe erinnern und niedrige Löhne ankreiden. Die moralische Ermahnung ist gut und wichtig. Der nüchterne Ökonom jedoch bewertet das Handeln stets höher als die Reden. Wenn man sich die Löhne näher ansieht, die die Caritas selbst etwa in Österreich ihren Mitarbeitern bezahlt, stößt man darauf, dass sie dank einer gesetzlichen Privilegierung de facto alle Unternehmen unterbietet. Viele Vollzeitbeschäftigte erhielten dort ein Gehalt von 363 Euro pro Monat – weit unter jedem Mindestlohn. Bei diesen Beschäftigten handelte es sich um Zivildienstleistende. Darf das eine Ausrede sein? Ganz im Gegenteil, die Arbeitskräfte sind nicht deshalb so billig zu bekommen, weil sie eine besonders niedrige Produktivität hätten, sondern weil ihr Dienst staatlich erzwungen ist. Natürlich ist das Verhalten der Caritas nicht bösartig, sondern nachvollziehbar. Je mehr Geld sie ausgibt, desto weniger hat sie zur Verfügung.

Ein weiteres Beispiel für die schädlichen Folgen von vermeintlichen Schutzmaßnahmen ist der »Schutz« von behinderten Mitarbeitern. Beispielsweise können freiwillig abgeschlossene Beschäftigungsverhältnisse oft vom Arbeitgeber nicht mehr gelöst werden. Selbst wenn der Mitarbeiter keinerlei Beitrag zum Unternehmen mehr leisten kann, ist er bei voller Entlohnung weiter zu beschäftigen. Da erstaunt es nicht, dass die Einstellung von Behinderten zum unkalkulierbaren Risiko wird, vor dem die meisten zurückschrecken.

Es ist unvermeidlich, als ehrlicher Ökonom in diesen Fragen zynisch zu klingen. Das ist kein Wunder, macht doch die Angst vor der Arbeitslosigkeit die heutigen Menschen bei diesem Thema besonders empfindlich. Sie fühlen sich als kleine Zahnrädchen in einem unverständlichen Getriebe, deren Leben davon abhängt, dass sie jemand an die richtige Stelle setzt. Ihr Arbeitsplatz erscheint ihnen als Anspruch, gar als Menschenrecht. Doch die Möglichkeit, von unserer Arbeit für Fremde ein Einkommen zu beziehen, muss sich danach richten, welchen Wert unsere Werke für unsere Mitmenschen haben. Die einzige Alternative dazu ist eine totalitäre Gesellschaft, die letztlich einem großen Arbeitslager entspricht.

Arbeitsplatz als Menschenrecht?

In einer realen Wirtschaft sind Veränderungen unvermeidlich. Das bedeutet auch, dass wir heute nicht absehen können, was für unsere Mitmenschen morgen von Wert sein wird. Die wenigsten ahnen während ihrer Ausbildungszeit, womit sie später ihr Geld verdienen werden. Arbeitslosigkeit bedeutet in einer freien Gesellschaft, dass eines Tages das, was wir bisher für andere getan haben, für diese nicht mehr ausreichend wertvoll ist, um das Einkommen zu ermöglichen, das wir uns erwarten. Eine sich ändernde Welt lässt uns so wissen, dass auch wir uns ändern müssen. Wir haben dann die Wahl, auf einen Teil unseres Einkommens zu verzichten oder etwas Neues auszuprobieren. Wir können zur bitteren Erkenntnis gezwungen sein, dass unsere Spezialisierung, die eben noch sehr gefragt war, nun nahezu wertlos ist. Arbeitslosigkeit bedeutet in diesem Sinne stets, dass Menschen nicht sofort eine Beschäftigung finden, bei der sie ein Einkommen verdienen, das ihren Vorstellungen entspricht. Doch es gibt eben keine objektiven Bestimmungsgründe des Wertes von Arbeit. Auch Jahrzehnte der Ausbildung und ein wohlklingender Titel legen noch nicht fest, dass andere Menschen unsere Werke freiwillig nachfragen.

Diese Erfahrung ist unangenehm. Wirklich dramatisch wird sie erst durch die Verzerrungen unserer Zeit. Wenn Löhne fixiert werden, schwindet die Möglichkeit, Einkommenseinbußen in Kauf zu nehmen. Das ist keinesfalls zynisch gemeint: Nicht jeder will sein Metier aufgrund einer Veränderung einfach so aufgeben, manche ziehen es vor, eine Durststrecke abzuwarten. Sämtliche Regulierungen, die Anpassungen an geänderte Präferenzen verhindern, verschärfen die Arbeitslosigkeit. Je mehr in einer Wirtschaft Kartelle und Zugangsbeschränkungen vorherrschen, desto schwieriger ist es, alternative Einkommensmöglichkeiten zu finden.

Am schlimmsten scheint die Arbeitslosigkeit in Zeiten einer Wirtschaftskrise zu wüten. Dabei handelt es sich um einen plötzlichen Umbruch der Wirtschaft, bei dem zahlreiche Einkommensmöglichkeiten wegfallen und Alternativen noch kaum sichtbar sind. Den laufenden und stetigen Wandel des wirtschaftlichen Umfelds würden die Menschen akzeptieren, doch die dramatischen Einschnitte durch die Krise sind ihnen zu viel. Das Problem liegt hier in der Tat darin, dass die Krise einen so plötzlichen und unerwarteten Wandel bedeutet, der die meisten überfordert. Doch auch hier gilt, dass alles, was diesen Wandel verhindern und verlangsamen möchte, das Problem der Arbeitslosigkeit langfristig verschärft. Die Krise lässt das, woran wir jahrelang gearbeitet haben, plötzlich wertlos erscheinen. Es ist allerdings nicht wahr, dass ein solcher Wandel zu einem absoluten Versiegen von Einkommensmöglichkeiten führen muss. Es wird schlicht anderes zu anderen Preisen nachgefragt. Das rätselhafte Phänomen der Wirtschaftskrisen wird in einem späteren Kapitel verständlich werden.

Wohlstand und Armut

Der Weg aus der Armut

Die Sorge um unsere Arbeitsplätze ist eine Sorge um unser Einkommen. Unsere Existenz und unser Wohlstand hängen von unserem Einkommen ab. Doch was führt zu höheren Einkommen und somit zu höherem Wohlstand? In unserer Überflussgesellschaft wird eher die umgekehrte Frage gestellt, was zur Armut führt; denn erst was selten wird, fällt auf. Für den Ökonomen ist es müßig, danach zu fragen, wie die Armut in die Welt kommt. Sie war nämlich immer schon da. Zumindest gemessen an heutigen Ansprüchen, lebte die Menschheit fast immer und überall in größtem Mangel. Besonders hart war dieser Mangel in unseren Klimazonen.

Um zu verstehen, wie sich der Mangel überwinden lässt, wollen wir wieder das einfachste Beispiel betrachten. Wir kehren zurück zu Robinson Crusoe. Dieser lebt zunächst einsam in bitterster Armut: Sein Überleben ist vollkommen ungewiss. Er hat jedoch das Glück, nicht auf einer Eisscholle gestrandet zu sein, sondern auf einer tropischen Insel. Der Faktor »Boden«, den er zunächst bearbeiten wird, ist das Meer. Mit viel Geschick vermag er es vielleicht, schon mit bloßen Händen genügend Fisch zu fangen, um am Leben zu bleiben. Das ist aber gar nicht so leicht; vermutlich wird er den gesamten Tag vom Morgengrauen bis zum Abendrot damit zubringen müssen, damit ihm der seltene Fang gelingt. Wenn er noch über eine Süßwasserquelle verfügt, könnte er auf diese Weise – mehr schlecht als recht – überleben; er befände sich am Subsistenzniveau. Das ist jener Mangel, der sich nicht lange unterschreiten lässt, ohne den Tod zu finden. Wie kann er sich aus diesem Mangel befreien, der ihn zwar so einigermaßen ernährt, aber vollkommen beansprucht? Wenn er anderes täte, könnte er nicht fischen und würde seine Mahlzeiten verlieren.

Überwindung des Mangels

Anhand dieses einfachen Beispiels sehen wir die Absurdität der Vorschläge heutiger Ökonomen. Diese machen uns glauben, Wirtschaftswachstum sei eine Folge des Konsums. Robinson würde diese Experten zu Recht auslachen, wenn sie ihm tatsächlich empfehlen würden: Konsumiere mehr Fisch! Genau das ist mein Problem, würde er entgegen. Das ist so, als würde man als Weg aus der Armut die Empfehlung geben: Sei doch einfach weniger arm! Robinson würde ja gerne mehr Fisch essen, wenn er könnte!

Erwähnte Ökonomen würden uns nun vorwerfen, bei dem Beispiel handle es sich um eine übertriebene Vereinfachung. Wirtschaft müsse doch stets mehr als eine Person umfassen. Nun gut, führen wir also Freitag ein. Die moderne volkswirtschaftliche Theorie preist sein Erscheinen aus ganz falschen Gründen. Der Volkswirt beginnt über das jetzt entstandene »Völkchen« zu dozieren: Wenn Freitag ebenso Fisch konsumiert, nimmt die Nachfrage nach Fisch zu. Dadurch steigt das Einkommen der Fischer. Diese Fischer können dadurch wiederum mehr Kokosnüsse nachfragen, wodurch auch das Einkommen von Freitag steigt, der Kokosnüsse pflückt. Mit diesem höheren Einkommen kann er wiederum mehr Fische konsumieren. Und so weiter – bis alle reich und glücklich sind. Durch die Einfachheit des Beispiels, das wiederum keine unrealistische Vereinfachung darstellt, sondern einen realistischen, wenn auch außergewöhnlichen Fall betrachtet, kann jeder den Unfug dieser Theorie nachvollziehen, der sich sonst hinter komplexen Formalismen gut versteckt. Man kann sich genauso wenig an Fisch »reichessen«, wie man sich aus der Armut »hinauskonsumieren« kann.

Natürlich wird Freitag nicht dadurch die Sympathie von Robinson gewinnen, dass er sich zu dessen Mahl gesellt und sagt: Freu dich, ich bin professioneller Fischesser und habe großen Appetit. Lass mich dein Bruttoinselprodukt für dich steigern! Robinson freut sich wohl über die Gesellschaft, aber nur dann darf er sich die Minderung seines Mangels erhoffen, wenn auch Freitag in der Lage ist, etwas zu produzieren. Dann können sie tauschen, wenn es ihnen vorteilhaft erscheint.

Um aus der Spirale der Armut zu gelangen, muss Robinson genau das Gegenteil dessen tun, was ihm die wohlmeinenden Volkswirte empfehlen. Er hat keine andere Wahl, als zunächst weniger Fisch zu essen. Das stellt eine schwierige Aufgabe dar, die nur wenige höhere Tiere zustande bringen und bei Weitem nicht alle Menschen. Robinson hat Hunger, und je mehr er zu essen bekommt, desto besser geht es ihm. Und dennoch soll er sich überwinden, vorerst weniger zu essen. Dadurch wird es ihm möglich, an einem Tag einen Fisch aufzuheben. Am nächsten Tag geht er nicht fischen. Er nährt sich vom aufgesparten Fisch. Was könnte er stattdessen tun? Wenn er klug ist, nützt er den Tag, um einen einfachen Fangbehelf zu bauen, aus dem, was er auf der Insel vorfindet. Er könnte einige Zweige zu einem Gitter flechten oder Äste zu Speeren spitzen. Mit dem nötigen Geschick kann er so am darauffolgenden Tag seine Ausbeute erhöhen.

Kapitalaufbau

Robinson hat durch diese Entscheidung Kapital aufgebaut. Dieses Kapital erhöht seine Produktivität. Aus Sicht der Österreichischen Schule hat Kapital wenig mit Geld zu tun. Geld würde Robinson keinen Dienst erweisen. Wie schon Aristoteles erkannte, bringt nämlich Geld kein Geld hervor: Man kann es nicht einpflanzen, gießen und auf Ertrag hoffen. Um produktiv zu sein, muss das Geld zuvor gegen reale Güter und Leistungen eingetauscht werden. Bei Kapital handelt es sich also im Grunde um eine komplexe Struktur von Gütern, Arbeit, Boden und Wissen. Carl Mengers Schüler Eugen Böhm von Bawerk erkannte, dass jeder Kapitalaufbau eigentlich einen Umweg bedeutet. Es wird nicht mehr direkt »von der Hand in den Mund« produziert, sondern auf immer indirektere Weise. Die Vorleistungen reichen bei einem Wachsen der Kapitalstruktur immer weiter zurück.

Robinsons Produktionsstruktur hat sich im obigen Beispiel um einen Tag verlängert. Sie ist zeitlich tiefer geworden, wie Ökonomen sagen. Eine weitere Vertiefung würde erfolgen, wenn Robinson einen Tag dazu aufwendet, eine Schnur zu flechten, aus der er am folgenden Tag ein Netz weben kann, mit dem er dann am nächsten Tag seinen Fang weiter steigert. In modernen Gesellschaften reicht die zeitliche Dimension der Produktionsstrukturen in der Regel über viele Jahre. Lange bevor der Konsument ins neue Auto einsteigt, wurde der erste Rohstoff dafür abgebaut.

Zeitliche Vertiefung der Produktionsstruktur

Warum zahlen sich diese Umwege aus? Das tun sie in der Regel gar nicht. Viele dieser Umwege erweisen sich im Nachhinein als teure Fehler. Doch diejenigen Umwege, die beibehalten werden, haben sich wohl als produktiver erwiesen. Wenn sich Robinson geirrt hat und sein Netz sich im Wasser auflöst, hat er einen lebensbedrohlichen Fehler begangen, den er sofort korrigieren wird, um nicht zu verhungern. Problematisch ist, dass sich erst im Nachhinein herausstellt, ob eine Kapitalstruktur das leistet, was man sich von ihr erwartet hat. Jeder Kapitalaufbau ist daher hochgradig ungewiss. Kapital ist nicht durch objektive Kriterien erkennbar. Allein an den Früchten erkennt man das Kapital. Eine Maschine, die nichts hervorbringt, was Menschen höher bewerten als die Alternativen, die ihr Einsatz gekostet hat, ist kein Kapitalgut. Allenfalls kann es sich um ein Konsumgut handeln, wenn es jemandem schon Wert genug ist, die Maschine zu besitzen und zu betrachten. Ansonsten handelt es sich um einen teuren Fehler.

Diese Fehler können nicht so einfach korrigiert werden, denn der größte Teil der eingesetzten Güter geht in der Regel dabei verloren. Kapital ist keine homogene Masse, die man beliebig umschichten kann. Reales Kapital, das wirkliche Produktivität zeigt, ist stets in einer Struktur gebunden. Die untaugliche Maschine hat womöglich nur noch Schrottwert. Sie lässt sich nicht einfach in anderes Kapital umwandeln. Ein untaugliches Fischernetz oder eine untaugliche Reuse kann Robinson nicht mehr in den aufgesparten Fisch zurückverwandeln, um wenigstens wieder etwas zu essen zu haben.

Die Verfügung über reale Güter, die nicht aufgebraucht wurden, stellt eine Voraussetzung für den Kapitalaufbau dar. Im einfachsten Fall handelt es sich dabei um jene Güter, von denen man in der Zeit des Kapitalaufbaus leben möchte. Da sich der ungewisse Erfolg erst am Ende zeigt, das heißt erst am Ende reale Güter geschaffen werden, müssen Güter vorgestreckt werden und schon anfangs vorhanden sein. Robinson kann seinen Kapitalaufbau ohne Ersparnisse nicht beginnen. Doch Ersparnisse – also Güter, die er nicht aufgebraucht, sondern in dauerhaftere umgewandelt hat – sind noch nicht hinreichend dafür. Es braucht auch Wissen und Mut dazu, diese Güter für das Ungewisse einzusetzen.

Ersparnisse

Interessant ist, dass die Einschränkung von Robinson nur ein scheinbares Opfer ist. Er senkt zunächst seinen Konsum von Fisch und erhöht damit seine Sparquote. Doch wenn er das Richtige tut und Glück hat, steigt die Produktivität sehr rasch. Am nächsten Tag kann er gleichzeitig mehr essen und mehr sparen, wenn er das möchte. Viele meinen, dass Armut das Sparen und daher die Kapitalbildung unmöglich macht und dass es zynisch wäre, einem Armen das Sparen zu empfehlen. Dann hätte es allerdings niemals eine menschliche Entwicklung gegeben. Nur sehr wenige glauben, dass sich die Menschheit erst weiterentwickelt hat, als sie außerirdische Entwicklungshilfe bekam. Viele aber glauben, dass heutigen Menschen Entwicklung ohne äußere Hilfe kaum möglich sei.

Entwicklung

Die bittere Armut in weiten Teilen der Welt mag den Eindruck erwecken, dass es Hilfe von außen benötigt, um ihr zu entkommen. Doch diese Armut ist weder unveränderlich noch fällt sie vom Himmel. Das Ende des Mangels in unseren Breiten ist ein unglaubliches Wunder. Doch jene bittere, hoffnungslose Armut, wie wir sie manchmal noch vorfinden, ist oft menschlich geschaffen. Dahinter stehen leider nicht selten falsche ökonomische Ideen. Der ghanaische Ökonom George Ayittey stellte in seinem Buch über das »betrogene Afrika« (*Africa Betrayed*) fest: »Eine Welle des Sozialismus überschwemmte den Kontinent, als nahezu alle neuen afrikanischen Führer der ansteckenden Ideologie anheimfielen. [...] Viele afrikanische Nationalisten empfanden tiefes Misstrauen und Ekel gegenüber dem Kapitalismus, den sie mit Lenin als Erweiterung des Kolonialismus und Imperialismus betrachteten.« Und in der Tat: Die damalige Nationalisierung, Kollektivierung und Zentralisierung erwiesen sich als katastrophal. Erst in den letzten Jahrzehnten hat sich, im Gegensatz zur öffentlichen Wahrnehmung, die Lage der Ärmsten deutlich verbessert. Asien, einst ebenso hungerleidend wie Afrika, gelang ein erstaunlicher Aufstieg. In Afrika geht die Armut ebenfalls deutlich zurück, auch wenn das Wohlstandsniveau natürlich noch immer weit unter dem westlichen liegt.

Entwicklungshilfe

Die Entwicklungshilfe ist oft nur ein Vorwand für politische Einflussnahme. In Wirklichkeit handelt es sich leider meist um eine Umverteilung von der europäischen Mittelschicht zur afrikanischen Oberschicht. Erst langsam setzt sich die Erkenntnis durch, wie desaströs die Folgen dieser vermeintlichen Hilfe in der Vergangenheit waren. Die Leidtragenden der Subventionierung korrupter Regime sind die Menschen vor Ort. Die Profiteure sind vor allem die politischen Eliten auf beiden Seiten. Entwicklungshilfe setzt zudem gänzlich falsche Anreize: Politiker werden durch solche Subventionen für mangelnde Entwicklung und die Armut ihrer Untertanen noch belohnt. Einer der frühesten Kritiker der modernen Entwicklungshilfe war der von der Österreichischen Schule inspirierte Ökonom Peter T. Bauer.

Doch warum entwickelten manche Länder Wohlstand, während andere arm blieben oder verarmten? Die meisten vermuteten Gründe erweisen sich als falsch. Die »österreichische« Auffassung des Faktors Boden deutet schon an, warum es Unfug ist, Ressourcenmangel oder mangelnden Zugang zu Ackerland als Entwicklungshemmnisse darzustellen. Ressourcen selbst sind vollkommen wertlos, wenn sie nicht in eine Kapitalstruktur eingebettet sind. Wir finden zahlreiche Länder mit nahezu vollständigem Mangel an Ressourcen und an Land, die sehr wohlhabend sind, während zahlreiche Länder, die sehr reich an Bodenschätzen sind, eine verarmte Bevölkerung aufweisen. Das Erdöl im Nahen Osten war wertlos, bevor es fremde Unternehmen entdeckten und zu fördern begannen. Doch selbst wenn die Förderung gelingt, stellt dies nicht unbedingt einen Segen für die Länder dar. Bodenschätze nähren dann meist den Staat und nicht die

Gesellschaft, sodass sie als eine Geldquelle für korrupte Potentaten dienen, die unabhängig von der ansonsten darniederliegenden Wirtschaft und Gesellschaft besteht. Auch hierbei hat der Import falscher Ideen aus dem Westen viel Unheil angerichtet. Westliche Intellektuelle werden nicht müde, die Kontrolle von Ressourcen durch die Regierungen zu legitimieren und Umverteilung zu predigen. Die nachvollziehbare Idee, ungleich verteiltes Land gerecht aufzuteilen, hat unvorstellbares Elend über viele afrikanische Länder gebracht. Die einstige Kornkammer des Kontinents, Simbabwe, ist heute von Hunger geprägt. Der Produktionsfaktor Boden ist für sich genommen weitgehend wertlos, wenn die filigrane Struktur des Wissens und Kapitals zerstört wird. Das ist keine Parteinahme für irgendwelche »Kapitalisten«, sondern schlicht die realistische Auffassung der Österreichischen Schule, dass in der Ökonomie das Geistige so viel bedeutsamer als das Physische ist.

Entwicklungshemmnisse

Es mag ungerecht erscheinen, wenn die große Masse der Menschen nicht über eigenen Grund verfügt, eine kleine Minderheit hingegen riesige Landstriche kontrolliert. Doch so paradox dies klingt: Die Bedeutung der Bodenverteilung für den Wohlstand wird überschätzt. Weite Teile Afrikas und Lateinamerikas weisen eine extrem geringe Bevölkerungsdichte auf. Der Mangel an Land ist dort nicht das wesentliche Problem. Gleichzeit sehen wir, wie selbst entrechtete Minderheiten, denen der Landbesitz vollkommen unmöglich ist, zu hohem Wohlstand aufsteigen konnten: so die Juden in Europa und die Chinesen in Malaysia. Es ist gut und menschlich, für die Entrechteten Mitgefühl, gar Wut zu empfinden. Doch diese Gefühle dürfen uns nicht blind für die ökonomischen Realitäten machen.

Nicht einmal die Kolonisierung, die vielen heute als Prozess der Entrechtung gilt, kann für die ungleiche Verteilung des Wohlstands verantwortlich gemacht werden. Einige der rückständigsten Länder waren niemals Kolonien, und viele Länder sanken erst nach ihrer »Befreiung«, die oft bloß ein Eintausch fremder gegen lokale Tyrannen war, in tiefste Armut hinab. Eine der letzten Kolonien unserer Tage war Hongkong, das zugleich als Inbegriff unglaublichen Wohlstandes gilt. Wie im ebenso reichen Singapur herrscht in Hongkong absoluter Mangel an Boden.

Auch andere Erklärungen, die auf äußere Faktoren Bezug nehmen, erweisen sich als nicht haltbar. So wird oft das Klima als Entwicklungshemmnis angeführt. Historisch lässt sich eher das Gegenteil beobachten: Klimatisch besonders begünstigte Regionen erweisen sich als materiell unterentwickelt. Das ist keine Wertung, sondern bloß eine Beobachtung. Wo man sich das gesamte Jahr über von dem ernähren kann, was einem die Natur direkt bietet, ist Kapitalaufbau nicht lebensnotwendig. Es waren hingegen besonders ungünstige Regionen, in denen der größte Kapitalaufbau stattfand. Insofern mag das Klima schon von Bedeutung sein, doch in genau umgekehrter Beziehung, als man das gemeinhin annimmt. In von harten Wintern geprägten Gegenden bildet zukunftsorientiertes Handeln eine Voraussetzung für das Überleben. Die zeitlichen Umwege einer Kapitalstruktur erlauben es, nachhaltigere Produktivität zu schaffen. Doch für sich genommen kann das Klima nicht als bestimmender Faktor gelten, denn wir finden Ausnahmen in alle Richtungen.

Kultur oder Mentalität sind zweifellos prägend und nicht ohne Einfluss auf die wirtschaftliche Entwicklung. Doch auch diese Faktoren treten neben anderen eher in den Hintergrund. Wir finden wirtschaftlich erfolgreiche Personen nahezu jedes religiösen und kulturellen Hintergrunds. Die ideologischen Unterschiede sind viel bedeutsamer, und diese verlaufen mitten durch die Religionen und Kulturen. Die einen Koreaner leiden Hunger, die anderen leben im Überfluss. Getrennt sind sie durch die Wirrnisse der Geschichte und die Verwirrungen des Denkens.

Sind Wohlstand und Armut messbar?

Oft verurteilen dieselben, die über die Armut klagen, auch die Folgen des materiellen Wohlstands. Dieser sei ein schlechter Maßstab für das Glück der Menschen. Das ist vollkommen richtig. Aber wenn solche Klage von einem im Überfluss lebenden Systemkritiker von der Wohnzimmercouch aus vorgebracht wird, kann man sie auch für zynischen Snobismus halten. Die Österreichische Schule entstand in einer materialistisch ausgerichteten Epoche und war doch eine der am wenigsten materialistischen Schulen ihrer Zeit. Das Hauptaugenmerk galt noch der Bekämpfung des bitteren Mangels, der schon fast verschwunden war, als der Wahnsinn der Ideologien und Weltkriege die Welt um Jahrhunderte zurückwarf.

»Österreichische« Ökonomen gaben zu bedenken, dass das Glück keinesfalls messbar sei und man sich vor jenen hüten sollte, die eine Zwangsbeglückung vorhaben. Glück ist eben subjektiv. Doch auch Wohlstand stellt aus Sicht der »Österreicher« keine objektive Messgröße dar. Mit dem Unfug einer statistischen Ermittlung eines Bruttoinlandsprodukts, das zum Fetisch der Wirtschaftspolitik erhoben wird, haben sie wenig Geduld. Das Bruttoinlandsprodukt als Ausdruck aller in Geld bewerteten Transaktionen besitzt keinerlei Bezug zum menschlichen Wohlergehen, denn Produktion ist in den Augen der Österreichischen Schule niemals Selbstzweck. Der Zweck allen Wirtschaftens liegt – nüchtern betrachtet – in der subjektiven Verbesserung der persönlichen Lebensverhältnisse. Kriege und Zerstörung lassen etwa die Produktion und damit auch das BIP anschwellen – doch den Wohlstand steigern diese Untaten aufgehetzter Nationen nur in den Augen mancher moderner Volkswirte.

Glück

Über die Glückseligkeit der Menschen wagten die alten »Österreicher« nicht zu dozieren. Vielleicht war das ein Fehler; in einer Zeit des Überflusses langweilt die Konzentration auf die materielle Wertschöpfung. Die Menschen sehnen sich statt nach höherem Wohlstand eigentlich nach Sinn und metaphysischen Werten. Doch die Vernichtung und Verleugnung der materiellen Werte vermag ebenfalls keinen Sinn zu schaffen. Da sich die Kritiker der Wirtschaftsordnung nicht entscheiden können, ob es zu wenig oder zu viel Wachstum materieller Güter gibt, verlegen sie sich oft auf die Kritik der ungleichen Verteilung.

Die Definitionen für Armut in Überflussgesellschaften beschreiben in der Regel die Verteilung und nicht realen Mangel. Die sogenannte »relative Armut« setzt das Einkommen in Beziehung zum Durchschnitt. Das Problem dieser Definition besteht darin, dass diese »Armut« nicht durch steigenden Wohlstand verschwinden kann, sondern erst in einer Gesellschaft mit absoluter Gleichverteilung abgeschafft wäre. Wie die Geschichte zeigt, wäre das aber in aller Regel eine Gesellschaft, in der alle gleichmäßig arm sind. Interessant ist, dass diejenigen, die den Materialismus des Wohlstands kritisieren, meist eine rein materialistische Definition von Armut verwenden. Tatsächlich vermögen Geldzuteilungen die Probleme, die der Armut zugrunde liegen, nicht zu lindern. Ganz im Gegenteil wird so Abhängigkeit geschaffen. Dies ist ein weiterer Grund für das Versagen der Entwicklungshilfe – und der Sozialhilfe. Armut stellt genauso wenig wie Wohlstand ein rein materielles Phänomen dar.

Die Österreichische Schule gibt keine Empfehlung für Wirtschaftswachstum, romantisiert aber auch nicht den Mangel. Der Zugang der Wirtschaftspolitiker, die immer mehr Effizienz predigen, ist den »Österreichern« genauso fremd wie die Verachtung der Wirtschaft seitens jener Menschen, die ihr Einkommen aus Umverteilung beziehen, die sie im Namen der Armen legitimieren. Wer auf Kosten anderer lebt, tut sich leicht, über die materiellen Bedingungen menschlichen Überlebens hinwegzusehen.

Investitionen

Geht es jedoch um die Frage, wie es Menschen gelingt, einen höheren Ertrag ihres wirtschaftlichen Bemühens zu erreichen, so gibt die Österreichische Schule eine klare Antwort: nur durch die kulturelle Leistung, nicht alles, was wir der Natur abringen, sofort aufzubrauchen, sondern Vorräte aufzubauen, kluge Produktionsumwege einzulegen, mutig Neues zu wagen und die knappen Güter zu riskieren sowie die wachsenden, filigranen Strukturen des so entstehenden Kapitals zu hüten und nachhaltig zu bewirtschaften. Kapital hat sehr wenig mit Geld und sehr viel mit Wissen, Mut und Nachhaltigkeit zu tun. Warum wir heute oft das Gegenteil damit assoziieren und kurzfristige Profite das Wirtschaften zu bestimmen scheinen, wird im Laufe der kommenden Kapitel noch etwas klarer werden. Seien wir nicht voreilig, die »Österreicher« als Überbringer zu verurteilen, weil wir die Nachricht nicht mehr glauben wollen und können.

Was bestimmt über diesen Kapitalaufbau, den die Ökonomen der Österreichischen Schule so betonen, und was verhindert ihn? Vor vielen Jahren war ich in Südafrika tätig, um den Menschen, die in den Armenvierteln rund um Johannesburg leben, wirtschaftliches Grundwissen zu vermitteln. Ich war erstaunt und begeistert von deren unternehmerischem Zugang zum Leben. Doch was ich zunächst als Unternehmertum ansah, erkannte ich bald als Überlebenskampf. Die Menschen waren auf jede mögliche sich bietende Unternehmung angewiesen und wirkten daher besonders risikobereit. In Wirklichkeit war Unternehmertum im Sinne eines riskanten Kapitaleinsatzes allerdings extrem rar. Während die Menschen den Eindruck erweckten, so zu leben, als hätten sie nichts mehr zu verlieren und gegenüber jeder Chance offen schienen, setzten sie das wenige, das sie besaßen, doch offenbar kaum produktiv ein. Ein Bekannter, der eben das Glück eines vorübergehenden Einkommens hatte, überraschte mich eines Tages mit neuen Designerschuhen. Der hohe Preis der aus Italien importierten Schuhe verblüffte mich. Er führte die neue Erwerbung stolz vor; doch ich enttäuschte ihn mit einem wenig beeindruckten, vielmehr eher ungläubigen Blick, als er damit im Staub der schmutzigen, unbefestigten Straße marschierte. Dieses Verhalten schien mir überaus irrational, insbesondere da es sich um einen sehr geschäftstüchtigen Menschen handelte.

Später konnte ich dieses Verhalten besser nachvollziehen, als ich auf folgendes Rätsel stieß: Während die Nahrungsmittelversorgung keineswegs sicher war und oft verspeist wurde, was in Europa als Abfall gelten würde, wunderte ich mich darüber, vor keinem der teilweise recht ansehnlichen Häuschen einen nennenswerten Garten zu sehen. Aus Österreich kannte ich die Tradition der Schrebergärten: In der Not nach dem Krieg wurden auf dem knappen Raum der Städte Kleingärten angelegt, die eine Selbstversorgung mit Gemüse und Obst erlaubten. War den Menschen in Südafrika diese Idee tatsächlich noch nie gekommen? Warum sah ich keinerlei Beete? Keine Obstbäume? Ich konfrontierte die Menschen vor Ort mit meiner Beobachtung und erhielt die aufschlussreiche Antwort: Ja, Beete anzulegen, das hätte man freilich schon ausprobiert. Das Ergebnis war jedes Mal dasselbe: Plünderung und Zerstörung auch des geringsten gärtnerischen Versuchs.

Das Anlegen und Pflegen eines Gartens stellt gewissermaßen den Prototyp der Kapitalbildung dar. Die wesentliche Voraussetzung zur Kapitalbildung ist der längerfristige Schutz des Kapitals, das heißt sicheres Eigentum. Wo das Eigentum nichts gilt, kommt es stets zur Aufzehrung von Kapital. Die einzig verbleibende Kapitalbildung ist dann jene, die nicht in Gütern besteht: der Aufbau von Beziehungen, Reputation, Macht. Die teuren Schuhe meines Bekannten mehrten zumindest dessen soziales Kapital (zwei Frauen hingen ihm nunmehr am Hals), wenn er schon kein materielles aufbauen konnte.

Kapital erfordert laufende Investitionen, allein schon um die Struktur zu erhalten. Investieren ist ein Synonym für Kapitalaufbau. Das Wort bedeutet ursprünglich »einkleiden«, und einst drückte die Kleidung die Rolle und Funktion einer Person aus. Einkleiden bedeutet »in Form bringen«.

Kapitalaufbau

Aus den vielen kleinen Fetzen von Ersparnissen, Ideen, Beziehungen, Erwartungen schneidert der Investor ein neues Kleid. Dieses Kleid wird beim Tragen abgenützt und muss laufend geflickt werden. Bei vielen Kapitalstrukturen handelt es sich im buchstäblichsten Sinne um eine Abnutzung. Andere Abnutzungen sind eher geistiger Natur: Irgendwann wird eine Struktur obsolet, weil sich die Menschen und die Welt in der Zwischenzeit geändert haben. Kapital ist also niemals ein permanenter Wert, sondern eine Struktur, die stets dynamisch bleiben muss, um von Wert zu sein. Kapital befindet sich aus Sicht der Österreichischen Schule immer im Fluss. Darum ist es auch so verfehlt, Kapital als den sicheren Besitz einer bestimmten Klasse zu betrachten. Selbst wenn eine Minderheit alle gegenwärtig wertvollen Ressourcen hielte und anderen vorenthielte, ist ihre Position keineswegs sicher. Was heute Reichtum beschert, kann schon morgen eine Belastung bedeuten.

Kapitalaufbau ist alles andere als selbstverständlich. Das Wort Kapital kommt von lateinisch *summa capitalis* –was wiederum mit *caput*, »Kopf«

Vermögen

oder »Haupt«, in Beziehung steht –, das ist der Hauptteil eines Vermögens, der so begrifflich von dessen Ertrag unterschieden wird. Wir neigen in einer Geldwirtschaft dazu, Kapital wie Vermögen rein in Geldsummen aufzufassen. Doch auch der deutsche Begriff vom Vermögen ist ein viel zu schönes Wort, um es leeren

Kalkülen zu überlassen. Es ist der Ausdruck dessen, was wir vermögen, und bezeichnet vielmehr ein Potenzial als eine bloße Bestandsgröße. Wer sein Vermögen allein in den Kontoauszügen seiner virtuellen Euros sieht, ist wohl ärmer an Vermögen, als ihm scheint.

Kapital ist jene Struktur, die das hervorbringt, was den Menschen dann von Wert und für sie leistbar sein wird, wenn es verfügbar ist. Was sich von den heutigen Geldern und Gütern, Maschinen und Anlagen, Beschäftigungen und Wagnissen morgen – nachträglich – als Kapital herausstellen und behaupten wird, wissen wir nicht. Vielleicht wird sich vieles, was heute so täuschend nach Kapital aussieht, morgen als wertlos erweisen; vielleicht wird anderes, über das wir heute achtlos hinwegsehen, morgen als das wertvollste Kapital gelten. Darin liegen die Schwierigkeit und der Reiz einer realistischen Ökonomie in der Tradition der Österreichischen Schule, die nicht alle Menschen über den Kamm von Maßzahlen schert, sondern die Individualität der Menschen ernst nimmt.

Ungleichheit

Wohlstand ist aus Sicht der Österreichischen Schule das Vermögen der Menschen, immer höhere Ziele zu erreichen. Dabei ist der Begriff »Wohlstand« irreführend, denn er ist zu statisch. Carl Menger sprach daher im Gegensatz zu Adam Smiths »Wohlstand der Nationen« von der »fortschreitenden Wohlfahrt der Menschen«. Schon diese Begriffsveränderung verdeutlicht, dass es nicht um kollektive Zahlenwerte gehen kann. Weil Menschen lebendig sind, ist ihr Wohlergehen stets dynamisch zu verstehen. Wir verändern uns und unterscheiden uns voneinander, und das ist gut so.

Doch dieses Fortschreiten darf man nicht falsch verstehen. Die »höheren Ziele« sind nicht bloß quantitativ gemeint, sondern eben subjektiv. Es geht nicht darum, als Selbstzweck immer mehr haben zu wollen und immer höher hinaus zu wollen. Beim Wohlstandswachstum kann es sich durchaus auch um persönliches, menschliches Wachstum handeln. Vielleicht erscheint die Österreichische Schule dabei allzu subjektiv: Wenn die Menschen bloß nach materiellem Mehr streben, dann wäre eben das ihr Maß für Wohlstand.

Höhere Ziele

Die Österreichische Schule will die Welt beschreiben, wie sie ist. Sie schließt nicht aus, dass die Philosophen, die Propheten, die Seelsorger den Menschen Vorschläge zu einem guten Leben unterbreiten können – und es sich dabei um »wahren« Wohlstand im Gegensatz zu den dominanten, allzu niedrigen Bedürfnissen handeln mag. Die Ökonomen der Österreichischen Schule wandten sich bloß gegen jede Form von Heuchelei. Die Politiker fangen erst dann an, von einem Glücksindex zu reden, wenn die Menschen die statistischen Tricks durchschauen, mit denen die materielle Verarmung verschleiert werden soll. Die vermeintlichen Systemkritiker kritisieren erst dann das Wachstum, nachdem man ihre Utopien vom materiellen Schlaraffenland nicht mehr glaubt.

Tatsächlich bezieht sich das Unbehagen über das Zuviel der Reichen und das Zuwenig der Armen auf die wahrgenommene Ungleichheit. Die Gleichheit wurde zum zentralen Ideal unserer Zeit. Sogar das große Wort der Gerechtigkeit wird heute fast nur noch synonym mit Gleichheit verwendet. Ungleichheit gilt als Inbegriff der Ungerechtigkeit. Die willkürliche Ungleichbehandlung und damit schlechtere Behandlung einzelner Menschen oder Volksgruppen, bis hin zum Massenmord, gab der Ungleichheit einen schlechten Namen. Als einzig akzeptabler Gegenpol erscheint dabei die Gleichheit. Dabei wird jedoch stets die gleiche Würde des Menschen mit gleichen Ergebnissen verwechselt. Schließlich ist es gerade die Achtung der gleichen Würde der Menschen, die Respekt vor deren Verschiedenheit gebietet.

Wenn die Ungleichheit verurteilt wird, denkt man in unserer materialistischen Zeit nur noch an materielle Ungleichheiten. Wenn materielle Güter in der Regel durch Unrecht erworben werden, dann deuten größere Verschiedenheiten im Besitz tatsächlich auf die Größe des Unrechts hin. Die Größe jenes Palastes, für den ein Fünftel der Altstadt Bukarests zerstört wurde, versinnbildlicht so auch die Größe des dort geschehenen Unrechts – ein Unrecht im Namen einer Gleichheitsideologie. Doch dieses Unrecht ist ausschließlich an den jeweiligen Taten zu messen. Der Räuber, der den gestohlenen Reichtum verprasst oder verloren hat, verringert dadurch nicht seine Schuld. Der berühmte Sänger, der Millionen rührt und den Millionen freiwillig bezahlen, hat hingegen kein Unrecht begangen. Wir können die Nase über sein mangelndes Talent rümpfen – solange wir ihn nicht bezahlen müssen, hat er uns kein Unrecht angetan.

ZINSEN

Zeitpräferenz

Manche meinen, der Kapitalbegriff ließe sich nicht nur auf *capitalis*, sondern letztlich auf *capita* zurückführen: Nicht nur der Hauptteil eines Vermögens, der einen Ertrag abwirft, sondern buchstäbliche Häupter seien ursprünglich gemeint gewesen. Die Menschen schritten zu größerem Kapitalaufbau, als sie ihr Dasein als Jäger und Sammler aufgaben und zu Hirten und Bauern wurden. Eines der frühesten Kapitalgüter war Vieh, das in Häuptern gezählt wird. Hierbei zeigt sich, welch hohes Abstraktionsvermögen nötig ist, um Kapital aufzubauen. Unsere meist hungrigen Vorfahren hörten eines Tages auf, die Tiere, die ihnen unterkamen, sofort zu erlegen und aufzuessen. Das erscheint uns heute selbstverständlich, es braucht aber bloß wieder die Erfahrung des Mangels, um zu erkennen, dass es sich bei einem solchen Verhalten um eine ungewöhnliche Ausnahme handelt. Trotz des häufigen Hungers und der ständigen Gefahr, die das Leben unserer Vorfahren prägten, in der Gegenwart auf etwas zu verzichten, um dafür in ungewisser Zukunft hoffentlich einen Lohn zu erfahren, bedeutet eine große Leistung.

Diese Bereitschaft, Bedürfnisse in der Gegenwart zurückzustellen, um zukünftige Bedürfnisse besser zu befriedigen, drücken die Ökonomen mit dem Begriff der *Zeitpräferenz* aus. Die Österreichische Schule legt Wert darauf, dass sich diese Präferenz von Mensch zu Mensch unterscheidet und nicht konstant ist. Eine hohe Zeitpräferenz bezeichnet eine hohe Präferenz für Zeit: Das bedeutet, dem Zeitpunkt einer Handlung wird ein besonders hoher Wert beigemessen. Jemandem mit hoher Zeitpräferenz ist es wichtiger, wann er etwas bekommt als wie viel er bekommt. Der Hungernde legt verständlicherweise mehr Wert darauf, möglichst bald etwas zu essen zu bekommen; was er zu essen bekommt, ist nebensächlich. Eine niedrige Zeitpräferenz drückt das Gegenteil aus: Lieber später ein besseres Mahl zu mir nehmen, das ich genießen kann, als jetzt schnell etwas herunterwürgen, um meinen Appetit zu stillen.

Eugen Böhm von Bawerk definierte die Zeitpräferenz als jenen Faktor, der über die Sparneigung der Menschen bestimmt. Damit besteht ein wesentlicher Zusammenhang zwischen Kapitalaufbau und Zeitpräferenz. In der Tat benötigt der Kapitalaufbau einen längeren Handlungshorizont. Kurzfristigkeit ist daher ein Symptom verarmender Gesellschaften, was sich in der Geschichte immer wieder beobachten lässt. Die Ökonomen der Österreichischen Schule werten dies nicht. Sie halten keine Moralpredigt über das sparsame und enthaltsame Leben. Doch sie weisen darauf hin, dass die Menschen, wenn sie eine künftige materielle Besserstellung erhoffen, in der Gegenwart unbequeme Entscheidungen dafür fällen müssen. Böhm von Bawerk gibt zu bedenken: »Die Sorge für die Zukunft stellt eben nicht unbeträchtliche Anforderungen an die geistige und ein wenig auch an die moralische Kraft [...]. Die Gegenwart kommt immer zu ihrem Recht. Denn sie drängt sich durch die Sinne ein, die wir alle haben [...]. Die Zukunft aber müssen wir uns erst vorstellen.« Diese Fähigkeit, künftige Erfordernisse und Ergebnisse so bildhaft in der Gegenwart vor Augen zu haben, dass sie über momentane Entscheidungen bestimmen können, erwirbt der Mensch erst im Laufe seiner Entwicklung. Kleinkindern gelingt dies noch nicht. Doch auch nicht alle Erwachsenen weisen eine gleich niedrige Zeitpräferenz auf.

Positive Zeitpräferenz

Wir bewerten die Gegenwart stets etwas höher als die Zukunft. Diesen Umstand nennen die »Österreicher« positive Zeitpräferenz; Böhm von Bawerk erklärt sie wie folgt: Erstens sei die Zukunft ungewiss, das heißt wir wissen noch nicht genau, was sie von uns erfordern wird. Zweitens neigen wir dazu, unsere künftigen Bedürfnisse systematisch zu unterschätzen, weil unsere Vorstellungskraft nicht stark genug ist. Dies nennt er den »Schätzungsfehler«. Drittens bemerkt er einen »Willensfehler«: Man lässt sich »aus Schwäche« zu einem Schritt oder zu einer Zusage hinreißen, von der man schon im nächsten Moment ahnt, dass man ihn bzw. sie bereuen wird. Viertens bewerten die Menschen aus Rücksicht auf die Kürze und Unsicherheit ihres

Lebens die Gegenwart höher. Am stärksten wirkt sich dies bei jenen aus, denen »durch besondere Umstände der Gedanke an das Lebensende lebhaft vor die Seele gerückt ist; z. B. bei hochbetagten Greisen, gefährlich Erkrankten, bei Leuten, die in sehr gefährlichen Berufen oder Umständen sich befinden, Soldaten vor der Schlacht, in Pestzeiten [...]. Die Zurücksetzung der unsicheren Zukunft findet in solchen Fällen nicht selten ihren drastischen Ausdruck in einer tollen Verschwendungssucht, die sich der Leute bemächtigt [...].«

Die Geschichtsschreibung bestätigt diese Perspektive. Der griechische Historiker Thukydides berichtet in seiner Schilderung des Peloponnesischen Krieges: »Auch sonst war die Pest für Athen der Anfang der Sittenlosigkeit [...]. So hielten sie es für recht, das Angenehme möglichst rasch und lustvoll zu genießen, da ihnen ja Leben und Geld gleicherweise nur für den einen Tag gegeben seien. Sich im Voraus um ein edles Ziel abzumühen, war niemand bereit, erschien es ihm doch unsicher, ob er nicht, ehe er es erreicht, schon ums Leben gekommen sei. Genuss für den Augenblick und alles, was dem diente, das galt als schön und nützlich.«

Die Zeitpräferenz ist somit ein guter Indikator für historische Umbrüche. Während die Sorge vor der Endlichkeit der eigenen Existenz zu höherer Zeitpräferenz drängt, verringern transzendentale Motive die Überbewertung der Gegenwart. Das sind etwa religiöse Vorstellungen, die über die eigene Existenz hinausreichen. Im Schnitt kann man auch davon ausgehen, dass Menschen mit Kindern eine etwas niedrigere Zeitpräferenz besitzen, wenn sie ihren Kindern etwas hinterlassen möchten. Die Überalterung einer Gesellschaft und mangelnder Nachwuchs lassen also eher einen Anstieg der Zeitpräferenz erwarten.

Zinssätze

Diese Präferenz übersetzt sich in die Wirtschaftsstruktur. Menschen mit hoher Zeitpräferenz fragen mehr gegenwärtige Konsumgüter nach und bilden weniger Ersparnisse. Daher kann man davon ausgehen, dass in einer Gesellschaft mit einer hohen Zeitpräferenzrate Ersparnisse eher knapp sind (Rate nennt man den Durchschnittswert). Das äußert sich darin, dass der Preis für Ersparnisse ziemlich hoch liegt. Dieser Preis für Ersparnisse ist nach Ansicht der meisten Vertreter der Österreichischen Schule nichts anderes als der Zinssatz. Es handelt sich um den Preis von gegenwärtigen Gütern ausdrückt in zukünftigen Gütern. Das bedeutet: Wie viele zukünftige Güter verlangen Menschen, um auf gegenwärtige Güter zu verzichten? Auch ohne Geld würde es einen solchen Zinssatz geben. Es sind nicht die Zinsen, die Menschen zum Sparen bewegen. Zinsen sind vielmehr selbst der Ausdruck des Verhältnisses zwischen Sparen und Konsum.

Aufgrund der positiven Zeitpräferenz sind Menschen gegenwärtige Güter etwas wertvoller als zukünftige. Wenn sie also für Fremde auf diese Güter vorübergehend verzichten sollen, erwarten sie sich ein Abgleichen dieses Wertunterschieds. Ein Arbeiter hat beispielsweise eben seinen Lohn von 2 000 Euro erhalten, wovon ihm 1 000 Euro zur eigenen Verfügung bleiben, nachdem sich die Politik bedient hat. Nun bitten wir ihn darum, uns diese 1 000 Euro doch zu geben, wir würden sie ihm ganz bestimmt im nächsten Monat zurückzahlen. Verhungern muss er nicht, auf seinem Konto befinden sich Ersparnisse im Umfang eines Monatslohns. Wir könnten ihm erklären, es sei doch egal, ob er heute oder in einem Monat über diese 1 000 Euro verfügt. Der Ökonom bewertet dies zunächst nicht, sondern beobachtet, dass die allermeisten Menschen eine solche Bitte eines Fremden zurückweisen würden. Erst dann lassen sie mit sich reden, wenn ihnen dieser Fremde anbietet, einen höheren Betrag zurückzuzahlen. Die »Österreicher« schimpfen nicht über die vermeintliche Gier des Arbeiters, sondern sind davon überzeugt, dass 1 000 Euro nicht gleich 1 000 Euro sind.

Bewertung von Gütern

Güter sind nicht objektiv bestimmt. Lieber den Spatz in der Hand als die Taube auf dem Dach, sagt der Volksmund. Güter, über die man unmittelbar verfügen kann, werden in aller Regel höher bewertet als exakt dieselben Güter, wenn man auf deren Verfügung warten muss. Selbst wenn die Rückzahlung vollkommen sicher wäre, gäbe es diesen Wertunterschied aufgrund der

Zeitpräferenz. Das Risiko einer ungewissen Rückzahlung ist eine zusätzliche Komponente, die den Wertunterschied noch vergrößert. Entscheidend ist wiederum die Erwartung, denn das Risiko lässt sich nur im Nachhinein objektiv bestimmen, nämlich dann, wenn es gar nicht mehr besteht.

Wenn jemand etwas verleiht, überträgt er auch das Risiko, diese Güter zu verlieren. Wäre das nicht Anreiz genug, Fremden Geld zu leihen? Denn in diesem Fall müssten ja dann diejenigen, die das Geld ausgeliehen haben, darauf aufpassen. Die meisten Menschen schätzen allerdings das Risiko geringer ein, wenn sie selbst über etwas verfügen, als wenn Fremde darüber verfügen. Risiken, die man selbst kontrolliert – oder zu kontrollieren meint –, werden systematisch unterschätzt. Das ist auch der Grund, warum sich die meisten Autofahrer für überdurchschnittlich gute und sichere Autofahrer halten, was schon statistisch nicht möglich ist.

Auch im absoluten Gleichgewicht, wenn es keine Veränderung und Ungewissheit mehr gäbe, würde man das Phänomen der Zinsen beobachten. Da es sich beim Zins um den Ausdruck einer Präferenz handelt, würden »Österreicher« davon ausgehen, dass diese Präferenz auch dann besteht, wenn sie sich nicht ausdrücken kann oder darf. Die unterschiedliche Bewertung von gegenwärtigen und zukünftigen Gütern lässt sich also nicht per Gesetz aus der Welt schaffen. Wenn die Abgeltung der Wertunterschiede verboten wäre, würden Menschen Fremden keine Ersparnisse mehr zur Verfügung stellen oder Ausweichmanöver einschlagen. Dann gäbe es anstelle von Zinsen wohl Geschenke und allerlei Gebühren, wie man sie etwa im »islamischen Bankwesen« beobachten kann.

Menschen mit hoher Zeitpräferenz muss man sehr viel mehr zukünftige Güter bieten, damit sie auf ihre gegenwärtigen Güter verzichten. In kapitalarmen Gesellschaften, die durch hohe Zeitpräferenzraten gekennzeichnet sind, überrascht es nicht, extrem hohe Zinssätze zu beobachten. Zinsen setzen wie andere Preise Anreize und besitzen eine Koordinationsfunktion. Hohe Zinsen machen es weniger attraktiv, gegenwärtige Güter aufzubrauchen, und attraktiver, diese anderen anzubieten. Insbesondere eine zeitliche Koordination der Produktionsstruktur wird durch diese Preise ermöglicht. Wer Ersparnisse anbietet, kommuniziert den Märkten: Momentan brauche ich Güter in diesem Ausmaß nicht, daher spare ich jetzt, um mir später die Güter leisten zu können, die ich dann brauchen werde.

Betrachten wir diesen Koordinationsprozess einmal näher. Nehmen wir eine Volkswirtschaft mit einer bestimmten Produktionsstruktur an, in der die Unternehmen in unterschiedlicher Entfernung vom Konsum tätig sind. Der größte Teil der Betriebe produziert Kapitalgüter und steht daher »fern« vom Konsum. Die jeweiligen Marktzinsen geben den aktuellen Preis auf den Märkten für jene gegenwärtig vorhandenen Güter wieder, auf die Menschen für das Versprechen zukünftiger Güter verzichten. In einer Geldwirtschaft nennt man diese Märkte Kapitalmärkte. Was passiert, wenn die durchschnittliche Sparneigung steigt? Wir betrachten also in unserem Beispiel den Fall, dass die Menschen nun im Schnitt etwas weniger für den Konsum ausgeben und mehr Ersparnisse bilden.

Kapitalmärkte

Horten

Zunächst muss man zwei Arten des Sparens unterscheiden: das hortende und das investive Sparen. Horten bedeutet, dass man die Güter oder Gelder, die man nicht verbraucht, selbst aufbewahrt. Investieren bedeutet, dass diese Güter oder Gelder zum Kapitalaufbau genutzt werden. Wenn das die Menschen nicht selbst in Angriff nehmen und ihre Ersparnisse für solch ungewisse Wagnisse aufs Spiel setzen, stellen sie ihre Ersparnisse anderen zur Verfügung, die das besser können – so zumindest ihre Erwartung.

Das Horten hat heute einen besonders schlechten Ruf. In der Tat sieht es danach aus, als würden so der Wirtschaft Güter oder Geld entzogen. Kapital wird ihr keines vorenthalten, denn eine Münze im Sparschwein stellt eben noch kein Kapital dar. Es ist schon erstaunlich, dass man heute den Konsumenten so preist und den Hortenden so verunglimpft. Betrachtet man die Sache ohne den Schleier des Geldes, wird die Absurdität dieser Wertung deutlich. Wer alle Güter aufbraucht, soll ein Wohltäter sein, wer etwas aufhebt hingegen ein Egoist? Im Gegensatz zum Horten entzieht der Konsum die Güter dauerhaft dem Umlauf. Denn das Horten führt bloß zu einer zeitlichen Verschiebung des Konsums. Die gehorteten Güter werden entweder eines Tages konsumiert oder sie werden letztlich doch investiert. Das Horten bildet die Voraussetzung der meisten Investitionen. Würden die Menschen ihr Einkommen nur entweder konsumieren oder sofort und unmittelbar investieren, könnten sie nur sehr kleine Schritte setzen. Die größeren Investitionen erfordern eine längere Vorlaufzeit des Ansparens. Ziel des Hortens ist die Wertsicherung, um das wirtschaftliche Handeln zeitlich besser einzuteilen. Es ermöglicht den Konsum in der Not und die Investition bei sich bietender Gelegenheit.

Moderne Ökonomen kritisieren, dass durch das Horten die Umlaufgeschwindigkeit des Geldes sinkt. Ein möglichst rascher Umlauf, so ihre Auffassung, würde höheren Wohlstand hervorbringen. Dabei handelt es sich um einen Irrtum. Wenn drei Menschen im Kreis sitzen und der erste dem zweiten eine Münze reicht, der zweite dem dritten und der dritte wiederum dem ersten, so hat jeder eine Münze verdient und eine ausgegeben. Es sollte selbstverständlich sein, dass durch die Erhöhung der Geschwindigkeit des Weiterreichens kein Wohlstand geschaffen werden kann. Zwar verlängern sich die Bilanzen dieser Tauschpartner beträchtlich, und sie könnten irgendwann sogar anfangen, uns mit Millionenumsätzen zu bluffen. Doch wird sich bei ihnen kein realer Wohlstand einstellen, solange nicht einer zu horten beginnt und diesen sinnlosen Umlauf beendet. In Wirklichkeit geht es freilich um die realen Güter und Dienstleistungen, die die Hände wechseln. Ein moderner Ökonom würde einwenden, dass die drei angenommenen Personen doch Güter und Dienstleistungen im Millionenwert konsumiert hätten. Wenn sie tatsächlich in diesem Umfang tauschen wollten, müssten sie sich aber nicht so beeilen. Die Güter werden durch Eile nicht mehr und besser, sondern eher weniger und schlechter. Gut' Ding braucht Weile. Erhöht sich der Wohlstand von Robinson und Freitag dadurch, dass sie die Tauschrate erhöhen? Dass also Robinson, sobald er einen Fisch gefangen hat, sogleich zu Freitag läuft, um so schnell wie möglich zu tauschen? Das Gegenteil ist wahrscheinlicher.

Doch wenn Robinson hortet, also all seine Fische räuchert und selbst aufhebt, anstatt sie zu tauschen, kommt da nicht die Wirtschaft zum Erliegen? Erleidet nicht Freitag einen Schaden? Die vermeintlich objektive Perspektive zeigt sich auch hier als vollkommen verfehlt. Die »Österreicher« sagen: Wenn Robinson seinen Fisch aufheben oder selbst essen will, dann will er eben das, dann sind das nun einmal seine Präferenzen – er wird seine Gründe dafür haben. Es gibt keine optimalen Präferenzen, auch wenn Besserwisser anderes lieber hätten. Freitag kann sich eine hypothetische Welt wünschen, in der Robinson mit ihm tauscht; dieser Wunsch hat aber wenig Sinn. Freitag geht es im Vergleich womöglich schlechter als in einer hypothetischen Welt, in der seine Mitmenschen andere Präferenzen haben, als das eben in der Realität der Fall ist. Doch ein solcher Vergleich ist sinnlos. Robinson schadet Freitag nicht, denn ohne Robinson ginge es Freitag auch nicht besser. Robinson entscheidet sich eben gegen die Teilnahme am Markt mit Freitag. Wenn ihn das Tauschen seinen Zwecken nicht näher bringt, gibt es für ihn auch keinen Grund dafür. Der Markt ist schließlich kein Selbstzweck, sondern ein bloßes Mittel für menschliche Zwecke.

Umlaufgeschwindigkeit des Geldes

Wenn Menschen ein bestimmtes Gut oder Geld horten, dann äußern sie eine höhere Nachfrage nach diesem Gut oder Geld. Die Folge davon ist, dass die Preise für das gehortete Gut steigen. Das wiederum bedeutet ein Sinken der Preise aller anderen Güter, ausgedrückt im gehorteten Gut oder Geld. Ein Fischer, der seinen Fisch selbst behält, schädigt seine Industrie nicht, sondern beschert seinen Kollegen ganz ohne Absicht ein höheres Einkommen.

Anpassung der Produktionsstruktur

Gehen wir nun davon aus, dass in einer Volkswirtschaft die Sparneigung steigt und die Menschen ihre Ersparnisse anderen in größerem Ausmaß anbieten. Welche Folge hat das für die Produktionsstruktur? Eine Zunahme der Sparneigung bedeutet zunächst eine Abnahme des Konsums. Das heißt, die Konsumgüterindustrie verspürt einen schmerzhaften Einbruch. Doch der Einzelhandel, der unmittelbar betroffen ist, macht nur einen kleinen Teil der Wirtschaft aus.

Wenn sich Unternehmer aus unterschiedlichen Sektoren abends an ihrem Stammtisch treffen, wird sich der realistische Ökonom ein sehr differenziertes Bild ihrer Befindlichkeit erwarten. Die Einzelhändler werden jammern, dass sie wohl in diesem Quartal einen Verlust machen werden. Doch in allen anderen Sektoren, die sich weiter weg vom Konsum befinden, ist noch keinerlei Einbruch spürbar. Die Auftragsbücher sind so voll wie zuvor. Der Einzelhändler wird womöglich im nächsten Jahr seine Bestellung beim Großhändler reduzieren. Das gegenwärtige Sortiment hat er ja schon auf Lager. Der Großhändler würde daraufhin womöglich im folgenden Jahr seine Bestellung beim Produzenten geringer ausfallen lassen. Die Zulieferer dieses Produzenten würden wiederum erst mit großer Verspätung ein allfälliges Einbrechen der Nachfrage zu spüren bekommen.

Um Veränderungen zu verstehen, müssen wir stets die »Grenze des Handelns« betrachten. Man spricht in diesem Zusammenhang von den *Grenzunternehmern* und *Grenzinvestoren*. Ein Unternehmer »an der Grenze« ist genau jener, der kurz davor steht, sich selbstständig zu machen oder sein Unternehmen aufzugeben. Ein Grenzinvestor ist jener, der sich am Unternehmerstammtisch, wenn es ihn denn gäbe, umhört, wo er seine nächste Investition tätigen und aus welchen Investitionen er demnächst aussteigen sollte. Der Grenzunternehmer und der Grenzinvestor vernehmen an diesem hypothetischen Stammtisch beide klare Signale: Bloß nicht im Einzelhandel tätig werden, dort ist die Lage derzeit gar nicht rosig. Doch in den Sektoren, die weiter vom Konsum entfernt sind, scheint noch alles bestens zu sein. Wir können also eine Tendenz zur Kapitalverschiebung von den konsumnahen zu den konsumfernen Sektoren erwarten.

Grenzunternehmer und Grenzinvestoren

Weil in unserem Beispiel mehr Ersparnisse zur Verfügung stehen, dürfen wir erwarten, dass der Zinssatz in dieser Volkswirtschaft sinkt. Es wird günstiger, Ersparnisse auszuborgen, um damit Investitionen zu tätigen.

Der Zinssatz ist eine wichtige Orientierungshilfe für die Unternehmen. Kapitalanlagen benötigen oft lange, um sich zu amortisieren. Für eine neue Maschine ist im Moment der Anschaffung ein hoher Betrag fällig, während der Ertrag der Maschine erst über einen längeren Zeitraum erwirtschaftet wird. Um abzuschätzen, ob sich die Anschaffung einer solchen Maschine rechnet, versucht man in der Kostenrechnung, aus den vielen zukünftigen Erträgen einen Gegenwartswert zu errechnen, den man dann den Anschaffungskosten gegenüberstellen kann. Ein solcher Gegenwartswert ist nicht bloß die Summe der Erträge, denn diese stellen sich in einer immer weiter entfernten Zukunft ein. Nimmt man für diese Anschaffung einen Kredit auf, so würden bis dahin Zinsen anfallen. Darum werden zukünftige Erträge diskontiert, das heißt, der Gegenwartswert zukünftiger Einkünfte verringert sich nach der Höhe des Zinssatzes. Denn 100 000 Euro in zehn Jahren sind in der Kostenrechnung etwas gänzlich

Gegenwartswert

anderes als derselbe Betrag heute. Bei sehr hohen Zinsen verschwinden weit entfernte Erträge: Sie spielen für heutige Entscheidungen keine Rolle mehr. Hier drückt sich die hohe Zeitpräferenzrate aus, die selbst wiederum durch den hohen Zinssatz ausgedrückt wird. Bei sehr langen Laufzeiten gilt die Faustregel, dass der Gegenwartswert dem Kehrwert des Zinssatzes entspricht (eins gebrochen durch den Zinssatz). Das bedeutet, dass bei einem Zinssatz von zehn Prozent der Gegenwartswert eines Einkommensstroms mit sehr langer Laufzeit mit etwa dem Zehnfachen der jährlichen Raten korrespondiert. Ein einfaches Beispiel: Eine Wohnung, die jedes Jahr Mieteinnahmen von 6 000 Euro abwirft, würde man bei einem Zinssatz von fünf Prozent mit 120 000 Euro bewerten. Je niedriger der Zinssatz, desto höher der Gegenwartswert von langfristigen Anlagen. Das bedeutet, dass sich solche Anlagen nun eher rechnen. Kapitalgüter mit sehr langen Ertragszeiträumen finden sich eher in den konsumfernen Bereichen. Dies bestärkt in unserem Beispiel die Erwartung, dass es zu einer Verschiebung von den konsumnahen zu den konsumfernen Sektoren kommt.

Die Einzelhändler stellen in besagtem Beispiel fest, dass sie auf unverkaufter Ware sitzen bleiben. Ihre Bestellungen können sie erst beim nächsten Mal korrigieren. Sie haben das Konsumentenverhalten falsch eingeschätzt. Um ihre Waren an den Mann zu bringen, senken sie die Preise.

Wenn Konsumgüter nun günstiger zu haben sind, bedeutet dies, dass man weniger Geld oder andere Güter dafür aufgeben muss. Das ist gleichbedeutend mit einem Anstieg der Reallöhne. Ein Reallohn ist der Lohn ausgedrückt in jenen realen Gütern und Leistungen, die sich die Arbeiter wünschen. Denn Geld kann man nicht essen. Steigende Reallöhne bedeuten aber auch, dass der Faktor Arbeit im Vergleich zu den Gütern teurer wird. Das lässt uns erwarten, dass Arbeit an der Kippe durch Kapital ersetzt wird. Da die arbeitsintensiveren Sektoren eher die konsumnahen sind und die kapitalintensiveren Sektoren eher die konsumfernen, entdecken wir auch hier dieselbe Dynamik: eine Tendenz, in Richtung konsumferner Zweige auszuweichen.

Konsumeinbruch

Sind die Unternehmer tatsächlich so dumm, nicht zu sehen, dass der Konsumeinbruch irgendwann mit Verspätung bei ihnen eintreffen wird? Aktuelle Dynamiken sind nur wenigen bewusst, erst im Nachhinein haben es dann alle besser gewusst. Doch selbst wenn die Gelassenheit der konsumfernen Sektoren angesichts des Konsumeinbruchs aus unbewusster Trägheit erfolgt: So falsch ist sie gar nicht. Denn der Einbruch im Konsumsektor pflanzt sich keineswegs automatisch fort. Realistische Ökonomen dürfen nicht vergessen, in Alternativen zu denken und zu ergründen, was die Entscheidungen der Menschen eigentlich bedeuten. Wenn Menschen heute mehr sparen, können sie naturgemäß weniger konsumieren. Doch warum tun sie das? Dahinter muss kein plötzlicher Geiz, keine neue Bedürfnislosigkeit stecken. Sparen ist schlicht eine Möglichkeit, Konsumentscheidungen bewusst über die Zeit zu verteilen. Wer heute spart, tut dies in der Regel, um zukünftige Ziele eher zu erreichen. Und diese Ziele bedeuten wiederum eine zukünftige Nachfrage nach dazu tauglichen Mitteln – Gütern und Leistungen. Wer heute auf den Plasmabildschirm und den Neuwagen verzichtet, spart womöglich auf ein Eigenheim. Wer heute Kleidung länger trägt, will sich vielleicht später für die dann gewachsene Familie geeignete Kleidungsstücke leisten. Wer heute selbst kocht, anstatt ins Restaurant zu gehen, will sich vielleicht in einigen Jahren eine neue Küche einbauen lassen. Die Sparer kommunizieren also ganz unbewusst folgendes: Liebe Unternehmer, nützt heutige Güter, Mitarbeiter, Beziehungen, Konzepte, um jene zukünftigen Güter hervorzubringen, die ich dann nachfragen werde, wenn ich sie mir leisten kann und will. Welch' Wunder, dass dieser Koordinationsprozess genau den Dynamiken entspricht, die oben beschrieben wurden. Nützt gegenwärtige Güter, um neue und bessere zukünftige Güter hervorzubringen – das ist die Anweisung, die die Sparer durch ihr Handeln selbst vermitteln, ohne dass sie ein Wort sagen – und ohne dass sie die geringste Ahnung von Ökonomie haben müssen.

Die Verschiebung hin zu konsumfernen Sektoren ist nicht folgenlos. Sie entspricht der Vertiefung der Produktionsstruktur durch weitere Umwege. Solche Umwege werden allerdings nur eingeschlagen und beibehalten, wenn sie eine höhere Ergiebigkeit nach sich ziehen. Diese kann sich in einer höheren Produktionsmenge oder einer höheren Produktqualität niederschlagen. Derartige Abläufe sind exakt das, was man Wirtschaftswachstum nennt. Die Analyse hat unsere Vermutung bestätigt, dass nicht höherer Konsum, sondern höhere Ersparnisse und deren Investition zu höherem Wirtschaftswachstum führen.

Dieses Wachstum interpretiert die Österreichische Schule deutlich anders als die neoklassischen Ökonomen. Wachstum bedeutet höhere Ergiebigkeit der Produktion. Höhere Ergiebigkeit wiederum bedeutet das Hervorbringen eines höher bewerteten Ergebnisses. So gesehen könnte auch eine niedrigere Produktion Wachstum bedeuten, und zwar dann, wenn die Werthaltungen der Menschen sich dahingehend geändert haben, weniger, aber dauerhaftere und bessere Güter vorzuziehen. Das Bruttoinlandsprodukt hingegen lässt sich dadurch steigern, schlechtere Produkte zu erzeugen, die eine kürzere Lebensdauer aufweisen, weil dies mehrmaliges Kaufen nötig macht. Die Zielrichtung des Wirtschaftens wird von der Österreichischen Schule jedoch ganz anders aufgefasst: Der einzige Maßstab ist der reale Mensch mit seinen persönlichen Wünschen.

Zinseszins

Exponentielles Wachstum

Doch wie sieht es mit den Grenzen des Wachstums aus? Erfordern Zinsen denn nicht ein exponentielles Wachstum? Diese Befürchtung wird illustriert durch das Gedankenexperiment des sogenannten Josefspfennigs: Wenn Josef bei Jesu Geburt einen Bausparvertrag mit einem Pfennig Einlage abgeschlossen hätte, der immerfort bis heute weitergelaufen wäre, dann würde Jesus bei seiner Wiederkehr über mehr Geld verfügen, als es auf dem gesamten Planeten gibt.

Solche Beispiele sind stets etwas verblüffend, weil Menschen exponentielles Wachstum meist unterschätzen. Ein anderes, noch älteres Märchen zeigt dies: Ein übermütiger König wird durch die Erfindung des Schachspiels zur Vernunft gebracht, und zwar insofern, als er anhand des Spiels erkennt, dass er ganz allein ohne Bauern und Hofstaat nichts auszurichten vermag. Dem Erfinder des Spiels, einem Weisen, verspricht er daher einen Lohn seiner Wahl. Der Weise aber verlangt folgendes Preisgeld: »Mein König, legt auf das erste Schachfeld ein Korn Getreide, auf das zweite Feld zwei Körner, auf das dritte vier Körner. Setzt das weiter so fort, indem Ihr jeweils auf das nächste Feld die doppelte Anzahl an Körnern legt als auf das vorherige.« Der König ist zunächst erleichtert, so billig davonzukommen. Er erwartet als Ergebnis einen wohl beachtlichen, aber doch überschaubaren Haufen Getreide. Tatsächlich beträgt die Gesamtsumme jedoch 18,4 Trillionen Körner oder fast eine Billion Tonnen Getreide. Das entspricht in etwa dem 1 500-Fachen der gegenwärtigen weltweiten Weizenernte.

Verzinste Guthaben zeigen eine zwar nicht ganz so starke Steigerung, aber letztlich ebenso eine exponentielle Zunahme; allerdings nur dann, wenn die Zinsen nicht ausgeschüttet, sondern der Stammsumme stets hinzugefügt und mitverzinst werden. Man spricht dann von einer Thesaurierung, abgeleitet vom griechischen Wort *thesauros*, das Schatzhaus bedeutet. Dieser Wachstumseffekt wird durch den sogenannten Zinseszinseffekt verursacht. Einen solchen Effekt zuzulassen, gilt vielen Kritikern als Inbegriff eines kurzfristigen Wirtschaftssystems, dem es an Nachhaltigkeit fehlt. Diese Kritik ist berechtigt, doch die Schlüsse, die daraus gezogen werden, sind meist die falschen.

Der Zinseszins hängt davon ab, für welche Laufzeiten Zinsen berechnet werden. Am stärksten zeigt sich der Effekt, wenn ständig neu verzinst wird und der anfallende Zins sofort der zu verzinsenden Stammsumme beigefügt wird. Ein Zinseszinseffekt entsteht also nur bei laufender Neuveranlagung. Wenn man jemandem eine Summe für einen festen Zeitraum zur Verfügung stellt und diese am Ende dieses Zeitraums zuzüglich eines Zinsaufschlags zurückfordert, tritt kein Zinseszinseffekt auf. Erst bei laufendem Anwachsen des Darlehens um die Zinsen kann es zur Verzinsung der Zinsen kommen. Das wäre dann der Fall, wenn der Schuldner nicht einmal die Zinsen zurückzahlen kann und auch die zu zahlenden Zinsen zusätzlich als neuen Kredit aufnimmt. Man muss schon ziemlich dumm oder unverfroren sein, seine Zinsen durch immer neue Schulden zurückzahlen zu wollen. Auf diese Weise wächst die Schuldenlast nämlich in der Tat exponentiell. Systematisch macht so etwas nur der Staat.

Wir kennen den Zinseszinseffekt in der Regel von unseren Spareinlagen. Der Zinsertrag eines Jahres wird der Einlage hinzugefügt und nun weiter mitverzinst. Würde die Bank nicht derart vorgehen, hätten wir einen stärkeren Anreiz, den Zinsertrag abzuheben und bei einer anderen Bank anzulegen. Da unser Vermögen um den Zinsertrag gewachsen ist und wir diesen Ertrag ja auch ausgeben oder auf andere Weise veranlagen könnten, ist es für die meisten ganz selbstverständlich, auch dafür Zinsen zu bekommen. Die Thesaurierung ist nicht an sich schlecht, denn sie weist einen Weg zum Vermögensaufbau, der diejenigen belohnt, die Gewinne nicht abschöpfen, sondern reinvestieren.

Hier allerdings liegt der Kern des Problems. Jede reale Investition ist mit Risiko verbunden. Wenn es den Verwaltern des Josefspfennigs tatsächlich gelänge, immerfort – mittlerweile über mehr als 2 000 Jahre hinweg – bei jeder Investitionsentscheidung richtig zu liegen, dann müssten wir daraus schließen, dass Josef für einen derartigen Bausparvertrag wohl seine guten Beziehungen nach ganz oben hat spielen lassen. In Wirklichkeit ist die risikolose Vermehrung völlig

Risiko

ausgeschlossen. Die Illusion des risikolosen Zinses und damit auch des beliebig nach oben vermehrbaren Zinseszinses stellt eine moderne Schöpfung unseres Banken- und Geldsystems dar. Zum Kern des Problems können wir daher erst in den jeweiligen Kapiteln kommen. Zur Klärung der Problematik des grenzenlosen Wachstums hat die Österreichische Schule den wohl bedeutendsten Beitrag geleistet.

Darlehen

Unabhängig vom Zinseszinseffekt zeigen nahezu alle Weltreligionen große Vorbehalte gegenüber dem Nehmen und Bezahlen von Zinsen. In ihrer Nüchternheit hat die Österreichische Schule in der Regel über die historischen Zinsverbote hinweggesehen und sie bloß für ökonomische Missverständnisse gehalten. Der realistische Ökonom beobachtet nun einmal, dass Zinszahlungen der gegenwärtigen ökonomischen Realität entsprechen. Verbote vermögen Präferenzen kaum zu verändern, darum sind sie entweder wirkungslos oder zeigen unbeabsichtigte Folgen. Dabei haben es die »österreichischen« Ökonomen versäumt, die Probleme nachzuvollziehen, die den Hintergrund der Zinsverbote darstellen. Womöglich war ihr Denken auch noch von einer Zeit geprägt, in der nicht nahezu jedermann ein Konto und einen Kreditrahmen besaß.

Tausch in der Zeit

Sehen wir uns also die Dynamik eines Darlehens näher an. Oft sind diejenigen, die Ersparnisse aufgebaut haben, nicht diejenigen, die über die besten Ideen zum Kapitalaufbau verfügen. Sie würden gerne auf ihre gegenwärtigen Güter verzichten, da sie diese momentan nicht benötigen, aber nur, wenn sie dafür in Zukunft etwas mehr oder etwas bessere Güter erhalten. Warum verleihen sie ihre Güter nicht kostenlos an diejenigen, die vorgeben, sie besser einsetzen zu können? Erinnern wir uns, dass die Ökonomie moderner Gesellschaften im Wesentlichen die Beziehungen zwischen sich fremden Menschen betrachtet. Die Österreichische Schule weist darauf hin, dass zeitlich fernere Erträge eben nicht gleich hoch bewertet werden wie nähere Erträge. Da für den Tausch zwischen zwei Seiten gegenläufige Präferenzen die Voraussetzung sind, würden wir ohne die Aussicht auf einen höheren zukünftigen Ertrag kaum freiwilligen Geldverleih unter Fremden beobachten. Der Austausch von gegenwärtigen gegen zukünftige Güter ist ja nichts anderes als ein Tausch in der Zeit.

Jörg Guido Hülsmann, einer der aktuell wirkenden Ökonomen in der Tradition der Österreichischen Schule und ein von mir sehr geschätzter Kollege, hat die Zinstheorie weiterentwickelt. Er erklärt den Wertunterschied, der durch Zinsen ausgedrückt wird, in allgemeinerer Weise als dies die Österreichische Schule bisher tat. Die unterschiedliche Bewertung aufgrund der Zeitpräferenz hält er bloß für einen Spezialfall. Wesentlich grundlegender sei vielmehr der Unterschied zwischen Mitteln und Zwecken. Die Zwecke werden eben stets höher bewertet als die Mittel, denn Letzteren kommt ja erst ein Wert zu, weil wir sie für unsere Zwecke als tauglich erkennen. Wenn wir vor der Wahl stehen, entweder unsere Zwecke erreicht zu sehen oder die Mittel dazu in die Hand zu bekommen, ziehen wir Ersteres vor. In der Regel stehen die Mittel zeitlich vor dem Erreichen der Zwecke, darum bildet die Zeitpräferenz meist eine hinreichend gute Erklärung für den Wertungsunterschied. Doch dies sei, so Hülsmann, nicht notwendig.

Sofern wir mit Fremden zu tun haben, gehen wir davon aus, dass es kein Selbstzweck für uns ist, dass diese über unsere Mittel verfügen. Wir sind in aller Regel nur dann bereit, auf Mittel vorübergehend zugunsten anderer zu verzichten, wenn uns dies unseren eigenen Zwecken näherbringt. Was nicht Selbstzweck für uns ist, ist entweder ein Mittel für uns oder es ist schlicht nicht Gegenstand unseres Handelns. Die Bezahlung von Zinsen macht den Geldverleih zu einem Mittel, der auch den Gläubiger seinen Zwecken näher bringt, nicht nur den Schuldner. Selbstverständlich gilt dies nur unter der Annahme, dass es eben kein Selbstzweck des Gläubigers ist, dem Schuldner sein Geld anzuvertrauen. Der denkbare Fall, dass auch das zinslose Darlehen den Gläubiger seinen Zwecken näher bringt, weil er so das Verlustrisiko und womöglich gar das Verschwendungsrisiko an den Schuldner abtritt, ist aus psychologischen Gründen eher unwahrscheinlich. Wie schon oben erwähnt, neigen Menschen dazu, sich stets als überdurchschnittlich zuverlässig zu betrachten, und da der Fremde per Definition nicht gut bekannt ist, wird die Risikoerwartung, die sich am Durchschnitt oder an gewissen Vorurteilen orientiert, im Einzelfall oft über dem realen Risiko liegen.

Der Umgang mit Fremden

Freund-Feind-Denken

An dieser Stelle sollte einmal festgehalten werden, dass diese immer wiederkehrende Betonung des Fremden keinerlei Fremdenfeindlichkeit seitens der Ökonomen suggerieren soll. Die Vertreter der Österreichischen Schule standen historisch sogar im starken Gegensatz zum kleingeistigen Nationalismus ihrer Tage. Es ist auch keinerlei Wertung beabsichtigt, die das Wirtschaften mit Fremden für besonders erstrebenswert erklärt. Es handelt sich bloß um das nüchterne Verständnis, welche Wege den Menschen im Umgang mit anderen offenstehen. Der altertümliche Zugang, gegen den sich die Österreichische Schule wandte, war das Freund-Feind-Denken, das auf der vorgeschichtlichen Sippengesellschaft beruht. Dieses Denken sieht nur zwei Wege, mittels anderer Menschen eigenen Zwecken näher zu kommen. Entweder du machst den Fremden zum Freund, das heißt, er wird Teil deiner Sippe. Dann wird geteilt und die Not gemeinsam getragen. Wenn er nicht dein Freund sein will, dann ist er dein Feind. Ziehe ihm eins über die Rübe und nimm, was du gerne hättest.

Die Marktregel ist die Alternative zum Freund-Feind-Denken: Wenn der Fremde nicht dein Freund sein will, weil er deine Zwecke nicht teilt, kannst du dich mit ihm noch immer bei den Mitteln treffen. Das ist die Essenz des Marktes: ein Ort, an dem sich Menschen nicht über gemeinsame Zwecke koordinieren, sondern über die angestrebten Mittel. Man muss sich über die jeweiligen Zwecke nicht einig sein, um friedlich Mittel auszutauschen. Diese Regel erlaubt das Zusammenleben verschiedenster Religionen und Kulturen, die sich über die richtigen Zwecke nicht einig werden konnten und wollten. Dieses Zusammenleben geht so lange gut, bis irgendwelche Fanatiker die Märkte angreifen, weil sie eine totalitäre Einigkeit in den Zwecken hervorbringen wollen.

Wer alle zu Freunden machen will, wird Feinde schaffen. Das letzte Jahrhundert, jenes, an dem die Österreichische Schule beinahe zugrunde ging, übertraf alle vorigen dabei, Feindschaft zu säen, weil sich die allzu fremd gewordenen Menschen eigentlich bloß ein wenig Freundschaft und Zuneigung erhofften und diese in einer fiktiven Volksgemeinschaft suchten. Deshalb sollte es verständlich sein, warum die Österreichische Schule den Marktregeln so viel Augenmerk schenkt. Sie pflegt keine religiöse Marktgläubigkeit, wie ihr oft vorgeworfen wird. Es handelt sich bloß um die Nüchternheit von Menschen der unterschiedlichsten religiösen Hintergründe, die sich plötzlich zwischen den Stühlen des Freund-Feind-Denkens ihrer Zeit wiederfanden. Wir müssen uns nicht lieben, aber wir dürfen uns nicht hassen. Wenn du mir nicht genügend vertraust, um mit mir zu kooperieren, dann lass mich zumindest als Mitbewerber zu.

Zweifellos gehört es sich nicht, von Freunden oder auch nur Nachbarn mehr zurückzufordern, als man verliehen hat. Vollkommen richtig ist auch der klassische Vorbehalt, dass sich die Dinge kaum von selbst vermehren können. Wenn wir einem Nachbarn mit zwei Eiern aushelfen, schlüpfen daraus ja nicht plötzlich Legehennen. Doch, so würden die Ökonomen der Österreichischen Schule anmerken, könnten zwei gegenwärtige Eier diesem Nachbarn mehr wert sein als zwei zukünftige Eier. Um sich heute etwas weniger einzuschränken, würde er sich dann eben später etwas mehr einschränken müssen.

Risikoloser Zins

Ein grundsätzliches Problem haben die Religionen erst mit dem Gelddarlehen. Der Kern dieses Problems wird interessanterweise erst durch die »Österreicher« wirklich aufgeklärt, obwohl das kaum ein Ökonom dieser Schule bislang so gedeutet hat. Geld gebiert kein Geld, so die alte aristotelische Einsicht, die die Österreichische Schule wie folgt erklärt: Um mehr hervorzubringen als man aufwendet, muss man das Geld ausgeben und einsetzen, um Kapital aufzubauen. Damit ist das Geld allerdings fort. Wenn man alles richtig gemacht hat und zusätzlich noch ungewöhnlich viel Glück hat, wird die aufgebaute Kapitalstruktur einen Ertrag bringen, mit dem man nach und nach die ausgegebene Summe zurückverdienen kann. In der Mehrzahl der Fälle geht das allerdings nicht gut. Dann kann man das unergiebige Kapital nicht einfach wieder zu Geld machen. Eine Kapitalstruktur, die langfristig nicht mehr hervorbringt als für sie aufgewandt wurde, ist kaum von Wert. Oft bleibt nur der Schrottwert oder man muss sogar noch Geld nachschießen, um den Schrott wegzuräumen, den man fälschlicherweise für Kapital gehalten hat.

Nun wird der Kredit fällig. Was macht der Schuldner? Wenn er die Möglichkeit hat, sich vor seiner Zahlung zu drücken, hat der Gläubiger einen Verlust gemacht. Das wäre der Fall in einer Rechtsordnung, die eine solche Zahlungsunfähigkeit zulässt, um den Schuldner zu schützen. Doch in einer solchen Rechtsordnung wären die Risikoprämien naturgemäß sehr hoch und damit auch die Zinssätze. Jedes Darlehen bedeutete dann eigentlich eine riskante Beteiligung. Es ist wesentlich wahrscheinlicher, dass auch der Gläubiger dann eine andere Rechtsform vorziehen würde. Er würde seine Sicherheit dadurch steigern wollen, Miteigentümer der entstehenden Kapitalstruktur zu werden und im Erfolgsfalle mehr verdienen zu können. Angesichts der Tatsache, dass die Mehrzahl der Unternehmensgründungen scheitert, spricht man bei der Finanzierung durch Fremdkapital von drei Quellen – den drei berühmten Fs: family, friends, fools. Familie, Freunde und Narren. Darum ist es plausibler, dass die Finanzierung auf Eigenkapitalbasis erfolgt: durch eigene Ersparnisse oder einen Mitunternehmer, der das Risiko mitträgt, mit dem man aber auch allfällige Erträge teilt.

Schutz des Gläubigers

Frühere Rechtsordnungen schützten den Gläubiger wesentlich stärker, als das heute der Fall ist. In solchen Rechtsordnungen liegt freilich auch das Zinsniveau deutlich niedriger. Die historische Zinskritik entzündete sich an den Härtefällen einer solchen Rechtsordnung. Was geschieht mit einem Schuldner, dessen Unternehmen gescheitert ist? Das Geld, das er geliehen hat, muss er ausgegeben haben, sonst hätte er nämlich überhaupt keine Chance gehabt, einen Mehrertrag zu erwirtschaften, aus dem er Zinsen bezahlen kann. Wenn er ohnehin selbst hinreichend große Ersparnisse hätte, bräuchte er kein Geld zu leihen. Wir können also davon ausgehen, dass bei ihm nun nichts mehr zu holen ist.

Wie kommt der Gläubiger zu seinem Recht? Alte Rechtsordnungen gingen mit dem Schuldner ziemlich hart um. Entweder wurde er in den Schuldturm gesperrt und darin so lange in Geiselhaft gehalten, bis er das Geld bei Familie oder Freunden aufgetrieben hatte. Oder er kam in Schuldknechtschaft, das heißt, er hatte unter sklavenartigen Verhältnissen so lange zu schuften, bis die Schuld abgetragen war. So setzte sich die Einsicht durch, dass letztlich der Schuldner der Sklave des Gläubigers sei. Und dass der Gläubiger zu Unrecht Nutznießer des Zinses sei. Denn jener verdient sowohl im Fall des Erfolgs der Unternehmung als auch im Fall des Misserfolgs Zinsen. Nur der Schuldner verliert seine Existenz. Dieser Fall kommt einem risikolosen Zins nahe. Und es ist eben ein solcher risikoloser Zins, der eigentlich dem theologischen Begriff des Wuchers entspricht. Es handelt sich dabei um ein Einkommen ohne eigene Leistung, weder durch Arbeit noch durch Risikoübernahme. Die religiösen Vorbehalte wären also durchaus berechtigt, wenn sie nicht so oft durch ökonomisches Unverständnis falsch gedeutet würden.

Konsumkredit

Häufig werden heute Konsumkredite vergeben. Dabei werden Ersparnisse nicht zum Kapitalaufbau eingesetzt, sondern um über ein zukünftiges Einkommen schon in der Gegenwart zu verfügen. Konsumkredite sind ein Symptom hoher Zeitpräferenz: Man möchte mit dem Konsum nicht warten, bis man ihn sich leisten kann. Es handelt sich dabei um einen in gewisser Hinsicht faustischen Pakt. Konsumkredite fesseln entfremdete Arbeitskräfte an ihre Arbeitsplätze. Denn wer sein künftiges Einkommen schon verpfändet hat, ist als Schuldsklave zur Arbeit verdammt. In alten Märchen finden wir oft Warnungen vor solch hoher Zeitpräferenz. Das zukünftige Rapunzel etwa wird der Hexe im Tausch gegen ein paar Handvoll gegenwärtigen Feldsalat versprochen. Ein anderes Beispiel ist die Gans, die goldene Eier legte. Der glückliche Bauer wird durch diesen regelmäßigen Einkommensstrom immer gieriger und will sich eines Tages nicht mehr gedulden, nach und nach Ersparnisse aufzubauen. Er erwartet im Bauch der Gans einen großen Goldschatz und will so den Ertrag der künftigen Eier mit einem Male vorziehen. Sobald er die Gans jedoch aufgeschlitzt hat, findet er nur gewöhnliche Gedärme vor. Mit dem Tod der Gans versiegt auch sein arbeitsloses Einkommen.

Da die Österreichische Schule im Konsum nicht die Ursache, sondern den Ausdruck höheren Wohlstands sieht, werden Konsumkredite als Symptom einer kurzfristigen Zeit betrachtet und nicht als Quelle nachhaltigen Wachstums. Allenfalls dienen sie als Triebfeder eines atemlosen Booms ohne Maß und Ziel, weil sie die verschuldeten Menschen zur stetigen Arbeit zwingen, um ihre Kreditraten zurückzuzahlen. Der Konsumkredit ist das Sinnbild des Lebens auf Kosten der Zukunft. So überrascht es nicht, dass sich auch Politiker in diesem Sinne verhalten. Selbst wenn sie ihre Ausgaben »Investitionen« nennen, handelt es sich dabei nüchtern betrachtet durchweg um Konsum. Denn ihr Ziel ist kein zukünftiger Mehrertrag, aus dem diese Schulden zurückgezahlt werden können, sondern die Wiederwahl.

Unternehmer

Gleichgewicht und Veränderung

Da die Österreichische Schule gerade dem Kapitalaufbau eine ganz besondere Bedeutung zumisst, überrascht es nicht weiter, dass sie auch das Unternehmertum ins Zentrum ihrer Betrachtung rückt. In diesem Punkt unterscheidet sie sich besonders deutlich von anderen Zugängen – und war anderen Denkschulen weit voraus. In der Neoklassik etwa kommt der Unternehmer kaum vor, was nicht überrascht, denn in den wirklichkeitsfremden Modellen des perfekten Wettbewerbs kann es gar kein Unternehmertum mehr geben. Wenn heutige Mainstream-Ökonomen Ansätze der Österreichischen Schule zitieren, dann in der Regel in diesem Bereich. Die »österreichischen« Beiträge zur Unternehmertheorie finden allgemeine Anerkennung.

Im Unterschied zur Neoklassik schenkt die Österreichische Schule der lebendigen Veränderung mehr Augenmerk als dem toten Gleichgewicht. Auch den realen Menschen mit ihren konkreten Entscheidungen misst sie mehr Bedeutung zu, als sie bloß als statistische Größen aufzufassen. Gleichzeitig lehnt die Österreichische Schule das marxistische Bild des Unternehmers als Vertreter einer Kapitalistenklasse ab. Sie betrachtet es als ökonomisch nicht so relevant, wie viel Geld jemand angesammelt hat, sondern wofür er es einsetzt. Aufgrund der laufenden Veränderungen in einer realen Wirtschaft existiert keine feststehende Klasse, sondern es kommt oft zu rasanten Verschiebungen. Dabei sticht die Rolle des Unternehmers den Österreichern ganz besonders ins Auge. Wer aber ist ein Unternehmer, und was ist seine Funktion?

Die Ansätze hierzu unterscheiden sich innerhalb der Österreichischen Schule ein wenig. Das verwundert kaum, zumal das Unternehmertum als einer der schwierigsten Bereiche der Wirtschaftswissenschaften gilt. Ausgerechnet jener österreichische Ökonom, der heute am berühmtesten für seine Beiträge zur Unternehmertheorie ist, gehört im eigentlichen Sinne nicht der Österreichischen Schule an: Joseph Schumpeter. Zwar war er Schüler von Eugen Böhm von Bawerk, doch brach er mit dessen Tradition, da ihn die Möglichkeiten der Mathematik besonders faszinierten. Schumpeter hoffte, eines Tages die dynamische Perspektive der Österreichischen Schule mathematisch abbilden zu können. Doch für die reale Komplexität dynamischer Systeme reichten seine mathematischen Fertigkeiten und die verfügbaren Instrumente nicht aus.

Joseph Schumpeter

Da es im menschlichen Verhalten keine Konstanten gibt, ist es auch völlig sinnlos, reales menschliches Handeln durch Formalismen ausdrücken zu wollen. Dabei geht Wesentliches verloren, ohne mehr Klarheit zu schaffen. Schumpeter versuchte, diesem Problem auszuweichen, indem er die wirtschaftliche Dynamik schlicht als gewaltsame Fortbewegung von Gleichgewicht zu Gleichgewicht deutete. Diese Bewegung schrieb er dem Unternehmer zu. Dieser sei ein ganz besonderer Charaktertypus, darauf angelegt, ein bestehendes Gleichgewicht zu zerstören, sodass sich ein neues einstellen kann. Alles andere vor und nach diesem Akt, den Schumpeter »schöpferische Zerstörung« nannte, ließe sich aber mit den Formalismen der Gleichgewichtsökonomie beschreiben.

Zwar klingt es gut, dem Unternehmer die gesamte Dynamik der Wirtschaft zuzuschreiben, sodass die Schumpeter'sche Deutung gerade bei Unternehmern oft gut ankommt. Doch diese Sichtweise ist allzu künstlich und verkürzt. Weder vor noch nach einer neuen Unternehmung befindet sich die Wirtschaft jemals im Gleichgewicht. Jeder weiß aus der alltäglichen Erfahrung, wie schnell sich die einfachsten Dinge ändern können. Heute haben wir Lust auf dieses, morgen auf jenes. Heute senkt der eine Anbieter den Preis, morgen hebt ihn der andere an. Heute steigen die Kurse, morgen sinken sie. Heute scheint die Sonne, morgen zieht ein schwerer Sturm auf. Freilich gibt es Menschen, die Veränderungen auslösen können. Dies zeigt sich aber stets nur im Nachhinein; und nie können wir mit Sicherheit sagen, ob sie nicht bloß zur richtigen Zeit an der richtigen Stelle waren und die Veränderung nicht auch ohne sie stattgefunden hätte. Schumpeters Ansatz ist eine Theorie der Führerfiguren. Er beschreibt ihre Motive, und letztlich entdeckt er sie nicht nur in den Unternehmen, sondern auch in der Politik und in anderen Organisationen. Schumpeter war ein brillanter Soziologe, der viel von der Österreichischen Schule lernte; doch in der Ökonomie brach er mit ihr, weil er zugleich originell und anerkannt sein wollte. Daher übertrieb er das eine und biederte sich bei anderem an.

In der Tat haben Unternehmer etwas mit der Veränderung zu tun, die in einer realen Wirtschaft allgegenwärtig ist, doch nicht in so simpler und ausschließlicher Weise, wie es Schumpeter glauben machte. Wenn die Ökonomie von Funktionen spricht, dürfen diese niemals in der Ausschließlichkeit von einzelnen, abgetrennten Personen gedacht werden. Natürlich kann man sich darüber Gedanken machen, welche Charaktereigenschaften Unternehmer aufweisen. Meist jedoch handelt es sich bei diesen Gedanken um Vorurteile oder Durchschnittswerte. Soziologen und Psychologen machen sich solche Gedanken; der nüchterne Ökonom bemerkt, dass dies nicht so einfach ist. Schließlich es ist auch eine soziologische und psychologische Frage, warum wir manche Menschen als Unternehmer bezeichnen und andere nicht. Ökonomen wollen daher zunächst ökonomische Funktionen verstehen, die unabhängig davon sind, welcher konkrete Mensch sie ausübt. Wenn Ökonomen also von Produzenten, Sparern, Nachfragern, Unternehmern sprechen, so meinen sie niemals geschlossene Klassen von Menschen. Jeder Mensch ist alles davon zugleich – je nachdem, welche ökonomische Funktion wir gerade durch unsere Handlungen ausüben. Jeder Mensch ist ein Unternehmer. Und dennoch gibt es Menschen, die die unternehmerische Funktion in einer besonderen Ausprägung und Intensität ausüben, sodass es sinnvoll ist, hierbei von Unternehmern im engeren Sinn zu sprechen.

Wirtschaft als Wissensproblem

Schon Carl Menger widmete dem Unternehmertum besondere Aufmerksamkeit. Er sah im Wesentlichen zwei Funktionen hierdurch abgedeckt: »die Information über die wirtschaftliche Sachlage« und »das wirtschaftliche Kalkül«, sowie »den Willensakt, durch welchen Güter höherer Ordnung […] einer bestimmten Produktion gewidmet werden«. Hier sind schon jene zwei Aspekte angelegt, die spätere Vertreter der Österreichischen Schule vertieft haben: das Wissen und der Wille des Unternehmers. Die unternehmerische Funktion ist Ausdruck eines bestimmten Wissens und bestimmter Entscheidungen.

Die Rolle des Wissens betonte besonders Friedrich von Hayek. In einer realen Welt realer Menschen sieht jeder nur einen kleinen Ausschnitt. Unser Wissen ist also stets beschränkt und in viele kleine Einheiten aufgeteilt. Hayek betrachtet Wirtschaft überhaupt als Wissensproblem. Analog zur Arbeitsteilung beobachtet er in einer komplexen Gesellschaft eine zunehmende Wissensteilung. Je fortgeschrittener die Gesellschaft, desto mehr können wir uns Wissen zunutze machen, über das wir gar nicht selbst verfügen. Das Problem liegt darin, dass wir nicht wissen können, wer dieses Wissen hat, das uns nützlich wäre. Niemandem ist das zum Wirtschaften nötige Wissen in seiner Gesamtheit gegeben. Wie kommt es aber, dass sich diese kleinen Wissensstückchen koordinieren? Könnte man sie nicht einfach einsammeln und so die Wirtschaft verbessern? Wenn wir allwissend wären, gäbe es keine Überraschungen mehr für uns. Damit gäbe es keine Veränderungen mehr, die für unser Handeln relevant wären. In einer solchen Welt existierten auch keine Unternehmer. Es handelt sich wiederum um die Scheinwelt der neoklassischen Ökonomie, in der perfektes Wissen herrscht, niemand Fehler macht und keine Veränderungen wirken.

Hayek stand, wie alle historischen Vertreter der Österreichischen Schule, inmitten der Sozialismusdebatte. Die Kraft, die das sozialistische Denken damals entfaltete, können wir heute kaum mehr nachvollziehen. Damals hielten viele kluge Menschen den Sozialismus für vollkommen unausweichlich und erwarteten, dass er den Menschen großartige Verbesserungen bringen würde. Die Ökonomen mussten zu dieser Frage also Stellung beziehen. Hayek zeigte sich gegenüber dem Planungsoptimismus der frühen Sozialisten skeptisch. Der Sozialismus könne, so Hayek, das Wissensproblem der Wirtschaft nicht aus der Welt schaffen: »Der besondere Charakter des Problems einer rationalen Wirtschaftsordnung ist [...] ein Problem der Nutzung von Wissen, das niemandem in seiner Gesamtheit gegeben ist.« Eben das aber wollte der Sozialismus: die Gesamtheit des nötigen Wissens in einer Hand konzentrieren. Hayek zeigte, dass dies nicht so einfach zu bewerkstelligen ist, wie es sich die Zentralplaner vorstellten.

Sozialismusdebatte

Zunächst stellt sich die Frage, welches Wissen für unser Wirtschaften eigentlich relevant ist. Dies hängt davon ab, wie wir Wirtschaft verstehen. Wenn es um die Wünsche, Vorstellungen und Entscheidungen einzelner realer Menschen geht, haben wir naturgemäß mit einem unglaublich viel größeren Bereich des Wissens zu tun, als wenn Wirtschaft bloß als Zuteilungsplan verstanden wird. In jedem Fall bemerkt man schnell, dass das Wissen extrem verstreut ist. Zentralisierte Organisationen scheitern meist schon daran, all die relevanten Wissensteile zu nutzen, die in ihnen selbst vorhanden sind: Denn es lässt sich im Vorhinein kaum erkennen, wer das weiß, was nötig ist. Weil jeder von uns einen individuellen Blick auf die Welt hat, sehen wir Unterschiedliches zu unterschiedlichen Zeitpunkten, und es hinterlässt unterschiedliche Eindrücke bei uns. Viele Wissensteile können überhaupt nur bestimmten Personen zufallen, vor allem das Wissen über uns selbst: unsere Wünsche und Nöte, unsere Erfahrungen und Fähigkeiten.

Die Zentralplaner wollten dieses Problem der Wissensteilung umgehen, indem sie akribisch Daten sammelten und das Verheimlichen unter Strafe stellten. Doch das Wissen ist nicht nur in kleinste Teile weit verstreut. Ein großer Teil des Wissens, auf dessen Grundlage wir wirtschaften, ist stummes Wissen. So bezeichnet man Wissen, das sich gar nicht ausdrücken lässt. Damit ich fremdes Wissen übernehmen kann, muss es mir kommuniziert werden können. Damit eine komplexe Information tausende Kilometer durch Leitungen geschickt werden kann, muss sie sich in Daten und Fakten ausdrücken

Stummes Wissen

lassen. Das allermeiste Wissen jedoch kann nicht zahlenmäßig erfasst werden. Schlimmer noch: Es kann nicht einmal mitgeteilt werden. Wir wissen viel mehr, als wir ausdrücken können.

Selbst bei der einfachsten Form von Wissen ist dies so – dem technischen Wissen. Der Lehrling erlangt erst nach vielen Jahren bis Jahrzehnten der aufmerksamen Beobachtung, des Nachmachens, Ausprobierens und ständigen Übens den Kenntnisstand des Meisters. Auf die Anweisung aus der Zentrale in der Hauptstadt: »Schicken Sie uns ein Fax mit allem, was Sie wissen!«, kann der Wirtschaftstreibende nur amüsiert staunen. Nicht nur Fertigkeiten und Erfahrungen lassen sich schwer vermitteln. Die meisten von uns scheitern schon daran, bloß unsere gegenwärtigen Präferenzen auszudrücken. Selbst dann, wenn wir eine große Auswahl von fertigen Produkten vorfinden, fällt uns das oft schwer.

Hierbei wird deutlich, dass das Wissen nicht nur stumm ist. Oft haben wir es darüber hinaus mit verstecktem Wissen zu tun. Das kann sogar unser eigenes Wissen sein, das sich womöglich vor uns selbst versteckt: Dinge, die unser Handeln prägen, die wir uns aber noch nie bewusst gemacht haben. Um Wissen tatsächlich aufnehmen und einsammeln zu können, muss man ja wissen, dass es überhaupt vorhanden ist. Die wesentlichen Veränderungen im Wirtschaftsgeschehen stellen für die allermeisten Menschen Überraschungen dar – oft sogar für diejenigen, die am meisten darüber wissen. Das ist auch beim technischen Wissen so. Bevor eine Erfindung gemacht wird, weiß niemand, wo sie auftauchen wird. Manchmal bleibt eine neue Idee sogar ihr Leben lang verborgen, weil sie sich niemals und nirgends ausdrücken kann.

Verstecktes Wissen

Die Österreichische Schule wies als eine der ersten auf die Bedeutung der Ideen und des Wissens in der Wirtschaft hin. Doch trotzdem neigt sie nicht zur Übertreibung, die das Materielle vollkommen ausblendet. Ideen werden nur dann für unser Handeln bedeutsam, wenn sie sich ausdrücken können. Die allermeisten unserer Vorstellungen, Wünsche und Pläne bleiben unerfüllt. Selbst wenn ein zentraler Planungsstab über alle Präferenzen seiner Untertanen Bescheid wüsste, weil es ihm gelungen wäre, ihre Gehirne anzuzapfen, entginge ihm noch der wesentlichste Teil des Wissens. Wir haben schon gesehen, dass ausgedrückten Präferenzen oft zu misstrauen ist. Doch auch, wenn wir die Probleme der Kommunikation beiseitelassen, also direkt auf die Gedanken unserer Mitmenschen zugreifen könnten, wären wir erst auf halbem Weg. Erst die Präferenzen, die sich ins Handeln übersetzen, sind für die wirtschaftliche Realität von Bedeutung. Wenn Menschen jedoch persönlich nichts mehr zu entscheiden haben, weil ihnen eine allwissende und allsehende Organisation dies abnimmt und ihnen Befehle erteilt, verlieren ihre Präferenzen vollkommen an Bedeutung. Denn erst bei einem Zielkonflikt wird die Entscheidung, und damit eine Präferenz, relevant. Wie wir im konkreten Fall zwischen unseren sich oft widersprechenden Vorstellungen und Wünschen entscheiden und wie die Pläne der einzelnen Akteure in einer Gesellschaft in Einklang gebracht werden können – das ist die Essenz des Wirtschafts- und Wissensproblems.

Gibt es eine bessere Lösung für dieses Problem als die zentrale Wissenssammlung, Auswertung und Entscheidung? Friedrich von Hayek sah den Wettbewerb als einen Mechanismus an, der besser geeignet sei, die richtigen Wissensteile zusammenzufügen. Eine tatsächliche Auflösung des Wissensproblems sei jedoch undenkbar, denn das wäre nur im Gleichgewicht möglich, und dieses Gleichgewicht entspräche der vollkommenen Totenstarre des Wirtschaftens und Handelns. Doch es sei eher zu erwarten, dass sich das richtige Wissen an den richtigen Stellen einfindet, wenn die Wissenssuche gesellschaftlich honoriert wird.

Hayek argumentiert wie folgt: Um herauszufinden, wer der schnellste Läufer ist, belohne man die Schnelligkeit. Den Wettbewerb beschreibt Hayek »als ein Verfahren zur Entdeckung von Tatsachen […], die ohne sein Bestehen entweder unbekannt bleiben oder doch zumindest nicht genutzt werden würden.« Wettbewerb sei »nur deshalb und insoweit wichtig, als seine Ergebnisse unvoraussagbar und im Ganzen verschieden von jenen sind, die irgendjemand bewusst hätte anstreben können sowie auch, dass sich seine wohltätige Wirkung darin zeigen muss, dass er gewisse Absichten vereitelt und gewisse Erwartungen enttäuscht«. An anderer Stelle schreibt er: »Weil jeder Einzelne so wenig weiß und insbesondere, weil wir selten wissen, wer von uns etwas am besten weiß, vertrauen wir darauf, dass die unabhängigen und wettbewerblichen Bemühungen vieler die Dinge hervorbringen, die wir wünschen werden, wenn wir sie sehen.«

Dezentrale Wissenskoordination

Entscheidend ist hierbei der Gegensatz zur Zentralplanung: Hayek zieht einen dezentralen Mechanismus der Wissenskoordination vor. Die Offenheit des Wettbewerbs ist ein Weg, wenn nicht der einzige, eine möglichst breite Nutzung von Wissen zu erlauben, von dem wir eben noch nicht wissen, wo es sich befindet und befinden wird, wenn wir es benötigen. Grundsätzlich ist jeder zu diesem Wettbewerb eingeladen. Die Unternehmer im engeren Sinn wären nach diesem Bild diejenigen, die professionellen Olympiateilnehmern in ihrem jeweiligen Metier entsprechen. Wesentlicher als der einzelne Unternehmer ist dabei das Unternehmertum an sich, das ein Wettbewerb um das Aufdecken versteckten Wissens ist. Wer konkret durch das Ziel läuft, ist ökonomisch betrachtet weniger relevant. Von Bedeutung ist, dass sich auf diese Weise der oder die Schnellste besser, menschlicher und rascher ermitteln lässt, als wenn ein Zentralkomitee Muskelgewebe vergleichen, Genproben nehmen und zum Laufen zwingen würde.

Der Wettlauf ist ein naheliegendes Bild, doch viele wird es abschrecken. Genau das sei doch das Übel des Wettbewerbs, dass er uns bis zur Atemlosigkeit hetzt. Die gehetzte Kurzfristigkeit unserer Zeit hat mit dem Wettbewerb jedoch nur wenig zu tun. Vielmehr liegt sie an den äußeren Rahmenbedingungen und inneren Werthaltungen. Wir finden dieselben Symptome zeitgeistiger Übertreibung im Sport. Wenn Menschen chemisch manipuliert werden und zu Sportmaschinen degenerieren, darf man das auch nicht dem Sport an sich zuschreiben und glauben, dass eine Gesellschaft, die zu solcher Maßlosigkeit neigt, ohne Sport besser oder gar gesünder wäre.

In einer Wirtschaft, die auf den einzelnen realen Menschen ausgerichtet ist und nicht auf die Hirngespinste von wenigen Mächtigen, soll Wettbewerb ein bestimmtes Wissen zutage fördern. Es geht dabei um das Wissen, was die Menschen zu welcher Zeit, in welcher Form und zu welchem

Preis wünschen. Wir können noch so viel darüber lästern, dass die Menschen gar nicht mehr wissen, was ihnen guttut. Das darf uns nicht dazu bewegen, als Besserwisser unsere Präferenzen anstelle der unserer Mitmenschen zu setzen.

Wissenslücken und Arbitrage

Der amerikanische Ökonom Israel Kirzner, wie Hayek ein Schüler des großen Ludwig von Mises, vertiefte das Verständnis der Rolle des Wissens im Unternehmertum. Ihm fiel auf, dass das Wissen, das über wirtschaftlichen Erfolg entscheidet, oft im Nachhinein ziemlich selbstverständlich scheint. Manchmal sind es die einfachsten Ideen, keineswegs immer ausgefeilte technische Konstruktionen. Entscheidend ist vielmehr, dass es Wissen ist, das andere nicht gesehen und zum Gegenstand ihres Handelns gemacht haben.

Eben weil Menschen so vieles übersehen, auch Dinge, die direkt vor ihrer Nase liegen, ist das Unternehmertum von Bedeutung. Für Kirzner ist jeder von uns dann Unternehmer im weiteren Sinne, wenn er auf der Grundlage von Einsichten handelt, die andere noch nicht erkannt haben, und so eine weitere Lücke zwischen den unterschiedlichen Plänen der Menschen schließt. Wenn es keine Veränderung mehr gäbe, dann würde dieses unternehmerische Handeln irgendwann zum Gleichgewicht führen: nämlich dann, wenn alle Wünsche und das dazu nötige Wissen aufgedeckt sind.

Hier sehen wir, dass Schumpeter ökonomisch nicht richtig lag, als er das Unternehmertum als eine Kraft auffasste, die vom Gleichgewicht wegführt – also die Wirtschaft noch mehr in Unordnung bringt. Tatsächlich stellt der Unternehmer eine ordnende Kraft inmitten rasanten Wandels und nicht klein zu kriegender Wissenslücken dar. Der britische Schriftsteller Douglas Adams bemerkte einmal mit einem Augenzwinkern, dass, sobald wir unsere Welt gänzlich verstanden haben, sie sich wohl auflösen und eine noch kompliziertere an ihrer Stelle entstehen würde. Das sei vielleicht schon einige Male passiert, mutmaßte er. Einen solchen Eindruck macht zumindest die Welt der Wirtschaft. Das liegt nicht bloß daran, dass die Menschen nicht genug bekommen können. Vielmehr ist der Wandel die Essenz des Lebens selbst. Wir verändern uns, und noch mehr verändert sich die Welt um uns. Die größten Veränderungen wurden von den wenigsten vorausgesehen. Allein was sich schon innerhalb einer Generation ändern kann, lässt uns erstaunen. Der große Wandel, der gerade im Gange ist, wird ebenso die meisten unserer Zeitgenossen völlig überraschen und überwältigen. Je größer der Wandel, desto bedeutsamer das Unternehmertum in diesem Sinne: das zu sehen, was die anderen noch nicht erkennen, weil sie nicht richtig hinsehen, falsche Brillen aufhaben oder es nicht wahrhaben wollen.

Israel Kirzner geht davon aus, dass wir uns hinsichtlich dieser Gabe, die Lücken und Ritzen in unserer Welt wahrzunehmen, voneinander unterscheiden. Es sei ein ganz bestimmter Menschenschlag, dem das besonders gut gelinge. Diese Menschen gehen mit anderen Augen durch die Welt. Wo andere die Dinge für entweder selbstverständlich oder unveränderbar ansehen, erkennen sie Chancen und ergreifen sie. Diese Menschen sind die Unternehmer im engeren Sinn: professionelle Chancenentdecker. Kirzner nennt ihre Gabe die Wachsamkeit.

Auch die Debatte um das Unternehmertum spielte sich vor einem ideologischen Hintergrund ab. In den wachsenden Betrieben des 18. und 19. Jahrhunderts stießen die Unternehmer oft auf Unverständnis. Ihr Einkommen schien im Gegensatz zu den gewöhnlichen Arbeitern nicht in Relation zu ihrer Arbeitsleistung zu stehen; auch eine Relation zu ihrem eingesetzten Vermögen war nicht unmittelbar zu erkennen. Einzelne, besonders erfolgreiche Unternehmer schienen reich zu werden, ohne mehr Schweiß als ihre Mitarbeiter aufzubringen und ohne mehr Geld zuzuschießen als auch andere auf ihrem Sparbuch hatten. Wie lassen sich ihre Profite rechtfertigen? Der Mensch mit seiner Veranlagung zum Neid sieht die Erfolgreichen viel deutlicher als die Erfolglosen. In der Unternehmerdebatte ging es oft um die Rechtfertigung der »Chefs«. Doch dem Ökonomen geht es zunächst um das Verständnis: eben um die Frage, um welche

Funktion es sich hier genau handelt, ob es ohne diese ebenso ginge und wie die Sache dann aussähe.

Wissenslücken

Sind die Unternehmer womöglich überbezahlt? Warum geben sie sich nicht mit einem festen Gehalt für ihren Entdeckerjob zufrieden, so wie alle anderen auch? Der aufmerksame Leser ahnt schon, dass das Geld für die Bezahlung eines solchen Gehalts nicht vom Himmel fällt. Den braven Beschäftigten in großen, staatlich subventionierten Anstalten mag es so erscheinen: Die Gehaltshöhe ist für sie eine reine Zuteilungsfrage, die in Komitees nach der Verhandlungsmacht der jeweiligen Vertreter entschieden wird. In einem Unternehmen, das im Wettbewerb mit anderen steht, gibt es solche Selbstverständlichkeiten nicht. Jeder Euro, der ausgezahlt wird, muss verdient werden. Wo und wie lässt sich dieser Euro verdienen? Der Unternehmer weiß: indem ich meinen Kunden das, was sie wünschen, besser, schneller und günstiger verschaffe als meine Mitbewerber. Und es besteht noch eine weitere wichtige Bedingung: Die Kosten dafür dürfen den Ertrag nicht übersteigen. Für Israel Kirzner ist diese Spanne – die Gewinnspanne – der entscheidende Hinweis auf die genutzten Wissenslücken.

Ein einfaches Beispiel illustriert dies:

> Die Einwohner eines Dorfes beobachten, dass einer von ihnen dem Metzger seine Schlachtabfälle abnimmt. Eine Woche später bietet er seinen Nachbarn Seife zu einem Preis an, der niedriger ist als die bisher importierte Ware. Die neugierigen Dorfbewohner beobachten ihn heimlich und stellen etwas angewidert fest, dass er die Seife aus den Schlachtabfällen erzeugt. Die Schildbürger zerfrisst sogleich der Neid. Die Schlachtabfälle bekommt er kostenlos, mit dem Verkauf der Seife muss er also einen ordentlichen Profit gemacht haben. Wenn sich mit ein wenig Kochen und Rühren so leicht Geld verdienen lässt, dann wollen wir die Nase zukneifen und es ebenso machen, schließen sie. Sie hängen ihre Berufe an den Nagel und malen sich aus, wie reich sie in kurzer Zeit sein werden. Doch indem sie ihr neues Wissen in ihr Handeln umset-

zen, ändert sich unausweichlich ihre Welt. Unangenehme Dynamiken setzen ein, vor denen sie trotz wütender Forderungen der Bürgermeister nicht schützen kann und möchte. Der Metzger stellt fest, dass seine Abfälle plötzlich begehrter sind als seine schönsten Steaks. Da er niemanden bevorzugen möchte und weil er auch eine Familie zu ernähren hat, gibt er die Abfälle an die Meistbietenden ab. Wenn diese nicht ausreichen, müssen leider auch die guten Steaks durch den Fleischwolf. Verärgert stellen nun die Schildbürger fest, dass die Rohstoffe zur Seifenproduktion erheblich teurer geworden sind. Doch beim Verkauf der Seifen, so meinen sie, sollte noch immer ein Gewinn abfallen. Nun drängen alle mit ihren Seifen auf den Dorfmarkt und stellen ernüchtert fest: Das Angebot ist viel größer als die Nachfrage. Sie haben nun die Wahl, entweder auf ihren Seifen sitzen zu bleiben oder die Preise zu senken. Einer beginnt schon entnervt seine Seifen zu verschenken, weil ihn die letztlich sinnlosen Stunden am Marktplatz langweilen.

Fazit: Sobald etwas alle wissen und auf dieser Grundlage ihr Handeln ändern, gibt es keine Profite mehr. Der Grund liegt eben in der Wertzurechnung. Die Zahlungsbereitschaft der Kunden übersetzt sich in die Preise der dazu nötigen Produktionsmittel. Der Profit des ersten Seifensieders liegt genau darin begründet, dass er vor allen anderen sah, dass sich aus etwas (noch) Wertlosem etwas Wertvolles machen lässt. Daher kann man erfolgreiches Unternehmertum als eine alchemistische Gabe betrachten: Sie macht Blei zu Gold. Israel Kirzner argumentiert, dass der Unternehmergewinn eigentlich eine Art Finderlohn sei. Hohe Profitspannen bauen sich dabei nahezu von selbst mit der Zeit ab. Je höher der Finderlohn, desto mehr beteiligen sich an der Suche. Der erfolgreiche Unternehmer erkennt, wie sich etwas, das für seine Mitmenschen wertvoll ist, aus etwas schaffen lässt, das ihnen weniger bedeutet. Dabei muss es sich um keine physische Umwandlung handeln, denn Güter sind letztlich stets geistiger Natur.

Unternehmergewinn = Finderlohn

So erklärt Kirzner auch die Bedeutung des Händlers, der einer der unbeliebtesten Unternehmertypen ist. Der Händler, so denken die meisten, schaffe selbst nichts Neues, sondern kaufe bloß billig ein, um teurer zu verkaufen. Doch genau dann, wenn sich eine solche Spanne erzielen lässt, ist sie ein Hinweis auf eine Wissenslücke, die durch das unternehmerische Handeln vermindert wird. Wissen ist eben verstreut – oft im buchstäblichen Sinne einer räumlichen Streuung – und nicht überall gleich.

Ein Beispiel für räumlich verstreutes Wissen wäre etwa der Umstand, dass ein Produkt an einem Ort das Doppelte dessen kostet, wofür es an einem anderen Ort erhältlich ist. Das mag an Transportproblemen liegen, doch oft hat es seinen Grund bloß darin, dass noch niemand die Spanne als Gelegenheit erkannt hat. Ein Unternehmer, der diese Gelegenheit ausnützen will, würde nun an dem einen Ort billig einkaufen und an dem anderen Ort teuer verkaufen. Dadurch steigen die Nachfrage an ersterem Ort und das Angebot an letzterem Ort. Die Folge ist hier ein steigender Preis und dort ein sinkender, was den Preisunterschied verkleinert. Je mehr Unternehmer diesem Beispiel folgen, desto schneller und stärker nimmt der Unterschied ab – bis er gänzlich verschwunden ist (abgesehen von den dafür nötigen Kosten). Damit verschwindet schließlich auch die Profitmöglichkeit. Handel hat also auch die Funktion, Wissensunterschiede, das heißt Fehler und Unwissen, zu entdecken und auszugleichen. Diese Facette des Unternehmertums bezeichnet man als Arbitrage. Dies ist der Ausdruck für das Ausnützen von Preisunterschieden.

Arbitrage

Öfter als es Menschen gelingt, solche Lücken zu entdecken, liegen und greifen sie jedoch daneben. Wir können dabei zwei Arten von Fehlern unterscheiden: Der Fehler der verpassten Gelegenheit bezeichnet das Problem des Überpessimismus. Dabei werden Möglichkeiten nicht ergriffen, weil der erwartete Erfolg als zu unwahrscheinlich oder zu gering bewertet wird. Bei der zweiten Art handelt es sich um den Fehler der falschen Entdeckung. Dazu kommt es aufgrund von Überoptimismus. Die vermeintliche Möglichkeit stellt sich nachher als Irrtum heraus. Unsere Schildbürger waren zuvor zu pessimistisch, um selbst etwas Neues auszuprobieren, und dann allzu optimistisch in ihrem Glauben, dass das, was gestern funktioniert hat, auch heute noch funktioniert. Letztere Art von Fehler ist allerdings weniger schlimm als erstere, denn man lernt eher eine Lektion daraus. Aus Gelegenheiten, die man gar

Fehler

nicht erst ergriffen hat, lässt sich nämlich nichts lernen. In diesem Sinn ist das Unternehmertum eng mit dem Scheitern verbunden und schafft dadurch neues Wissen – das »erfolgreiche« Vermeiden des Scheiterns hingegen nicht. Der unternehmerische Erfolg kann daher gefährlich sein, indem er zur Bequemlichkeit führt. Das ist der Grund, warum sich die Zusammensetzung der Liste der erfolgreichsten Unternehmen mit rasanter Geschwindigkeit ändert. Der einstige Platzhirsch verschläft die Veränderungen und geht unter, während das unbekannte, junge Unternehmen plötzlich an die Spitze gelangt.

Im menschlichen Handeln ist der Fehler allgegenwärtig. Die Folge davon ist, dass der fiktive Zustand vollkommenen Gleichgewichts nie erreicht werden kann. Für Kirzner bedeutet »Ungleichgewicht eine Situation, in der nicht alle Pläne ausgeführt werden können«. Es bestehe allerdings eine Tendenz zum Gleichgewicht im Zuge eines Prozesses spontaner Entdeckung der Pläne anderer Marktteilnehmer. Das sei der Marktprozess; die Entdeckungen zeichnen den Unternehmer aus. Kirzner meint, diese seien selten das Ergebnis bewusster, geplanter Suche. Es handle sich vielmehr um das überraschende Entdecken von etwas, das man bisher übersehen hatte. Dazu ist jene besondere Aufmerksamkeit nötig, die Kirzner Wachsamkeit nennt.

Diese Aufmerksamkeit kann man nicht erwerben und auch nur in beschränktem Maße lernen. Der Versuch, sie zu erwerben oder zu erlernen, setzt ja schon selbst jene Aufmerksamkeit voraus. Darum ist die Unternehmerfunktion auch kein Job, für den man Stellenangebote inserieren kann. Viel mehr Bedeutung als die Idee an sich hat der Kontext einer Idee. Wenn sich jemand scheinbar eine »Idee« kauft und mit dieser dann viel Geld verdient, lag die eigentliche unternehmerische Idee darin, im Gegensatz zu den Mitbewerbern zu erkennen, dass es sich auszahlt, in diese »Idee« zu investieren. Eine ähnliche Betonung haben wir schon in der Kapitaltheorie kennengelernt: In der Wirtschaft zählt der Kontext, nicht die offensichtlichen, messbaren und quantifizierbaren Eigenschaften einer Sache, die von diesem Kontext losgelöst betrachtet wird.

Ungewissheit und Verantwortung

Der wesentlichste Aspekt des Unternehmertums findet die klarste Formulierung bei Ludwig von Mises selbst. Er betont die Ungewissheit im Handeln. Hayek und Kirzner, die sich in ihren Unternehmertheorien vor allem auf die Preisspannen konzentrieren, führen von diesem zentralen Aspekt weg und damit letztlich etwas in die Irre. Denn Preise beziehen sich stets auf *vergangene* Tauschakte. Das für das Wirtschaften zentrale Wissen bezieht sich aber auf die Zukunft. Eine heute bestehende Preisspanne kann morgen schon verschwunden sein – ohne dass andere Unternehmer schneller waren. Die potenziellen Kunden ändern sich ebenso wie die materiellen Rahmenbedingungen der Produktion. Vielleicht nimmt plötzlich die Nachfrage nach einem Produktionsfaktor zu, weil jemand entdeckt hat, dass er auch in einer vollkommen anderen Industrie nützlich ist. Unternehmertum bedeutet daher alles andere als ein einfaches Ausnützen von Preisspannen. Vorhersagen sind stets ungewiss, vor allem, wenn sie sich auf die Zukunft beziehen, heißt es so schön ironisch.

Ludwig von Mises stellt die Ungewissheit im Handeln deshalb heraus, weil es gerade diese Ungewissheit ist, die das Unternehmertum auf den Plan ruft und erfordert. Zwar hat das Unternehmertum auch in dieser Betrachtungsweise etwas mit Wissen zu tun; vielmehr noch hat es aber zu tun mit dem allgemeinen Unwissen. Weil niemand wissen kann, was die Zukunft bringt, schon gar nicht die Ökonomen, erfordert die Gegenwart unbequeme Entscheidungen. Der Entschluss für einen Handlungsweg unter vielen möglichen ist deshalb unbequem, weil er sich im Nachhinein als falsch herausstellen kann. Doch wir können auf das Entscheiden nicht verzichten, denn auch das wäre eine Entscheidung. In diesem Sinn sind alle Menschen Unternehmer; unser aller Handeln ist eine Folge von Wagnissen. Jeder von uns bemüht sich mehr oder weniger erfolgreich, die Folgen seines Handelns richtig abzuschätzen.

Unbequeme Entscheidungen

Weil das Entscheiden so unbequem ist, versuchen die meisten Menschen, ihre Wagnisse zu verringern. Lieber folgen sie den vermeintlich sicheren Wegen: dass alles auch morgen so sein wird, wie es heute war. Sie halten sich bei ihren Entscheidungen an das Übliche und scheinbar Bewährte. Selbstverständlich wäre es auch Unfug, stets das Ungewöhnliche, das sich noch nicht bewähren konnte, auszuwählen. Doch um unsere Welt zu verbessern und Großes zu schaffen, ist das Eingehen größerer Wagnisse nötig. Nicht alle Menschen sind dazu bereit und in der Lage, die unvermeidliche Ungewissheit in gleichem Ausmaß zu tragen. Dies weist den Unternehmern im engeren Sinn eine Sonderstellung zu: Es handelt sich dabei um diejenigen, die Eigenes aufs Spiel setzen, um Neues auszuprobieren. Darum spielt bei Mises im Gegensatz zu Kirzner der Unternehmer ohne Kapital kaum eine Rolle. Mises deutet an, dass es sich bei einem solchen doch bloß um den Besserwisser handeln könnte, für den jemand anderer das Wagnis eingeht.

Heute neigen wir dazu, die Ideen stärker zu gewichten als das Kapital. Geld kommt aus dem Bankautomaten, geniale Ideen aber erfordern Genie – so denken wir. Das Problem besteht jedoch, dass man nur im Nachhinein weiß, welche Idee genial ist und welche nicht. Nachher wissen es dann alle besser; zuvor erscheinen gerade jene Ideen, die eine Zeit besonders nötig hat, als Verrücktheiten, und diejenigen Ideen, denen kein Erfolg beschieden sein wird, als besonders gut durchdacht. Eben aufgrund dieser Ungewissheit geht es letztlich darum, ob eine bestimmte Idee überhaupt umgesetzt werden kann oder nicht. Kapital, im Sinne richtig angeordneter Wagnisse, ist stets knapper als potenzielle Ideen. Freilich, die großen, weltverändernden Ideen sind selten, doch zu erkennen geben sie sich erst dann, wenn es zu spät ist, als Innovator anzutreten, und man nur noch Mitläufer sein kann.

Ideen

Den Unternehmer im engeren Sinn sieht Mises als die Hebamme der Veränderung. Seine Rolle besteht darin, auf eine mögliche Zukunft zu setzen und in der Gegenwart knappe Güter für das Eintreten dieser Zukunft aufzuwenden. Wenn er falschliegt, was die Regel ist, dann hat er diese Güter verschwendet. Da man seriöserweise nur diejenigen Unternehmer nennen sollte, die Eigenes aufs Spiel gesetzt haben, müssen die Unternehmer, falls sie scheitern, den Verlust auch selbst tragen. In der Tat ist die Verschwendung von Ressourcen, Arbeit, Energie, Ideen in einer Welt, die von Knappheiten geprägt ist, gar kein geringes Vergehen. Liegen die Unternehmer jedoch richtig mit ihrer Einschätzung der Zukunft, dann können sie sich über jene Preisspannen freuen, die Kirzner beschreibt. Wer die zukünftigen Kundenwünsche richtig vorhersieht und die ihm zur Verfügung stehenden Ressourcen richtig einsetzt, während die anderen Menschen diese Wünsche gar nicht bemerken oder sich nicht trauen, sie zu erfüllen, der kann die nötigen Produktionsfaktoren zu Preisen einkaufen, die niedriger sind, als es der zukünftigen Bewertung durch die Konsumenten entspricht.

Ist der Unternehmer im engeren Sinn also tatsächlich durch sein Profitstreben gekennzeichnet? Der Zugang der Österreichischen Schule sieht dies nicht als notwendige Bedingung. Doch sind diese Ökonomen nüchtern genug, davon auszugehen, dass der Mehrertrag viele motiviert. Sie würdigen die Koordinationsfunktion, die durch Gewinn und Verlust ermöglicht wird. Die »Österreicher« gehen davon aus, dass jene Unternehmungen, die Verluste machen, nach und nach verschwinden werden. Den Grund dafür bilden die Präferenzen der Konsumenten, die durch ihre Entscheidungen ausdrücken, dass sie das, was das Unternehmen hervorbringt, niedriger bewerten als das, was das Unternehmen dafür aufbraucht. Profite hingegen erlauben es den Unternehmen, die besonders gut dabei sind, die Zukunft zu erahnen, zusätzliche Investitionen zu tätigen und dadurch den von den Konsumenten gewünschten Veränderungen noch rascher zum Durchbruch zu verhelfen.

Kann man also auch dann von einem Unternehmer sprechen, wenn dieser gar nicht das Ziel hat, Profit zu machen? Diese Frage geht schon ein wenig an der Realität vorbei, denn auf Profit lässt sich ohnehin nicht abzielen. Wer die Ungewissheit durch die Übernahme von Verantwortung bereits am eigenen Leib gespürt hat, der weiß, dass der Erfolg allenfalls eine Folge richtiger Entscheidungen ist, man sich aber nicht schlicht »für den Erfolg« entscheiden kann. Es ist interessant, dass diejenigen, die vorwiegend durch die Aussicht getrieben werden, hohe Profite zu machen, in der Regel zu den erfolgloseren Unternehmern gehören. Wer ein Unternehmen erfolgreich aufbauen will, muss sich an etwas ganz anderem orientieren: an den Wünschen der Kunden, an einem Übel, das man aus der Welt schaffen will, an einer realen Verbesserung unserer Lebensbedingungen. Gier hingegen ist der beste Weg, ein Unternehmen zu ruinieren.

Ein Unternehmen wollen wir in der Tradition der Österreichischen Schule eben als eine dynamische Kapitalstruktur verstehen. Für den Aufbau einer solchen Struktur sind ganz im Gegensatz zur Gier wirkliche Tugenden nötig: Mäßigung – die Bereitschaft, in der Gegenwart für eine ungewisse Zukunft auf etwas zu verzichten. Mut – die Bereitschaft, Knappes und Eigenes aufs Spiel zu setzen. Klugheit – die Fähigkeit, den Überblick zu bewahren und die laufend erforderlichen Entscheidungen zu treffen. Wieder macht sich der theoretische Zugang einer gewissen Idealisierung verdächtig. Friedrich von Hayek antwortete auf diesen Vorwurf: »Bevor wir erklären können, wie der Marktprozess schiefgehen kann, müssen wir erst erklären, wie er überhaupt jemals funktionieren kann.«

Unternehmen als dynamische Kapitalstruktur

In der Tat ist die historische Realität oft düster, führt aber genau deshalb jene vollkommen in die Irre, die kein solides theoretisches Verständnis aufweisen. Die Ökonomen der Österreichischen Schule widmeten sich zunächst mehr dem Studium der ökonomischen Theorie als dem Studium der Geschichte, weil sie in einer Zeit lebten, in der die Ideologen insbesondere mittels wirrer Interpretationen der Geschichte die Menschen zu manipulieren versuchten. Die Geschichte ist ein so reicher und verworrener Fundus, dass sich jeder heraussuchen kann, was ihm gefällt. Dabei liefen die »Österreicher« natürlich etwas Gefahr, die Geschichte ganz aus dem Auge zu verlieren. Schon allein die Geschichte der Wörter, die wir verwenden, erklärt viel von den Vorbehalten, die den »Österreichern« entgegengebracht wurden und werden. Die frühen Vertreter der Österreichischen Schule hielten die Vorbehalte ihrer Zeit gegenüber Markt und Wirtschaft für die Vorurteile von Menschen, die zur Theorie – zur nüchternen Anschauung – nicht fähig sind und sich überdies in Zorn und Eifer verlieren. Die späteren Vertreter erkannten dann das mögliche Versäumnis ihrer Gründerväter und widmeten sich mit besonderer Aufmerksamkeit Fragen der Geschichte, Psychologie und Philosophie. Es war ebenfalls Hayek, der mahnte: Einen guten Ökonomen erkenne man daran, dass er nicht bloß Ökonom ist.

Die Figur des Unternehmers erscheint in der Geschichte als eine besonders problematische. Hier ist nicht der Platz, diese historische Komponente ausführlich zu schildern. Einige Andeutungen nur können hier und in späteren Kapiteln Platz finden. Eine interessante Beobachtung aus der Unternehmergeschichte ist, dass der Begriff des Unternehmers gerade dann auftauchte, als die Anzahl der Selbstständigen abzunehmen begann. Wir wollen hier noch der Österreichischen Schule darin folgen, den Begriff des Unternehmers nach der damit verbundenen ökonomischen Funktion zu deuten und nicht nach der historischen Bedeutung des Begriffs. Mit diesem Problem sieht sich jede Wissenschaft konfrontiert: Verwendet sie Begriffe, die jedermann versteht, erwirbt sie auch die damit verbundenen Assoziationen. Prägt sie hingegen neue und exakte Begriffe, so versteht sie niemand mehr. Manchmal mag es da schon besser erscheinen, gar nicht verstanden als missverstanden zu werden.

Der Unternehmer

Wiederholen wir die Bedeutung, die der Begriff hier für uns haben soll: Unternehmer im weiteren Sinn sind im Grunde alle Menschen, da alle Menschen Entscheidungen unter Bedingungen der Ungewissheit zu treffen haben. Unternehmer im engeren Sinn sind hingegen bloß diejenigen, die ein besonders großes Maß der Ungewissheit auf ihren Schultern tragen, weil sie in der Gegenwart für eine mögliche Zukunft in einem Ausmaß einstehen, für das andere nicht den Mut aufbringen. Ludwig von Mises dachte dabei nur an die Entscheidung, in der Gegenwart knappe Produktionsmittel zu kaufen oder zu mieten. Man kann und darf diesen Unternehmerbegriff aber durchaus etwas breiter fassen – wodurch aber natürlich auch die Abgrenzung diffuser wird. Wer heute seinen guten Ruf aufs Spiel setzt, um seine Mitmenschen zu warnen, handelt ebenfalls in gewisser Hinsicht unternehmerisch. Er kann sich freilich auch als Spinner herausstellen. Leider kann man im Vorhinein den Spinner nicht vom Propheten unterscheiden.

Auch den heute ersehnten »Sozialunternehmer« lässt der Zugang der Österreichischen Schule zu; doch muss sich dieser derselben nüchternen Betrachtung stellen. Es ist wenig wahrscheinlich, dass ein Unternehmer, der in der Zukunft wirklich Großes zu schaffen vermag, in der Gegenwart auf besonders viel Beifall stößt. Große Versprechungen, die unter dem Deckmantel der Moral daherkommen, sind ein eher schlechtes Zeichen. Gute Absichten garantieren noch lange keine guten Ergebnisse. Das ist eben auch eine Folge der Ungewissheit in unserer wunderbar komplexen Welt. Jene, die besonders viel Aufhebens um ihre guten Absichten machen, neigen unter Umständen zur Selbstüberschätzung oder Täuschung. Da man Profite nicht anstreben kann, hat es auch keinen Sinn, es anzustreben, keine Profite zu machen. Die einzigen Profite, die ein Unternehmer allein kraft seiner Entscheidung hervorbringen kann, sind die Schein-Profite aus einem Abbau der Kapitalstruktur.

Heute ist der Unternehmer im engeren Sinn bereits eine Seltenheit. Ludwig von Mises warnte davor, dass in seiner Zeit der Unternehmer vom »Betriebsführer« abgelöst würde. Betriebsführer befolgen äußere Vorgaben und verwalten brav einen bestehenden Betrieb. Wenn man den Unternehmern die Freiräume für Entscheidungen nimmt, dann soll man sie nicht mehr Unternehmer nennen – denn ihnen bleibt dann nichts mehr zu unternehmen. Heute gelten eher Manager als die großen Entscheider, die Superstars der Wirtschaft. Das ist eine Folge des Aufkommens von Großkonzernen und der Verwässerung der Eigentümerstruktur hin zu anonymen Aktiengesellschaften. Der Österreicher Peter Drucker, der wie viele andere nach seiner erzwungenen Emigration in die USA zu Ruhm gelangte, beschreibt den Unterschied zum Unternehmertum so: »Management bedeutet, die Dinge richtig zu machen, Führung bedeutet, die richtigen Dinge zu machen.« Wenn diese Führungsfunktion in den grundlegenden Entscheidungen nicht mehr von den Eigentümern eines Unternehmens selbst ausgefüllt wird, macht sich das Management selbstständig und tritt an die Stelle der Unternehmer. Doch im Gegensatz zu diesen tragen Manager nicht das Verlustrisiko. So kann es zu Zielkonflikten kommen: Manager verfolgen eine eigene kurzfristigere Agenda, die nicht im langfristigen Interesse des Unternehmens liegt.

Verantwortung

Die zentrale Frage der »österreichischen« Ökonomen an ein Unternehmen ist: Wer trägt die Verantwortung? Die Betonung des Tragens von Ungewissheit ist letztlich eine Würdigung der Rolle der Verantwortung in der Wirtschaft. Viele Missstände unserer wirtschaftlichen Realität sind auf die unsaubere Zurechnung von Verantwortung zurückzuführen. Der klassische Fall ist die Vergesellschaftung der Verluste, während die Profite den Entscheidern bleiben.

Solche »Entscheider«, die nicht die vollen Kosten ihrer Entscheidungen zu tragen haben, sind keine Unternehmer im »österreichischen« Sinne. Sie erweisen sich zwar als besonders risikofreudig. Doch darin liegt nicht die Essenz des Unternehmertums, wie viele glauben. Erfolgreiche Unternehmer sind alles andere als übermütig; meist sind sie sogar extrem vorsichtig – eben weil sie Eigenes aufs Spiel setzen. Vorsicht und Mut widersprechen sich nicht. Zwar spielen in einer Welt voll Ungewissheit der Zufall und damit das Glück eine große Rolle, doch sind Unternehmer keine Glücksspieler. Das Glücksspiel bedeutet einen garantierten Verlust für die Gesamtheit der Spieler und einen garantierten Gewinn für die Spielbank. Anspruch und Ansporn des Unternehmers, Werte zu schaffen – also für die ungewissen Ziele in einer überraschenden Zukunft taugliche Mittel zur Verfügung zu stellen –, sind dagegen etwas ganz anderes. Ohne so verstandenes Unternehmertum gäbe es keinen Fortschritt, nicht einmal Stagnation. Denn in einer veränderlichen Welt muss auch derjenige, der etwas bewahren will, vieles anders machen.

Geld

Indirekter Tausch

Während sich im modernen Wirtschaftsleben alles ums Geld zu drehen scheint, neigen »österreichische« Ökonomen dazu, dieses wundersame Phänomen erst möglichst spät anzusprechen. Dieser Tradition folge ich gerne. Denn wird das Geld an den Beginn der Überlegungen gestellt, verstellt es den Blick auf den eigentlichen Hintergrund allen Wirtschaftsgeschehens: das menschliche Handeln. Geld löst in der Regel seltsame Assoziationen und psychische Reflexe aus, sodass viele Menschen Schwierigkeiten haben, damit angemessen umzugehen. Hinzu kommt, dass unser heutiges Geldwesen schwer erkrankt ist und der gesamte Wirtschaftsorganismus daran fiebert. So drängt sich heute immer mehr Menschen die Vermutung auf, dass eine Welt ohne Geld womöglich eine bessere wäre. Doch damit tun sie dem Geld Unrecht.

Die Ökonomen der Österreichischen Schule ziehen nicht das Geld heran, um die Ökonomie zu erklären, sondern wollen vielmehr unter Zuhilfenahme der ökonomischen Theorie das Geld erklären. Angesichts der Rauschwirkung, die es hat, scheint es sich beim Geld um eines der rätselhaftesten Dinge überhaupt zu handeln. Zunächst stellt sich die Frage: Wie kommt das Geld in die Welt? Wer hat es sich ausgedacht, wer hat es eingeführt, wer hat unsere Vorfahren dazu genötigt, es zu verwenden und ihm nachzulaufen?

Als die Österreichische Schule aufkam, dominierte im deutschsprachigen Raum die Ansicht der Historischen Schule, dass Geld ein Geschöpf des Staates sei. Als einfache Antwort auf die obigen Fragen galt: Geld sei das, was der Staat dazu bestimmt. Es habe den Wert, den der Staat festsetzt. Carl Menger konnte über diese Ansicht nur ungläubig den Kopf schütteln. Er war an Ethnologie stets sehr interessiert und wusste daher, wie viele der unterschiedlichsten Güter bereits als Geld Gebrauch fanden.

Gebrauchswert und Tauschwert

Von den berühmten Kaurimuscheln über gepressten Tee bis hin zu getrockneten Tigerzungen übernahmen die seltsamsten Dinge die Geldfunktion. Eben diese Funktion gilt es zu verstehen, bevor man das aktuelle Geldwesen analysieren kann. Der aufmerksame Beobachter stellt fest, dass Menschen immer wieder Güter nachfragen, die nicht direkt für ihren eigenen Konsum gedacht sind, aber auch keine Produktionsmittel darstellen. Diese Güter weisen für die Menschen zusätzlich zu ihrem Gebrauchswert noch einen Tauschwert auf. Sogar Dinge, die für einen Menschen überhaupt keinen Gebrauchswert haben, können für ihn einen Tauschwert besitzen.

Erinnern wir uns an den Tausch zwischen Menschen. Dieser ist keineswegs selbstverständlich. So vieles hat zusammenzupassen, damit es überhaupt zum Tausch kommt. Nicht nur das nötige Grundvertrauen muss gegeben sein. Die Tauschenden müssen auch gegenläufige Präferenzen aufweisen. Das bedeutet: Der eine bewertet jeweils das, was der andere anzubieten hat, höher als jenes, was dieser dafür haben möchte – und das auch noch zum geeigneten Zeitpunkt. In einer Gesellschaft, in der nur Naturaltausch stattfindet oder stattfinden kann, kommt es demnach relativ selten zum Tausch. Naturaltausch nennen die Ökonomen den direkten Tausch von Gütern, die jeweils für das Gegenüber aufgrund ihres Gebrauchswertes von Interesse sind. Als indirekten Tausch hingegen bezeichnet man jenen Tausch, der den Umweg über Tauschmittel nimmt: Das sind Güter, die nachgefragt werden, weil sie sich selbst wiederum eintauschen lassen.

Jener Robinson aus unserem Beispiel, der Lust auf Kokosnüsse hat, muss nicht nur einen Tauschpartner finden, der über Kokosnüsse verfügt, sondern noch dazu einen, der im geeigneten Moment selbst Fisch lieber hätte. Wenn Freitag keinen Fisch möchte, hat Robinson ein Problem. In einer größeren Gesellschaft gibt es die Möglichkeit, über einen Umweg – also indirekt – mit Freitag zu tauschen. Robinson müsste jemanden finden, der gerne Fisch haben möchte und dafür etwas anbieten kann, das wiederum für Freitag von Nutzen ist. Auf Englisch spricht man von der *coincidence of wants*: dem Zusammentreffen von Bedürfnissen. Die Koordination der unterschiedlichen Wünsche und Angebote ist unter solchen Bedingungen relativ mühsam.

Marktgängige Güter

Aufgrund derartiger Erfahrungen entdeckten Gesellschaften in aller Welt zu den unterschiedlichsten Zeitpunkten immer wieder die Abkürzung, sich beim Tauschen auf bestimmte Güter zu konzentrieren. Nach und nach stellten sie nämlich fest, dass es bestimmte Güter gibt, die eine höhere Marktgängigkeit als andere aufweisen. So nennt man die Einfachheit, mit der sie sich eintauschen lassen. Bei diesen Gütern muss es sich keineswegs um solche handeln, die für die Mehrheit der Menschen einen hohen Gebrauchswert besitzen. So setzten sich in modernen Gesellschaften nach Kriegen und in Gefängnissen oft Zigaretten als marktgängigste Güter durch, obwohl nicht alle rauchen. Plötzlich beginnen dann auch Nichtraucher Zigaretten nachzufragen. Carl Menger erkannte, dass bestimmte Eigenschaften darüber bestimmen, welche Güter sich auf diesem Weg durchsetzen. Es handelt sich um Eigenschaften, die für die Tauschfunktion besonders hilfreich sind:

1. Transportierbarkeit: Nicht alle Güter lassen sich leicht bewegen. Manche sind zu klobig und schwer, andere sind zu zerbrechlich oder erfordern besondere Gefäße. Vieh hat den Vorteil, leicht transportierbar zu sein (es läuft von selbst), darum übernahm es in vielen Gesellschaften auch die Geldfunktion. Das lateinische Wort für Geld, *pecunia*, leitet sich von *pecus* ab, was Vieh bedeutet. Die indische Rupie ist nach *rupa*, dem Wort für Viehherde, benannt.

2. Teilbarkeit: Das Vieh als Tauschmittel hat jedoch einen großen Nachteil, der dazu führte, dass schließlich andere Güter als Geld vorgezo-

gen wurden: Vieh lässt sich nicht aufteilen, ohne es schlachten zu müssen. Erst die Teilbarkeit erlaubt es aber, unterschiedliche Preise bezahlen zu können, wodurch sich die Menge an Gelegenheiten, in denen es zu Tausch kommen kann, erheblich ausweitet.

3. Haltbarkeit: Teilbare Dinge haben oft das Problem, nicht allzu lange haltbar zu sein. Ohne Kühlschrank sollte man das Kleingeld aus Lammkeulen und Ochsenschwänzen also möglichst schnell loswerden. Mit einem derartigen Geld wäre nur ein zeitnaher Tausch möglich, wodurch erst recht viele Tauschakte unterbleiben müssen.

4. Kaufkraft: Hat man endlich haltbare Güter entdeckt, die hinreichend kleinteilig sind, stellt man fest, dass nun wieder der Transport größere Probleme bereitet. Kaufkraft bezeichnet die Höhe des Tauschwertes im Vergleich zur nötigen Menge. Der Gänsehüter freut sich über die allseits beliebten, sehr haltbaren und hinreichend kleinteiligen Daunenfedern, bis er feststellt, dass seine »Geldbörse« die Größe eines Hauses haben müsste. Denn die einzelne Feder hat einen zu geringen Wert.

5. Einheitlichkeit: Ist das als Tauschmittel verwendete Gut nicht hinreichend einheitlich, kommt es laufend zu Konflikten. Da freut sich der eine, einen guten Preis von fünf Schafen für seinen Fischfang verhandelt zu haben, bis er feststellt, dass er in altersschwachen Böcken und nicht in zarten Lämmern ausbezahlt wird. Da die wenigsten Güter hinreichend einheitlich sind, muss man dann erst recht wieder lange aushandeln, welche konkreten Güter getauscht werden sollen – sodass man schließlich wieder beim Naturaltausch angelangt ist. Dabei sollte der indirekte Tausch doch einen Maßstab und eine bessere Vergleichbarkeit der Güter erlauben.

Stets sind es nur wenige Güter, die sich in jeder Hinsicht für den Einsatz als allgemein akzeptierte Tauschmittel eignen. Und nur jene Güter sind es auch, die der ökonomischen Definition von Geld entsprechen. Dabei können durchaus mehrere Gelder nebeneinander Gebrauch finden. Weil sich nur wenige Güter besonders gut eignen, erklärt dies, warum man im Laufe der Geschichte trotz der großen Vielfalt an benutzten Tauschmitteln eine erstaunliche Konvergenz beobachten kann. Immer wieder setzten sich

Edelmetalle durch, insbesondere Gold und Silber, sobald die technischen Fertigkeiten deren Gewinnung und Prägung erlaubten.

Die Vorgeschichte des Geldes

Obwohl Geld ein Gut ist, das vor allem deshalb nachgefragt wird, um es gegen andere Güter einzutauschen, muss dieses Gut trotzdem auch einen Gebrauchswert aufweisen. Es muss zumindest früher einmal eine reguläre Ware gewesen sein. Ansonsten hätten es die ersten Tauschpartner nicht im Tausch gegen andere Güter akzeptiert. In der Tat lässt sich auch an unserem heutigen Geld eine solche Vorgeschichte erkennen; die meisten Währungsbezeichnungen deuten darauf hin. Das Pfund ist offensichtlich ein Gewichtsmaß. Auch die Mark war eine alte Gewichtseinheit für Münzen, die sich davon ableitet, dass man ein bestimmtes Münzgewicht mit einer Marke versah. Die Wörter Taler und Dollar leiten sich ab vom böhmischen Joachimsthal, wo Silber gefördert wurde. Schilling kommt von Solidus, ebenfalls eine alte Silbermünze beziehungsweise später in Österreich ein Zählmaß für je 30 Stück. Franke oder Franc bezeichnet die alte Goldmünze écu d'or mit einem Feingewicht von 6,85 Gramm. ECU war zunächst auch die Bezeichnung für die künstliche europäische Währungseinheit, die später durch die Wortschöpfung Euro ersetzt wurde.

Es war Ludwig von Mises, der schließlich die Frage beantwortete, warum unser Geld den Wert hat, den wir ihm beimessen. Freilich, wenn man einen heutigen Österreicher fragt, woher der Euro seinen Wert hat, werden alle, außer den ganz Jungen, antworten, dass dieser eben damals behördlich als 13,7603 Schilling definiert wurde. Doch woher hatte der Schilling seinen Wert? Auf diese Frage sind wir geneigt zu antworten: Er war eben wertvoll in dem Ausmaß, in dem wir Waren für ihn bekommen haben. Doch warum haben wir Waren in einem bestimmten Ausmaß für ihn bekommen? Weil der Schilling für unsere Tauschpartner eben diesen bestimmten Wert hatte. Man sieht deutlich, dass man sich nun im Kreis dreht. Diesen Zirkelschluss, das Geld über den Wert der Waren und den Wert der Waren über das Geld zu erklären, löste Mises dadurch auf, indem er das so genannte *Regressionstheorem* einführte. Um zu verstehen, wie es zu einer bestimmten Wertbeimessung kommt, so Mises, müssen wir Stück für Stück in der Geschichte zurückschreiten (»Regression«). Allzu lange haben wir diese Kette in die Vergangenheit gar nicht zu verfolgen, um auf Silber- und Goldmünzen zu stoßen. Doch woher hatten diese ihren Wert? Weil es Menschen gab, für die Silber und Gold an sich wertvoll waren – eben als Güter tauglich, ihnen zu helfen, ihre jeweiligen Ziele zu erreichen.

Regressionstheorem

Diese Nachfrage nach Gütern aufgrund ihres direkten Gebrauchswertes nennen Ökonomen etwas irreführend industrielle Nachfrage. Auch heute noch gibt es eine solche industrielle Nachfrage nach Edelmetallen: Metalle mit herausragenden physikalischen Eigenschaften, die sie als Rohstoffe begehrt machen. Sowohl Gold wie Silber sind gut zu bearbeiten, haben einen bezaubernden Glanz und sind auch überaus beständig, also bestens geeignet für die Schmuckproduktion. Zudem weist Silber eine faszinierende antibakterielle Wirkung auf, die unter anderem auch seine Verwendung für edles Besteck erklärt. Gold verfügt über außergewöhnliche Leitfähigkeit und Korrosionsbeständigkeit.

Ökonomisch betrachtet besitzen freilich auch Gold und Silber nur jenen Wert, den ihnen Menschen beimessen. Da sich die Präferenzen und Möglichkeiten ändern, schwankt auch die industrielle Nachfrage nach Edelmetallen dementsprechend. Davon zu unterscheiden ist die Nachfrage als Tauschmittel, welche die Ökonomen monetäre Nachfrage nennen. Auch diese Nachfrage währt nicht ewig. Die Eigenschaften, die über die Tauglichkeit als Tauschmittel entscheiden, hängen vom Wissenstand der Menschen ab. Die Kaufkraft wird zudem auch bedingt von den Bewertungen im Vergleich zu anderen Gütern – und damit auch von ihrer relativen Knappheit. Wächst das Angebot eines dieser Metalle, kann dessen Kaufkraft so weit sinken, dass es als Tauschmittel unpraktisch wird. Dieses Schicksal widerfuhr Silber, als große Mengen aus der neuen Welt importiert wurden. In einem sol-

Demonetisierung

chen Fall kann es zu einer so genannten Demonetisierung kommen: Das jeweilige Gut verliert seine Eignung als Tauschmittel, und seine Nachfrage fällt auf die industrielle Komponente zurück. Tatsächlich ist die Geschichte der Verdrängung des Silbers zugunsten des Goldes jedoch viel komplizierter, weil zusätzlich politische und wirtschaftliche Interessen eine Rolle spielten. Leider ist hier nicht der Platz, diese komplexen Details zu schildern. Die Währungsgeschichte ist eines der spannendsten, aber auch dunkelsten Gebiete, in das gute Ökonomie viel Licht zu bringen vermag.

Geld als Wertspeicher und Maßstab

Zweifellos leistet Geld als allgemein anerkanntes Tauschmittel gute Dienste. Indem es die Anzahl der möglichen Tauschakte extrem erhöht, ermöglicht es eine höhere Arbeitsteilung und damit auch höheren Wohlstand. Zumal Tausch die kultivierte Alternative zu Raub und Totschlag darstellt, darf Geld auch als Friedensstifter betrachtet werden. Gutes Geld stellt überdies die einfachste Form der Wertaufbewahrung dar. Immer schon haben Menschen, denen zum Kapitalaufbau die Zeit und der Sinn fehlte, ihre Ersparnisse in Geld gebildet. Man mag darüber schmunzeln, wenn Großmütter ihre Sparstrümpfe und Kinder ihre Sparschweine füttern. Dabei ahnen die wenigsten, wie schwierig es heute ist, den Wert von Ersparnissen über die Zeit zu bewahren. In Sparstrümpfen und Sparschweinen ist das besser gelungen als in vielen Fonds. Wenn die heutigen Sparer wüssten, wie rasant ihre Ersparnisse an Wert verlieren, würden viele das Sparen wohl gänzlich sein lassen.

Die Möglichkeit der Wertaufbewahrung durch Geld ist eng mit seiner Eignung als Tauschmittel verbunden. Es ist ein moderner Irrtum, nur die Tauschfunktion zu beachten und die Werterhaltung zu übersehen. Gutes Geld zeichnet sich durch seine Haltbarkeit aus. Schlechtes Geld, das seinen Wert verliert, hetzt uns zum schnellen Tauschen. Dies wiederum bedeutet eine Einschränkung der potenziellen Tauschakte, während Geld doch ihre Ausweitung erlauben sollte. Gerade weil wir von gutem Geld auch in der Zukunft einen Tauschwert erwarten, ziehen wir es einer Bezahlung durch verderbliche Güter vor.

Werterhaltung

Geld, das seinen Wert behält, entspricht einer Batterie für menschliche Energie. Es ist ein Speicher, mit dem wir den Ertrag heutiger Arbeit in eine Form bringen können, von der wir dann zehren, wenn wir keine Lust, keine Kraft oder keine Möglichkeit zur Erwerbsarbeit mehr haben. Geld ermöglicht es, unsere Energie über die Zeit hinweg zu konservieren und an andere weiterzugeben, für entfernte Projekte zu nützen und gemeinsam mit anderen Menschen zu unterschiedlichen Zeitpunkten und an anderen Orten an einer größeren Sache zu wirken. Eine Wirtschaft ohne Arbeitsteilung und Wertspeicherung über das Medium Geld bedeutet eine große Verschwendung menschlichen Potenzials.

Darüber hinaus ist Geld auch ein Maßstab. Preise haben wir bereits kennengelernt als Tauschverhältnisse zwischen Gütern. Sobald sich ein Gut als bevorzugtes Tauschmittel durchsetzt, können wir Preise in einer Einheit ausdrücken. Erst dadurch werden die Tauschverhältnisse direkt vergleichbar. Geld erlaubt als einheitlicher Maßstab wirtschaftliche Kalkulation. Dies verhindert auch die Verschwendung knapper Ressourcen, wie Ludwig von Mises in seiner Analyse des Kalkulationsproblems zeigte. Mit Hilfe des Geldes können wir Alternativen direkt vergleichen und stets diejenige wählen, für die weniger wertvolle Ressourcen aufgewandt werden müssen. Natürlich ist der Preis nicht der einzige Maßstab. Doch bietet ein niedriger Preis eine gute Orientierung über den Mitteleinsatz für ein Produkt. Produkte, die einen hohen Energie-, Transport- und Rohstoffaufwand nach sich ziehen, sind meist teurer. Wenn wir heute über billige Güter schimpfen, die über weite Strecken transportiert werden, übersehen wir meist den immensen Energieaufwand, den eine lokale Produktion, etwa in beheizten Gewächshäusern, erfordern würde. Natürlich sagt uns die Ökonomie nicht, dass wir ausgerechnet Produkte, die ein wärmeres Klima erfordern, nachfragen müssen; das bleibt unsere Entscheidung.

Freilich bringt das Geld auch viele Probleme mit sich. Die Skepsis, mit der wir unserem Tauschmittel oft gegenüberstehen, ist also durchaus berechtigt. Das größte Problem ist ein psychologisches und äußert sich in einer Paradoxie: Eben weil Geld ein Mittel von so universeller Tauglichkeit darstellt, kann es unsere persönlichen Maßstäbe aus dem Lot bringen. Menschen neigen dazu, besonders taugliche Mittel nach und nach als Selbstzweck anzustreben. Eben weil sich so viele Ziele mit einem universellen Tauschmittel erreichen lassen, beginnen wir oft diese Mittel an die Stelle der Ziele zu setzen. Dann streben wir das Geld nicht mehr an, um es als Hilfsmittel einzusetzen, sondern verlieren den Bezug zu unseren Zielen: Wir neigen dazu, den Besitz von immer mehr Geld anzustreben und dies als das Ziel unserer Handlungen selbst anzusehen.

Geld als Vergleichsmaßstab

Geldhaltung

Eben weil uns das Anstreben von Geld um des Geldes willen zu Recht verdächtig ist, wird die Geldhaltung heute meist kritisch gesehen. Dabei wird verkannt, dass die Nachfrage nach Geld an sich, ohne eine bereits konkrete Tauschabsicht, durchaus ihre Berechtigung hat. Diese sogenannte Geldnachfrage ist eine Folge der Ungewissheit. Wenn wir heute schon genau wüssten, mit wem wir welche Güter zu welchem Zeitpunkt tauschen können und wollen, würden wir keine Geldhaltung benötigen. Dann würden wir stets nur jenes Geld nachfragen, das wir direkt und sofort wieder gegen Güter eintauschen. Eben weil wir für eine ungewisse Zukunft vorzusorgen haben, halten wir Bargeld.

Wenn die Ungewissheit zunimmt, nimmt auch die Geldnachfrage zu. Das bedeutet, dass die Menschen im Schnitt mehr Güter anbieten, um sie gegen Geld einzutauschen. Da Preise bloß Tauschverhältnisse sind, ist die Folge, dass die Geldpreise der Güter sinken: Es werden mehr Güter für weniger Geld geboten. Eine erhöhte Geldnachfrage führt also dazu, dass sich die Güter verbilligen – auch für diejenigen, die ihre Geldnachfrage nicht erhöhen. Anstatt sich darüber zu beklagen, dass einige unserer Mitmenschen Geld horten, sollten wir ihnen also eigentlich dankbar sein.

Zusätzliches Geld

Doch kann es dann nicht auch sein, dass in einer Gesellschaft zu wenig Geld vorhanden ist? Erhöhte Geldnachfrage führt dazu, dass die Geldpreise der Güter sinken. Das bedeutet aber auch, dass für zusätzliches Geld mehr Güter angeboten werden. Daher wird es für Geldproduzenten attraktiver, zusätzliches Geld anzubieten. Solche Geldproduzenten waren in der Vergangenheit die Schürfer und Schmiede, von denen sich später manche zu Münzprägern spezialisierten. Wenn das Angebot von zusätzlichem Geld nicht mit der Geldnachfrage Schritt hält, dann steigt eben die Kaufkraft des vorhandenen Geldes. Das bedeutet, dass man nach und nach zu geringeren Geldeinheiten übergehen wird. Gold bietet hier die besonders nützliche Eigenschaft, sich noch in extrem kleinen Mengen verarbeiten zu lassen – kleinste Goldstückchen lassen sich breit aushämmern. Natürlich ist es möglich, dass die Kaufkraft so weit steigt, dass die Münzen zu klein und dünn werden, um noch praktisch zu sein. Dann wäre eben eine Demonetisierung die Folge, und besser geeignete Güter würden die Stelle des bisherigen Geldes einnehmen. Eine Gesellschaft, in der dies der Fall wäre, würde aber vermutlich nicht allzu viel Anlass zur Klage haben, denn die gesunkenen Preise sind ein Zeichen für gestiegenen materiellen Wohlstand.

Zugegeben: Die historische Erfahrung scheint dem zu widersprechen. Es kam immer wieder vor, dass sich Geld scheinbar in Luft auflöste und ein Mangel an guten Münzen bemerkbar wurde, was durchaus unpraktisch war. Das hatte jedoch ganz andere Gründe als eine bloße Steigerung der Geldnachfrage. Hier wirkte das sogenannte Gresham'sche Gesetz. Dieses wird meist so missverstanden, dass dabei schlechtes Geld gutes Geld verdrängte. Der Hintergrund ist etwas komplizierter. Lange Zeit fanden Silber und Gold gleichzeitig Verwendung. Aufgrund ihrer hohen Kaufkraft eigneten sich Goldmünzen vor allem für größere Zahlungen, wie sie international agierende Händler tätigen, während Silbermünzen eher den Alltagsgeschäften vorbehalten waren. Mit einer Goldmünze ließ sich beim Bäcker kaum einkaufen, und die Händler wollten keine schweren Silberrucksäcke tragen.

Da eine reale Wirtschaft niemals stillsteht, ändern sich die Preise und die ihnen zugrunde liegenden Bewertungen laufend. Das bedeutet freilich auch, dass der Gold-Silber-Kurs einem ständigen Wandel unterworfen ist. Bei einem solchen Kurs handelt es sich um den Preis des einen Metalls ausgedrückt im anderen. Das war für die Händler etwas unpraktisch, da es so keine stabilen Verhältnisse zwischen den beiden Geldern gab, wiewohl sie in Zeiten mit weniger Interventionen und Manipulationen des Geldes für heutige Verhältnisse doch erstaunlich stabil waren.

Um die Dinge zu erleichtern, wurden immer wieder feste Wechselkurse staatlich vorgeschrieben. Doch damit begannen erst die Probleme. Präferenzen lassen sich durch Regulierungen kaum verändern. Die festgesetzten Wechselkurse entsprachen so kaum jemals der jeweils aktuellen Realität. Daher war stets das eine Geld unterbewertet, das andere überbewertet. Man mag den Menschen Geldgier nachsagen – es ändert nichts daran, dass die wenigsten einen Nachteil in Kauf nehmen wollen. Daher behielten die Leute das jeweils unterbewertete Geld und stießen das überbewertete Geld ab. Dann stellte sich tatsächlich ein unangenehmer Mangel jener Münzen ein, die für die täglichen Zahlungen notwendig waren. Ein aktuelles Beispiel ist das mysteriöse Verschwinden von Kleinmünzen. Sie sind unterbewertet: Ihr Materialwert ist deutlich höher als der offizielle Kurswert. So lässt sich ein Gewinn damit einstreichen, Geldscheine für diese Münzen einzutauschen und letztere einzuschmelzen – was freilich illegal ist.

Feste Wechselkurse

Inflation

Ludwig von Mises bemerkte: »So alt wie die Münzprägung durch obrigkeitliche Gewalten ist auch das Bestreben der Obrigkeit, Gewicht und Gehalt der Münzen nach Belieben festzusetzen.« Der französische König Philipp VI. etwa stellte im 14. Jahrhundert frech fest, es sei doch sein gutes Recht, ein solches Geld zu machen und solche Kurse festzusetzen, wie es ihm gerade gefällt. Mises führt weiter aus: »Gefällige Juristen suchten das Recht der Könige, die Münze nach Gutdünken zu verschlechtern, philosophisch und positiv zu begründen und den Nachweis zu erbringen, dass der vom Landesherrn festgesetzte Nennwert der Münzen allein maßgebend sei.« Früh erkannten die Menschen, welche Bedeutung die Kontrolle über das Geld hat. Wer über das Geld bestimmt, hält den Wertmaßstab der gesamten Wirtschaft in der Hand. Die Möglichkeiten der Bereicherung sind entsprechend groß.

Die früheste Manipulation des Geldes zur Bereicherung bot die Münzverschlechterung. Die Machthaber fanden schnell einen besonders effektiven Trick heraus: Sie schmolzen einfach die bestehenden Münzen nach und nach ein und mischten sie mit einem unedleren Metall, um neue Münzen aus dieser Legierung zu prägen. Damit ließen sich etwa aus einer Goldmünze mehrere machen – um den Preis eines sinkenden Feingehalts. Diese Form der Bereicherung besitzt einen großen Vorteil: Solange die Menschen den Betrug nicht bemerken, handelt es sich bei ihr um eine unsichtbare Steuer. Doch die Münzverschlechterung blieb, obwohl sie zunächst unsichtbar war, natürlich nicht folgenlos.

Aufblähung

Bei der so erfolgten Ausweitung der Geldmenge handelt es sich um die ursprüngliche Bedeutung des Begriffes Inflation – das Wort bedeutet nichts anderes als »Aufblähung«. Die Österreichische Schule blieb als letzte bei dieser ursprünglichen Bedeutung, denn die Umdeutung der Inflation als Anstieg der Preise stellte eine bewusste Verschleierungstaktik dar. Preisanstiege können zahlreiche Gründe haben. Zwar handelt es sich dabei durchaus um eine der Folgen dieser Aufblähung der Geldmenge, doch tritt diese Folge erst mit Verspätung ein und kann durch andere Faktoren ausgeglichen werden. Sobald jedoch der Begriff umgedeutet wurde, stand er für die Bezeichnung der Ursache fortschreitender Preissteigerung und damit des Wertverfalls nicht mehr zur Verfügung. Fehlte einmal der Begriff, verlor man bald auch die Ursache aus dem Auge. Das kam den Geldverschlechterern natürlich sehr gelegen.

Die Ausweitung der Geldmenge durch Münzverschlechterung ist streng zu trennen von einer Ausweitung durch erhöhte Geldproduktion. Der entscheidende Unterschied liegt in der Rechtsverletzung und Täuschung, die nur in ersterem Fall vorliegt. Nur dann sollte man eben von einer Aufblähung sprechen. Eine erhöhte Goldförderung ist keine Aufblähung, denn der Geldbestand wird dadurch nicht künstlich durch Scheinwerte aufgeblasen. Es gäbe ja in einem solchen Fall tatsächlich mehr Gold. Das bedeutet auch, dass Gold billiger würde, was einem realen Wohlstandswachstum entspräche: Denn Gold war ja immer auch ein reales Mittel, um menschliche Ziele zu erreichen. Bei einer Inflation hingegen steigen die Preise, ohne dass reale Güter günstiger werden; auch der Preis für Edelmetalle steigt. Erst die trügerische Inflation führt zu durchwegs negativen Auswirkungen für die Bevölkerung, ausgenommen die staatlichen Geldfälscher und ihre Günstlinge.

Viele Menschen erliegen heute der Illusion, dass mehr Geld höheren Wohlstand bedeutet. In einer inflationären Wirtschaft »läuft« mehr Geld um, das heißt, letztlich steigen auch die Einkommen der Bevölkerung – der König will ja seine neuen Münzen auch ausgeben. Die Illusion, dass diese höheren Einkommen einen höheren Wohlstand abbilden, nennt man die Geldillusion. Tatsächlich steigen nur die Nominaleinkommen – das sind die Einkommen ausgedrückt in Geldeinheiten. Die Realeinkommen hingegen – also die tatsächliche Verfügbarkeit von Gütern – können durch Inflation nicht erhöht werden. An sich ist die Geldmenge also vollkommen irrelevant, abgesehen von der industriellen Verwendung des Geldgutes. Wenn morgen alle Menschen aufwachen und plötzlich doppelt so viel Geld haben, wird ihre Freude nur von kurzer Dauer sein. Sie werden bemerken, dass sich letztlich auch alle Preise verdoppeln. Ob etwas fünf oder zehn Geldeinheiten kostet, spielt keine Rolle – entscheidend ist das Verhältnis zu den anderen Gütern.

Geldillusion

Umverteilung durch Inflation

Wenn die Geldmenge unerheblich ist, warum kann man sich dann mit Hilfe der Inflation bereichern? Der Grund liegt in der Nicht-Neutralität des Geldes – eine weitere Erkenntnis der Österreichischen Schule. Trotz ihrer Fixierung auf das Geld sahen die klassische und neoklassische Ökonomie das Geld bloß als einen Schleier an. Die »Österreicher« zeigten, dass es doch einen großen Unterschied macht, wer an diesem Schleier zupft. Inflation wirkt nicht gleichmäßig, daher ist die Ausweitung der Geldmenge nicht »neutral«. Zusätzlich geschöpftes Geld legt einen bestimmten Weg durch die Wirtschaft zurück und kommt nicht bei allen zum gleichen Zeitpunkt an. Dies führt zu bedeutsamen Verschiebungen.

Nicht-Neutralität des Geldes

Diese Verschiebungen nennt man den Cantillon-Effekt, benannt nach dem irischen Ökonomen Richard Cantillon, der zu Beginn des 18. Jahrhunderts den Geldkreislauf untersuchte. Das neu geschöpfte Geld kommt an einer bestimmten Stelle in den Umlauf; von dort breitet es sich in Wellen aus. Wer die neuen Münzen prägt, kann sie als Erster ausgeben. Die zusätzliche Nachfrage nach Gütern führt zu einem Anstieg der Preise – allerdings in der Regel erst mit Verspätung, langsam und kaum bemerkbar. Die nächsten, die die neuen Münzen erhalten, also die Beschäftigten, Lieferanten und Soldaten des Machthabers, werden diese wiederum irgendwann ausgeben. So nimmt das Geld langsam seinen Weg durch die Gesellschaft. Mit der Zeit steigen die Preise, denn mehr Geld jagt nun derselben Menge an Gütern hinterher. Diejenigen, bei denen das neue Geld erst spät eintrifft, finden bereits Preise vor, die die zusätzliche Geldmenge vollkommen widerspiegeln.

Man kann also die Letztempfänger von den Erstempfängern des Geldes deutlich unterscheiden. Diejenigen, die als Erste über das neue Geld verfügen können, kaufen zu den alten Preisen ein. Diese sind noch nicht gestiegen, weil die Menschen erst verspätet und indirekt die Folgen der Täuschung durch Inflation bemerken. Daher löst Inflation eine laufende Umverteilung aus: Kaufkraft wird von jenen, die sich weiter weg von der Geldquelle befinden, hin zu den Machthabern und ihren Günstlingen verschoben. Damit hat Inflation in der Tat den Charakter einer versteckten Steuer, deren Nutznießer allerdings nicht nur im Staat zu finden sind, sondern auch im staatsnahen Bereich. Dieser Bereich wird durch die Umverteilungswirkung immer größer. Hier liegt einer der Gründe, warum Hauptstädte so rasant wachsen.

Solange die Machthaber auf eine Geldverschlechterung durch Münzveränderung angewiesen waren, war die Möglichkeit zur Inflation beschränkt. Denn mit etwas Mühe und Wissen lassen sich »gestreckte« Münzen von reinen unterscheiden. Irgendwann erkennen die Menschen die schlechten Münzen, verweigern ihre Annahme und horten die alten, guten Münzen. Auch diese Dynamik wird meist als Gresham'sches Gesetz interpretiert. In diesem Fall wären durch die festgesetzte Gleichbewertung alter und neuer Münzen trotz ihres unterschiedlichen Edelmetallgehaltes die neuen überbewertet.

Die Mächtigen führten immer wieder sogenannte Münzverrufungen durch, indem sie zur Abgabe der alten Münzen zwangen und dafür neue mit niedrigerem Realwert, aber gleichem Nominalwert ausgaben. Trotz der offensichtlichen Geldverschlechterung schuf sich die staatliche Obrigkeit auf diese Weise einen großen Spielraum, den sie für die Finanzierung ihrer Kriege und für vermeintliche Wohltaten zur Versorgung ihre Günstlinge verwenden konnte. So sank der Feingehalt der römischen Silbermünze Denarius in einem Zeitraum von 300 Jahren von 97 Prozent Feinsilber auf nur 2 Prozent. Diese gewaltige Einkommensmöglichkeit wurde ein wenig dadurch eingeschränkt, dass mit der Münzverschlechterung Kosten verbunden waren, denn der Aufwand des Einziehens und Einschmelzens war beträchtlich. Wirklich ungebremste Inflation mit noch fantastischeren Renditen für die staatlichen Geldfälscher wurde erst in der Moderne möglich, als der Staat die Vorzüge einer neuen Erfindung der Banken erkannte: des Papiergelds.

Papiergeld

Ursprünglich handelte es sich beim Papiergeld um Banknoten, die bloß Lieferscheine für Geld waren. Händler, die mit vielen Transaktionen zu tun hatten, verzichteten darauf, ihre Münzen stets in Empfang zu nehmen. Sie ließen einen Teil davon sicher verwahren und übergaben nur noch die Lieferscheine, die einen Anspruch auf diese versperrten Münzen darstellten. Wer alte Geldscheine aufmerksam studiert, wird bemerken, dass auf diesen von Anweisungen die Rede ist. Auf der altösterreichischen Banknote mit der Nominale »1 Krone« findet sich etwa folgender Satz: »Die Österreich-Ungarische Bank zahlt gegen diese Banknote bei ihren Hauptanstalten in Wien und Budapest sofort auf Verlangen eine Krone in gesetzlichem Metallgelde.« Der Geldschein ist also ursprünglich selbst nicht Geld, sondern ein Ersatz dafür. Nur so lässt sich erklären, warum die Menschen eines Tages bedrucktes Papier für ihre wertvollen Güter und Dienstleistungen akzeptierten.

Was als Bequemlichkeit begann, wurde bald zum Verhängnis. Die Banken und die Staaten machten die Entdeckung, dass die echten Münzen in den wenigsten Fällen tatsächlich abgehoben wurden. Die Menschen vertrauten auf ihre sichere Verwahrung und zogen die Bequemlichkeit des Papierscheins vor. Nach und nach wurde die Einlöseverpflichtung verwässert. Denn ein neuer Weg zur Inflation hatte sich aufgetan, der dem alten weit überlegen war. Man musste sich nicht mehr die Hände damit schmutzig machen, Metalle zu schmelzen, zu mischen und zu gießen. Es ging nunmehr viel billiger. Das Institut, das eine gewisse Summe Metallgeld gebunkert hatte, konnte schlicht die Anzahl der umlaufenden Geldscheine erhöhen, ohne die Anzahl der aufbewahrten Münzen zu vermehren. Niemand würde in ihren Tresoren nachzählen können.

Ungedecktes Geld

Man spricht in diesem Fall von der Ausgabe ungedeckten Geldes. Es handelt sich um eine unrechtmäßige Aufblähung, weil dadurch das Versprechen, das die früher ausgegebenen Geldscheine darstellen, gebrochen wird. Die Kaufkraft der Geldscheine beginnt weniger zu werden. Wenn es den Menschen verboten ist, zwischen Münzen und Scheinen zu unterscheiden, nimmt auch die Kaufkraft der Münzen ab, woraufhin freilich nach und nach die Münzen aus dem Umlauf verschwinden. Hat sich der Betrug einmal durchgesetzt, die Deckung der Geldscheine zu verringern, kann jene auch gänzlich aufgehoben werden. Gefällige Juristen und Ökonomen erklären dann feierlich: Eigentlich sei das Geld doch ohnehin durch die Güter »gedeckt«, die man damit kaufen kann. Das ist die heute vorherrschende Position. Sie entspricht der Argumentation eines Trickbetrügers, der Menschen wertlosen Ramsch andreht mit der Behauptung, er sei allein deshalb schon wertvoll, weil sie doch jederzeit leicht einen Dümmeren finden könnten, der ihnen die Sache um einen noch höheren Preis abkauft.

Der Cantillon-Effekt hilft letztlich auch zu verstehen, warum sich bestimmte ökonomische Schulen durchsetzen und andere nicht. Die allermeisten Ökonomen beziehen ihr Einkommen heute vom Staat oder von den Banken. Damit sind sie direkte Günstlinge der Umverteilung mittels Geldverschlechterung. Kein Wunder, dass ihre Begriffe und Modelle ungedecktes Papiergeld begünstigen. Geld ohne Deckung durch ein Gut, das den Menschen an sich wertvoll ist, nennen die jüngeren »österreichischen« Ökonomen fiat-Geld in Anlehnung an *fiat lux* – es werde Licht! Damit soll ausgedrückt werden, dass diese Art von »Geld« frei nach Gutdünken geschöpft wird.

Warengeld ist im Gegensatz dazu das Ergebnis freiwilligen menschlichen Handelns, nicht die Schöpfung nach dem Plan eines Menschen. Friedrich von Hayek nannte eine ungeplante Institution dieser Art eine »spontane Ordnung«. Das Handeln der Menschen koordiniert sich in dem Sinne spontan, dass sie niemand dazu nötigt, einem bestimmten Plan zu folgen. Schon Carl Menger maß dieser Art von Institutionen größte Bedeutung bei. Er nannte sie »Sozialgebilde«, worunter er Recht, Sprache, Staat, Geld, Märkte, Güterpreise, Zinsraten, Bodenrenten, Arbeitslöhne und »tausend andere Erscheinungen des sozialen Lebens« verstand. Das ökonomische Interesse der einzelnen wirtschaftenden Individuen führe »ohne alle Übereinkunft, ohne legislativen Zwang, ja selbst ohne Berücksichtigung des öffentlichen Interesses« eben nicht zuletzt dazu, dass die Menschen Güter als Geld verwenden. Diese Betonung der spontanen Ordnungen durch die Österreichische Schule ist verständlich vor dem Hintergrund einer Zeit, die das rationale Planen einzelner Menschen vollkommen überschätzte. In den totalitären Staaten der damaligen Zeit sollte alles nach einem festgelegten Plan verlaufen. Doch die Phänomene des Wirtschaftslebens sind viel zu komplex, um sie wenigen Planern überlassen zu können.

Deflation und Hyperinflation

Den Gegensatz zur Inflation bildet die Deflation. Darunter ist jener Vorgang zu verstehen, bei dem die Geldmenge schrumpft. Deflation tritt beispielsweise auf, wenn ein Machthaber bestimmte Münzen für ungültig erklärt, die sein Vorgänger herausgegeben hat. Dann realisieren die Menschen, dass sie eigentlich über weniger Geld verfügen, als sie dachten.

Deflation trifft die Menschen umso härter, je höher die vorhergehende Inflation ausgefallen ist. Wenn die für ungültig erklärten Münzen einen hohen Feingehalt aufweisen, dann wird man noch immer Abnehmer dafür finden und einen großen Teil ihres Wertes retten können. Waren die Münzen oder Scheine jedoch bloßes Ersatzgeld mit geringem eigenen Wert, lassen sie sich einfach per Dekret für wertlos erklären. Bei ungedecktem Geld erklärt sich der Wert allein aus der Erwartung, einen Abnehmer dafür zu finden. Als letzter Abnehmer fungiert hier in der Regel der Staat, indem Steuerschulden in amtlich festgesetztem Geld zu begleichen sind. So erfolgt durch staatlichen Zwang eine Aufwertung des Scheingeldes der Geldscheine. Zusätzlich untersagen die Gesetze eine mögliche Konkurrenz für das Geldmonopol, das sich so ohne Sorge vor besseren Anbietern bereichern kann. Darum schlug Friedrich von Hayek einst eine »Entnationalisierung des Geldes« vor, um besseren und ehrlicheren Anbietern von Tauschmitteln eine Chance zu geben.

Entnationalisierung des Geldes

Die Deflation hat einen schlechten Namen, weil sie oft die Enteignung breiter Bevölkerungsteile mit sich bringt. Wenn der Staat etwa sämtliche Bankguthaben über einem bestimmten Betrag für ungültig erklären würde, entspräche dies einer Deflation. Ebenso ist vorstellbar, dass Geldscheine mit bestimmten Seriennummern für ungültig erklärt werden, wodurch jeder, der einen solchen Geldschein besitzt, enteignet wird. Warum sollte der Staat das tun? Er könnte versuchen, so einer Hyperinflation auszuweichen.

Hyperinflation nennt man die Endphase einer Inflationierung, in der die Menschen vollkommen das Vertrauen in ihr Geld verlieren. Je mehr Menschen die Entwertung ihres Geldes realisieren, desto mehr stoßen dieses ab, um es gegen andere Güter einzutauschen. Dadurch steigen die Güterpreise noch mehr und die Kaufkraft des Geldes nimmt weiter ab. Wir haben es hier mit einer selbstverstärkenden Dynamik zu tun, die einer Panik gleicht. Jeder versucht, sein Geld so schnell wie möglich loszuwerden. In der Anfangsphase kann dies sogar den Eindruck eines Aufschwungs erwecken, weil die Nachfrage nach Gütern und Dienstleistungen zunimmt. Man spricht dann von der Katastrophenhausse oder dem *crack-up boom*. Doch nach und nach kommt die Arbeitsteilung zum Erliegen, weil die Menschen das gesetzliche Geld nicht mehr akzeptieren und noch keine Alternativen dazu gefunden haben. An einem Punkt bemerkt auch der Dümmste, dass etwas nicht stimmt, und das Geld ist auch durch noch so viele Verordnungen nicht mehr zu retten. Dieser Punkt ist dann erreicht, wenn die Kaufkraft der Geldscheine unter ihren Heizwert fällt. Dann beginnen Menschen damit, ihr »Geld« in den Kaminen zu verheizen – denn genügend Holz können sie sich damit nicht mehr leisten.

Deflation

So wie der Begriff der Inflation ist auch jener der Deflation einer Begriffsverwirrung zum Opfer gefallen, die zur Verwechslung von Ursache und Wirkung führt. Als »Deflation« bezeichnen moderne Ökonomen das Sinken der Preise. Zugleich warnen sie uns davor, dass ein solcher Preisrückgang ganz verheerend sei und durch die Politik mit Hilfe einer Inflationierung verhindert werden müsse. Ihre Argumentation ist folgende: Wenn die Preise fallen, beginnen die Menschen auch für die Zukunft fallende Preise zu erwarten. Geldgierig wie die Menschen nun einmal seien, würden sie dann aufhören einzukaufen, weil sie darauf warten, dass alles immer billiger werde. Wenn die Konsumenten jedoch ihr Geld nicht mehr ausgeben, dann gehe die »Wirtschaft« zugrunde und alle werden arbeitslos.

Diese Argumentation ist hanebüchen und hat nur wenig mit der Realität zu tun. Wenn diese Ökonomen richtig lägen, gäbe es den größten Teil unserer Industrie nicht. Dank der technologischen Entwicklung weisen insbesondere die Branchen, die jene Spielzeuge hervorbringen, nach denen heutige Konsumenten geradezu verrückt sind, stets fallende Preise auf; gerade bei der Unterhaltungselektronik und der Informationstechnologie ist dies offensichtlich. Und trotzdem warten die Konsumenten mit dem Erwerb ihrer Rechner, Mobiltelefone und Abspielgeräte nicht bis zum Sankt-Nimmerleins-Tag. Dass die Preise in diesen Bereichen übrigens sinken, obwohl die Kaufkraft des Geldes abnimmt und die Erschwernisse für wirtschaftliche Tätigkeit zunehmen, ist ein wirklich erstaunlicher Hinweis auf menschliche Genialität.

Die keynesianische Täuschung

Sinkende Preise sind in Wirklichkeit der Ausdruck steigenden materiellen Wohlstands. Jene Phasen in der Geschichte, in denen sich das materielle Wohlergehen der Menschen dramatisch verbesserte, wiesen stets fallende Preise auf. Niedrigere Preise bedeuten, dass wir mehr Güter und Dienstleistungen im Tausch für unsere Leistungen erhalten. Sinkende Preise entsprechen daher steigenden Reallöhnen. Inflation ist hingegen eine Möglichkeit, die Reallöhne zu senken, ohne dass es die Menschen merken. Das war auch ursprünglich die Intention von John Maynard Keynes, als er in Großbritannien die Inflationierung empfahl.

John Maynard Keynes war ein Genie von magnetischer Überzeugungskraft. Murray Rothbard beschrieb den Siegeszug der »keynesianischen Revolution« so: Sie gelang »primär durch intellektuelle Einschüchterung. Die alten Irrtümer wurden von Keynes in einem solchen Dickicht unverständlichen Geschreibsels und hochtrabenden Jargons, in solch einem verwirrenden Sumpf seltsamer Konzepte verpackt, dass die keynesianischen Jünger behaupten konnten, die Einzigen zu sein, die den Meister verstünden.«

Nach dem Ende des Ersten Weltkriegs wurde die Inflationierung in Großbritannien ausgesetzt, die zur Kriegsfinanzierung betrieben worden war. Die Preise sanken langsam wieder auf das Vorkriegsniveau. Aufgrund der Macht wie auch der volkswirtschaftlichen Ahnungslosigkeit der Gewerkschaften verharrten die Löhne jedoch auf dem inflationär hohen Niveau. Dies bedeutete eine drastische Reallohnerhöhung, die zwar für jene günstig war, die Teil des Arbeitskartells waren, allerdings drohte, die gesamte britische Wirtschaft zu ruinieren. Keynes hielt Lohnsenkungen politisch für nicht umsetzbar. Die einzige Lösung bestand in seinen Augen darin, die Notenpresse wieder anzuwerfen. Volkswirtschaftlich würde dies tatsächlich vorübergehend den gewünschten Effekt bringen, denn es handelte sich dabei schlicht um die Täuschung der Arbeiter und hinreichend dummer Gewerkschaftsfunktionäre. Diese Täuschung macht sich die erwähnte »Geldillusion« zunutze: die Illusion, dass die nominelle Höhe von Geldbeträgen einer realen Höhe entspricht.

Inflationierung

Friedrich von Hayek, der Keynes sehr gut kannte und ein freundschaftliches Verhältnis zu seinem Gegenspieler pflegte, berichtet, dass Keynes nur zu diesem Zweck der politischen Beeinflussung seine Allgemeine Theorie konstruiert hätte und sich vollkommen bewusst gewesen wäre, dass sie weder allgemein noch eine Theorie sei. Es handelte sich also bloß um ein elaboriertes Konstrukt zur Begründung einer Politikempfehlung. Als Hayek ihn fragte, was er nach Befolgen seines Rates machen würde, antwortete Keynes salopp: Dann drehe ich die öffentliche Meinung wieder mit einem Fingerschnippen um. Kurz darauf war Keynes tot, und die Geister, die er gerufen hatte, machten sich selbstständig. Allem Anschein nach hielt Keynes selbst am wenigsten von seinen Jüngern, den »Keynesianern«.

Messung der Inflation

In welchem Umfang haben wir heute mit Inflation zu tun? Seit der Euro-Umstellung wurde die Entwertung unseres Geldes für die meisten offensichtlich. Viele erinnern sich noch an die Preise in der alten Währung und stellen ein deutliches Missverhältnis fest. Die meisten Preise scheinen sich verdoppelt zu haben. Die staatlich bezahlten Ökonomie-Experten erklären uns, dass es sich dabei bloß um eine »gefühlte Inflation« handle. Seltsam nur, dass ihre Beamtengehälter in der Zwischenzeit im Vergleich zu anderen Berufsgruppen am stärksten angestiegen sind, um die angeblich eingebildete Inflation auszugleichen.

Seitdem Inflation und Teuerung absichtlich verwechselt werden, hat die Täuschung mittels Statistik freie Bahn. Denn die Teuerung, das Ansteigen der Preise, ist ein völlig willkürliches Maß, das sich hinter scheinbar objektiven Zahlen verbirgt. Da für jeden Menschen andere Tauschakte relevant sind, erfährt jeder seine eigene, subjektive Teuerung. Ein Durchschnittswert erfordert immer die willkürliche Auswahl bestimmter Preise. Allein durch die Zusammensetzung des sogenannten Warenkorbes, der zur Ermittlung der Teuerung angenommen wird, lassen sich die errechneten Werte um ein Vielfaches verringern. Hinzu kommen allerlei moderne statistische Tricks, um möglichst niedrige Werte auszuspucken. Ein Beispiel ist das Konzept des *hedonic pricing*. Dabei wird versucht, Produktverbesserungen von den Preissteigerungen abzuziehen. Das Argument: Es werde zwar alles teurer, aber die Produkte werden auch technisch ausgereifter, daher blieben die Preise eigentlich gleich. Ein solcher Zugang öffnet natürlich vollkommener Willkür das Tor. Ein anderes Argument lautet, dass die Konsumenten Güter, deren Preis zu stark ansteigt, durch günstigere ersetzen können. Deshalb sei die Teuerung gar nicht so schlimm, wenn man diese billigeren Güter anstelle der verteuerten berücksichtige. Wenn Fleisch zu teuer wird, essen die Menschen eben billigere Kartoffeln, wodurch ihre Mahlzeiten »in Wirklichkeit« gar nicht teurer würden. Das ist nicht nur irreführend, sondern auch zynisch.

Teuerung

Doch die Teuerung an sich stellt schon ein verfehltes Maß dar, denn Preise sind in einer realen Wirtschaft niemals konstant. Zum Sinken oder Steigen von Preisen können zahlreiche Gründe führen, die nichts mit Inflation zu tun haben. So kommt es dazu, dass sich die Geldentwertung hinter Produktivitätszuwächsen verstecken kann. Der Import von Billigwaren aus Asien drückt etwa die Teuerung deutlich nach unten.

Wenn die Teuerung kein geeignetes Maß für die Entwertung des Geldes ist, was ist es dann? Die Österreichische Schule schlägt als besseres Maß die ungedeckte Ausweitung der Geldmenge vor. Gemeint ist damit die Ausweitung der Geldmenge ohne Ausweitung der Deckung durch reale Güter, die im Falle eines Vertrauenseinbruches ihren Wert behalten. Die Geldmenge stieg im Euroraum während der letzten Jahrzehnte jedes Jahr um durchschnittlich zehn Prozent, ohne dass die Goldreserven zugenommen hätten (sie wurden vielmehr abgebaut).

Mainstream-Ökonomen entgegnen, dass doch auch die Gütermenge angestiegen sei. Dabei handelt es sich um einen Irrtum, den insbesondere die Schule der sogenannten Monetaristen befördert hat. Ihr bekanntester Vertreter war der amerikanische Ökonom Milton Friedman. Diese Schule schielt auf die Teuerungsraten und meint, dass es Aufgabe der Geldpolitik wäre, hinreichend Geld zu produzieren, um mit dem Wachstum der Gütermenge Schritt zu halten. Doch so kommt ein möglicher Anstieg des materiellen Wohlstands nicht allen durch niedrigere Preise zugute, sondern aufgrund der Umverteilungseffekte nur den Geldschöpfern und ihren Hausökonomen. Die produzierten Güter haben nichts mit dem produzierten Scheingeld zu tun, denn ein Geldschein stellt keinerlei Anspruch auf ein bestimmtes Gut dar.

Nur eines ist gewiss: Durch die Aufblähung der Geldmenge wird das bereits gehaltene Geld in genau demselben Maße »gestreckt«, wie dies früher durch eine Beimischung unedlerer Metalle der Fall war. Irgendwann muss sich diese Aufblähung in einer Teuerung der Güter ausdrücken, spätestens dann, wenn die Güterproduktion, die globale Arbeitsteilung und die technische Entwicklung stagnieren. Daher ist es vernünftig, die Entwertung des Geldes anhand der Aufblähung der Geldmenge abzuschätzen. Bei einer Inflation von zehn Prozent pro Jahr halbiert sich der Geldwert ungefähr alle sieben Jahre. Das bedeutet, dass der Wert von Ersparnissen, die in Geld gehalten werden, innerhalb von 30 Jahren auf ein Zwanzigstel fällt. Dies würde interessanterweise auch der »gefühlten« Teuerung entsprechen. Die verheerenden Folgen dieser Inflation werden wir in den nächsten Kapiteln näher betrachten.

Kryptowährungen

Das noch recht neue Phänomen der Kryptowährungen bietet eine gute Gelegenheit, die Geldtheorie in knappen Worten verständlich zu machen und auf ihre Aktualität zu überprüfen. Der Einfluss der Wiener Schule auf die Entwicklungen des digitalen Gelds ist deutlich, und diese Tradition ist auch die einzige, die ein wirkliches geldtheoretisches Verständnis des Phänomens erlaubt. Dieses Verständnis führt zugleich zu Würdigung und skeptischer Kritik der Kryptowährungen.

Ludwig von Mises schied Geld in drei verschiedene Typen: Sachgeld, Kreditgeld und Zeichengeld. Ersteres beruht, wie es das Regressionstheorem beschreibt, auf der hinzukommenden monetären Nachfrage eines bereits industriell nachgefragten Gutes. Zur Erinnerung: »industriell« bedeutet hier bloß die freiwillige Wertschätzung eines direkten subjektiven Nutzens.

Kreditgeld umfasst Titel, die Forderungen auf zukünftige Güter entsprechen. Der Gegensatz zum Sachgeld besteht gerade in dieser Zukünftigkeit, denn die zugrundeliegenden Güter sind noch nicht verfügbar. Ein direkter und sofort einlösbarer Anspruch auf Güter, wie ihn etwa ein Lieferschein dokumentiert, wäre hingegen ein Sachgeldsubstitut. Ein Substitut stellt eine weitere Ebene der Geldtypisierung dar, es bedeutet »Ersatz« und entspricht einem Dokument, welches das jeweilige Geld repräsentieren kann. Die im »Geld«-Kapitel erwähnte 1-Kronen-Banknote war etwa ursprünglich ein Sachgeldsubstitut.

Zeichengeld schließlich entstammt reiner Konvention. Es handelt sich um Marken, die weder Lieferscheine sind, welche den rechtlichen Anspruch auf gegenwärtige Güter verbriefen, noch Forderungen auf künftige Güter. Gutscheine, die auf ein anderes Geld lauten, sind kein Zeichengeld, sondern Substitute. Zeichengeld beruht auf den konventionell gewählten Zeichen und Einheiten einer Gruppe bzw. eines Netzwerks.

Ein Zeichengeld ist zwar theoretisch denkbar, praktisch jedoch kaum möglich. Da es nicht auf einem Gütertausch aufgrund eines Nutzens abseits des monetären beruht, fehlt ihm die Verbindung zu Preisen. Es beruht im Gegenteil zum Sachgeld nicht auf einem spontanen Prozess der Entdeckung von Wertverhältnissen und Absatzfähigkeiten durch Marktteilnehmer. Die völlige Willkür der Relationen setzt starke Anreize, die

Zeichengeldmenge willkürlich auszuweiten. Die es nutzende Gruppe verliert leicht das Vertrauen in das Zeichengeld und, da ihm eine untere Wertgrenze alternativer Verwendung fehlt, fällt es letztlich auf den Wert null. Das heute dem Zeichengeld ähnelnde staatliche Geld hätte als Zeichengeld nicht entstehen können, es usurpiert die Wertverhältnisse der ihm vorangehenden Sachgeldsubstitute.

Kryptowährungen ähneln technisch dem Zeichengeld. Ein Bitcoin existiert nur als digitales Überweisungspotenzial innerhalb eines Netzwerks, das eine Konvention darstellt. Zugleich entspricht es aber einem digitalen Gut, denn irgendwann in seiner Geschichte haben einzelne Menschen begonnen, dafür freiwillig andere Güter anzubieten. Die Existenz digitaler Güter ist eine späte und eindrückliche Bestätigung der subjektiven Wertlehre: Nicht die physische Beschaffenheit, sondern die subjektive Einschätzung bestimmen den Wert und damit den Gutcharakter. So kann sich demnach auch die Bezeichnung »Sachgeld« nicht darauf beziehen, dass es sich notwendig um physische Sachen handeln, sondern auf die sachliche Nachfrage nach einem realen, konkreten und gegenwärtigen Gut. Durch die algorithmische Verknappung auf 21 Millionen Einheiten unterscheidet sich Bitcoin aber von vielen digitalen Gütern, die durch Kopierbarkeit keine Rivalität mehr zeigen, wodurch die Zahlungsbereitschaft für sie auf null fallen kann.

Bitcoin als erste Kryptowährung, deren Muster nicht alle späteren folgen, ist daher am ehesten als ein synthetisches Sachgeld zu identifizieren. »Synthetisch« bedeutet, dass die dafür wesentlichen Eigenschaften durch Code festgeschrieben sind. Code ist zweierlei: einerseits ein Bauplan (in diesem Sinne ist freilich jedes menschengemachte Gut »synthetisch«), andererseits eine Regelkonvention. Letzterer Aspekt ist hier bedeutsam, denn er führt zu einer Ähnlichkeit mit Zeichengeld: Bitcoin hat keine Existenz und keine Bedeutung außerhalb des Netzwerks seiner Nutzer, die durch die geteilten Regeln festgelegt sind. Wie so oft durchbricht die Realität die sauberen Kategorien der Theorie, ist aber ohne diese nicht verständlich.

Dieser Netzwerkeffekt verstärkt die monetäre Nachfrage, vergrößert aber auch zunächst die Volatilität. Dass die monetäre Nachfrage so viel bedeutender als die industrielle Nachfrage sein kann, hatte die Geldtheorie der Wiener Schule schon erkannt. Sie macht daher verständlich, warum ein so dramatischer Höhenflug der Kryptowährungen einsetzte. Selbst wenn die Wahrscheinlichkeit gering sein mag, dass sich einzelne Kryptowährungen als allgemein akzeptiertes Tauschmittel durchsetzen, wäre der monetäre Wert in diesem Fall so hoch, dass er jeden Nutzwert von digitalen Einheiten als Kuriosum, digitales Sammlerstück, Spielzeug und Experimentierwerkzeug massiv übertrifft.

Doch Skepsis ist angebracht: Eben aufgrund des »synthetischen« Charakters und der Ähnlichkeit zum Zeichengeld ist beinahe ein Totalverlust möglich – monetärer und industrieller Wert liegen so massiv auseinander, das die meisten den industriellen Wert für null halten. Für das Regressionstheorem ist entscheidend, dass ein Entdeckungsverfahren stattfindet, in dem individuell entdeckte höhere Absatzfähigkeit zu kollektiver monetärer Nachfrage führt. Viele Kryptowährungen erwecken allerdings den Anschein, das Netzwerk bereits vorauszusetzen, das sie eigentlich erst schaffen sollten: Sie entsprechen dann den Zeichen einer durch Versprechungen, Leichtgläubigkeit und Gier überdehnten Gruppe. Fehlt dann noch die Mengenbeschränkung und die synthetische Schöpfungsdrosselung (»Proof of Work«) entspricht es vollkommen einem Zeichengeld, wenn es sich nicht als Substitut erweist, etwa als Dividendenforderung (»Security Token«) oder Gutschein (»Utility Token«). Ersteres ist durch Regulierung kaum möglich, letzterem fehlt die Absatzfähigkeit.

Aufgrund ihres digitalen Charakters zeigen Kryptowährungen gute Geldeigenschaften: Transportierbarkeit, Teilbarkeit, Haltbarkeit, Einheitlichkeit sind gegeben. Allein bei der Kaufkraft liegt der wunde Punkt: Ohne monetäre Nachfrage ist der Wert minimal, zugleich unterliegt ein schnell ans andere Ende der Welt transferierbares, digitales Gut einem massiven Preisdruck, der alle Schwankungen der monetären Nachfrage praktisch sofort weitergibt. Die meisten erklären die Volatilität durch Spekulation. Das ist völlig falsch. Je mehr Spekulation es gibt, je mehr Menschen versuchen, Preisänderungen zu antizipieren und davon zu profitieren, desto stabiler der Preis. Jene Kryptowährungen, die sich als Tauschmittel durchsetzen, werden daher auch irgendwann niedrigere Volatilität aufweisen.

Allerdings bezeichnet »allgemeines Tauschmittel« den Endpunkt einer Entwicklung, nicht den Anfang. Es waren sehr spezifische Tauschmöglichkeiten, die zur ersten substanziellen Tauschmittelnutzung führten: der Erwerb von leichten Drogen im »Dark Web« und die Umgehung von Kapitalverkehrskontrollen, insbesondere der chinesischen. Zwei weitere Motive haben diese nun als stärkste abgelöst und treiben den Kryptowährungsmarkt an, beide sind Interventionsfolgen: einerseits die Jagd nach Renditen als Folge der Geldmengenausweitung und die Verunmöglichung des hortenden Sparens – die meisten Bitcoin werden gehortet (»HODL«); andererseits die hohen Transaktionskosten bei der Unternehmensfinanzierung und Handelbarkeit von Unternehmensanteilen, kurz: der Nutzung der digitalen Möglichkeit im Finanzbereich auch für kleinere Unternehmen. Die meisten neuen Kryptowährungen entstammen einem ICO – »Initial Coin Offering« – in Analogie zum für Kleine heute unleistbaren IPO (»Initial Public Offering«, zu Deutsch Börsengang).

Entscheidend bei der Frage, ob eine Kryptowährung Geld darstellt, ist die wichtige Erkenntnis von Hayek, dass Geld eigentlich kein Substantiv sein sollte, sondern ein Adjektiv: Es beschreibt die Absatzfähigkeit eines Gutes und ist keine binäre Kategorie. Auf bestimmten, sehr speziellen Märkten zeigen bestimmte Kryptowährungen eine hinreichende Absatzfähigkeit, um ihre monetäre Nachfrage zu rechtfertigen. Die meisten »Coins« jedoch sind Beteiligungen an Experimenten, von denen wiederum die meisten Pyramidenspielen ähneln. Hineingedrängt werden die Menschen in solche »Anlagen« aber durch die systematische Hintertreibung anderer Anlagewege und die Entwertung des staatlichen Geldes zu einem Zeichengeld, das mangelndes Vertrauen durch Täuschung und ökonomische Unwissenheit kompensiert. Die große Innovation der Kryptowährungen ist die algorithmische Beschränkung, die ohne Vertrauen in Dritte und Institutionen auskommt. Damit erfahren jene »Coins«, die gerade »Momentum« haben – jene typische Selbstverstärkung unserer verzerrten Märkte –, die automatische und unvermeidliche nominale »Aufwertung«, welche die Folge von Geldmengen sind, die eine geringere Beschränkung aufweisen als die jeweiligen Vermögenswerte, in welche sie fließen.

Banken und Wirtschaftskrisen

Die Funktion von Banken

Kaum eine Institution hat die Moderne so geprägt wie die Bank. Daher ist das Verständnis des Bankwesens auch einer der Schlüssel zum wirklichen Verständnis der aktuellen Wirtschaftsordnung. Banken in ihrer ursprünglichen Funktion entwickelten sich aus jenen Aufbewahrungsstätten für Edelmetalle, die aus den Depots der Geldwechsler hervorgingen. Der Name leitet sich vom italienischen *banca* ab, das für die Bänke – die langen Tische – der Geldwechsler steht. Davon kommt auch der Bankrott: *Banca rotta* bedeutet »zerbrochene Bank«.

Neben ihrer Funktion als Guthabenverwahrer wurden Banken zunehmend dazu herangezogen, zwischen Kreditgebern und Kreditnehmern zu vermitteln. Die frühesten Kredite waren solche zwischen Händlern. Für zeitlich beschränkte Kredite, die sich auf konkrete, zu liefernde Waren bezogen, wurden Wechsel genutzt. Solche Zahlungsanweisungen konnten an sogenannten Wechselbanken diskontiert werden: Das bedeutet, eine Bank streckte gegen einen Abschlag die Zahlung vor und ermöglichte so das Einlösen und Gegenrechnen von Wechseln.

Verwahrungsfunktion

Die Verwahrungsfunktion der Banken führte zur Entwicklung von Konten. Ursprünglich handelt es sich dabei um das Ausmaß der bei der Bank hinterlegten Werte, die zur Zahlung verwendet werden können, ohne die physischen Münzen und Barren zu verschieben. Solche Konten werfen klarerweise keinen Zinsertrag ab, denn das Geld liegt ja bei der Bank und wird nicht zur Kapitalbildung eingesetzt. Vielmehr muss der Bank für ihre Dienstleistung eine Gebühr bezahlt werden.

Zinsen treten zunächst in der Form von Abschlägen bei der Einlösung von Wechseln auf. Diese Abschläge nennt man Diskontierung. Bei Wechseln handelt es sich um kurzfristige Kredite, die zu einem bestimmten Termin ausgeglichen werden. Mit modernen Krediten zur Unternehmensfinanzierung oder zum Konsum hat das Wechselgeschäft wenig gemein. Hauptsächlich tritt die Zinszahlung im eigentlichen Kreditgeschäft auf, das erst vor relativ kurzer Zeit an Bedeutung gewann. Dabei übernimmt die Bank die Rolle eines Vermittlers zwischen Anbietern und Nachfragern von Ersparnissen.

Bald bestand diese Vermittlung nicht mehr bloß darin, Sparer und Kreditsuchende zusammenzuführen. Die Banken begannen, in zunehmendem Ausmaß eine Umwandlungsfunktion auszuüben. Einerseits besteht diese in der Lostransformation. Das ist der technische Ausdruck für die Umwandlung zwischen verschieden großen Summen (»Losen«) durch Zusammenfassung und Aufteilung. Diese Umwandlung hat die Anonymisierung der Kreditvergabe eingeleitet: Die Bank vermittelt nun nicht mehr zwischen einem konkreten Schuldner und einem konkreten Gläubiger, sondern zwischen größeren Gruppen von Schuldnern und Gläubigern. Damit verlieren die Gläubiger die Kontrolle darüber, für welche Zwecke ihre Mittel eingesetzt werden, und die Schuldner die Kontrolle darüber, woher die Mittel für ihre Kredite stammen. Die Möglichkeiten der Kreditvergabe beginnen sich jedoch erheblich auszuweiten. Die Bank sammelt die Einlagen der Sparer und vergibt daraus Kredite unterschiedlicher Größe.

Umwandlungsfunktion

Eine wesentliche Beschränkung jedoch bleibt: Die Zeiträume, für die Sparer ihre Mittel binden wollen, unterscheiden sich. Ebenso unterscheiden sich die nachgefragten Zeiträume für die Kreditrückzahlung, die die Schuldner wünschen. Das führt zu einer großen Einschränkung der Möglichkeiten für die Kreditvergabe. Die Bank muss stets Einlagen und Kredite mit gleichen Fristen zusammenführen. In der Moderne suchten die Banken eine Möglichkeit, diese Einschränkung zu überwinden. Diese fanden sie in der Fristentransformation. Dabei handelt es sich um die Umwandlung der Bindungszeiträume von Ersparnissen.

Geld, das die Banken als Kredite vergeben, ist naturgemäß nicht mehr bei der Bank vorhanden. Diese Tatsache würde es an sich unmöglich machen, dass ein Einleger jederzeit und ohne Kündigungsfrist auf sein Geld zugreifen kann. Die Einlage auf ein Konto ist daher etwas anderes als eine Sparanlage. Bei einer Einzahlung auf ein Konto handelte es sich historisch um ein Verwahrungsgeschäft, bei der in der Bankbilanz einer Zunahme der Reserven auf der Aktivseite einer neuen Verbindlichkeit in gleichem Ausmaß auf der Passivseite gegenübersteht.

In einer Bilanz werden Schulden und Guthaben angeführt. Durch eine Kontoeinlage ohne Bindung, die also jederzeit behebbar ist, erwirbt die Bank ein Guthaben in Höhe der Einlage, der eine Schuld in derselben Höhe gegenübersteht. Diese Schuld wird um die Gebühren gemindert, woraus die Bank früher ihr Einkommen verdiente. Heutige Konten sind keine Verwahrungsgeschäfte mehr, obwohl die meisten Einleger davon ausgehen, dass ihr Geld täglich fällig ist und daher täglich abgehoben werden kann. Dieses Missverständnis werden wir gleich näher betrachten. Das letzte Überbleibsel des Verwahrungsgeschäfts sind die Bankschließfächer, für die Banken Gebühren verlangen und natürlich keine Zinsen bezahlen. Wie sollte ein verschlossenes Fach auch ein Einkommen abwerfen? Bei einem Verwahrungsgeschäft bleibt das Eigentum beim Einleger, die Bank tritt nur als Treuhänder auf.

Kredit

Ganz anders verhalten sich die Dinge bei einem Kredit. Dabei verzichtet der Einleger für einen gewissen Zeitraum auf die Verfügung über seine Ersparnisse. Diese werden als Darlehen vergeben. Die Bank verdient hierbei über eine Zinsdifferenz: Sie verrechnet dem Schuldner einen höheren Zinssatz, als sie dem Gläubiger bezahlt. Der Sparer wird also zum Gläubiger der Bank, die bei diesem ein Darlehen aufgenommen hat. Aus den aufgenommenen Mitteln vergibt sie wiederum selbst ein Darlehen.

Nach Ablauf der Bindungsfrist und der Dauer des Kredites wird das Geschäft rückabgewickelt, und der Bank verbleibt die Zinsdifferenz. Dafür trägt sie das Risiko des Zahlungsausfalls durch die Kreditnehmer. Dieses Risiko minimiert die Bank durch Sicherheiten. Damit sind Ansprüche auf

Sachwerte und Einkommensflüsse gemeint, die der Bank bei Zahlungsausfall zustehen. Das einfachste Beispiel für eine Kreditvergabe gegen Sicherheiten ist die Pfandleihe: Hierbei werden bestimmte Sachgüter für die Kreditsumme hinterlegt, die dem Geldverleiher zufallen, wenn der Schuldner den Kredit nicht zurückzahlen kann.

Liquidität von Banken

Aus diesem Beispiel leitet sich die Ansicht ab, dass Banken im Grunde nichts anderes als eine Liquiditätstransformation durchführen. Mit »Liquidität« wird hier die Vorstellung ausgedrückt, dass das mittels Kredit aufgenommene Geld »liquider« ist als die dafür gebotenen Sicherheiten. Insbesondere John Maynard Keynes hing dieser Ansicht an. Er wollte durch die Nachfrage nach »liquideren« Mitteln den Zinssatz erklären, aber auch durch den Zinssatz das Ausmaß dieser Nachfrage.

Zahlungsunfähigkeit

Wenn heute von Liquidität im Zusammenhang mit Banken die Rede ist, dann ist deren mögliche Zahlungsunfähigkeit gemeint. Doch wie kann es sein, dass eine Bank – schließlich der Inbegriff der Verfügung über große Geldsummen – zahlungsunfähig wird? Warum sollte gerade einer Bank das Geld ausgehen? Dahinter steht die oben angesprochene Fristentransformation. Solange die Fristen der Einlagen und der Kredite übereinstimmen, kann eine Bank nur dann zahlungsunfähig werden, wenn sie systematisch die Bonität ihrer Schuldner und den Wert ihrer Sicherheiten falsch eingeschätzt hat. Da genau darin die Kernaufgabe einer Bank besteht, die im Kreditgeschäft tätig ist, wäre das merkwürdig. Allenfalls könnte es daran liegen, dass plötzlich die erzielbaren Marktpreise für Sicherheiten, etwa Immobilien, dramatisch einbrechen. Das scheint bei der Immobilienkrise in den USA der Fall gewesen zu sein. Die Zahlungsunfähigkeit der Banken wäre dann bloß eine Folge überraschender Marktschwankungen; die Banken wären also Opfer einer Wirtschaftskrise, für die sie keine Verantwortung tragen. Das ist eine der möglichen Entschuldigungen für die staatlichen Interventionen zur Bankenrettung. Tatsächlich verhalten sich die Dinge fast genau umgekehrt. Denn die Preise für die »Sicherheiten« sind ja wiederum selbst Ausdruck des Handelns der Banken und niemals dauerhaft gegebene Tatsachen.

Bei der Pfandleihe oder Hypothek in ihrer historischen Form stand dem hinterlegten Sachwert ein entsprechender Sachwert in Metallgeld gegenüber, das während der Dauer des Geschäfts anderer Verfügung entzogen wurde. Ein solches Geschäft ähnelt einem Verkauf mit Rückkaufsrecht. Man verkauft etwa dem Pfandleiher eine Uhr deutlich unter dem durchschnittlichen Marktpreis und bekommt dafür die Bedingung zugestanden, dass diese Uhr für einen festen Zeitraum nicht weiterveräußert werden darf. Nach Ablauf des Zeitraums hat man dann das Vorkaufsrecht zu einem vorher festgelegten Preis. Wir sehen, dass sich solche Geschäfte auch ohne Vergabe eines Darlehens durchführen lassen und dennoch genau dasselbe Resultat zeigen – inklusive der Preisdifferenzen, die ansonsten als Zinsen bezeichnet würden. Hier wird auch wieder das Problem historischer Zinsverbote deutlich. In der Tat werden im islamischen Bankwesen, welches das religiöse Wucherverbot zu respektieren versucht, Darlehensgeschäfte in ähnlicher Weise ersetzt.

Problematisch wird die Sache erst, wenn wir näher betrachten, woher die Mittel kommen, die der Verleiher als Kredite vergibt. Beim historischen Pfandleiher wird deren Ausmaß durch seine eigenen Ersparnisse begrenzt. Sobald er einen Kredit vergeben hat, tauscht er die Verfügung über seine liquiden Mittel gegen Sachwerte, die er nicht veräußern oder vermieten darf. Daher ist seine Kreditvergabe eng beschränkt. So erstaunt es nicht, dass Pfandleiher in kapitalarmen Ländern besonders unbeliebt sind, weil sie exorbitante Zinsen verlangen. Die Mikrokreditbewegung entschuldigt ihre hohen Zinsforderungen meist im Vergleich zu lokalen Pfandleihern: Raten von 1 000 Prozent und mehr lassen auch noch 100 Prozent Zinsen als moderat erscheinen. Das bedeutet, man muss nach einem Jahr nur die doppelte, nicht die elffache Summe zurückzahlen. Die hohen Zinssätze werden aber meist aus sehr kurzen Kreditlaufzeiten hochgerechnet. Wer heute einen Euro ausborgt und morgen einen Euro und drei Cent zurückbezahlt, leistet einen Zins, der auf ein Jahr hochgerechnet mehr als 1 000 Prozent entspräche.

Eine Hypothek ist ähnlich einschränkend. Der Geldverleiher vergibt Geld, mit dem er selbst Kapital aufbauen und ein Einkommen generieren könnte, gegen die Sicherheit einer Immobilie, die er selbst nicht nutzen kann. Da man auf verliehene Ersparnisse selbst verzichten muss, galt es stets als schwierig, an Kredite zu gelangen. Selbst die Machthaber klagten stets darüber, an zu wenig »flüssige« Mittel gelangen zu können, und erdachten immer neue Tricks, ihre Schatztruhen zu füllen. In den deutschen Ländern kam nach der Bauernbefreiung ein plötzlicher Geldbedarf in großem Ausmaß auf, da die einstigen Grundherrschaften durch bäuerliche Grundstücke abgelöst wurden, für die von den Bauern festgesetzte Summen zu zahlen waren.

Kreditausweitung

Früher war Geld im Alltag eher eine Ausnahmeerscheinung: ein beschränktes Hilfsmittel für die wenigen indirekten Tauschakte. In der Moderne wurde Geld allgegenwärtig, und seine Flexibilität weckte neue Begehrlichkeiten. Die frühen, utopischen Sozialisten maßen dem Geld besondere Bedeutung bei. Sie erwarteten sich von einer breiteren Kreditvergabe wahre Wunder. Eine ähnliche Ideologie befand sich hinter der US-Immobilienkrise. Doch wie ließen sich die Beschränkungen der Kreditvergabe aus dem Weg räumen? Der Weg über die Bildung größerer Ersparnisse schien nicht befriedigend. Einerseits erfordert dieser viel Geduld und geeignete Rahmenbedingungen: die Abwesenheit von Krieg und utopischen Gesellschaftsexperimenten. Andererseits machte er eben abhängig von den Sparern, die als Kapitalisten verunglimpft wurden. Den übermütigen Revolutionären waren diejenigen mit den größten Ersparnissen oft reichlich unsympathisch: bürgerliche und langweilige Existenzen, die lieber in ihre eigenen Unternehmungen investierten anstatt ihr

Geld einzusetzen, um eine neue Gesellschaft hervorzubringen.

Die nötige Innovation, um gegen diese unbequemen Knappheiten vorzugehen, lieferten die Banken. Sie wandten schlicht jene Entdeckung, die sie bei den Banknoten gemacht hatten, nun auch auf die Ersparnisse an. Ob die Menschen ihr Vermögen in Banknoten hielten oder in Kontoguthaben, in beiden Fällen griffen sie relativ selten auf das tatsächliche Geld zu, das einst in den Banktresoren lag. Von einem täglich fälligen Konto kann man zwar jederzeit abheben, tut dies aber klarerweise nicht zu jedem Zeitpunkt. Mit Geld, das bloß in den Tresoren liegt, kann eine Bank aber nichts verdienen, abgesehen von den Verwahrungs- und Kontoführungsgebühren. Geld, das sie hingegen über Kredite vergeben kann, erlaubt ein Zinseinkommen. Doch nicht alle Einleger sind dazu zu gewinnen, ihr Geld zu binden, das heißt für einen festen Zeitraum auf die Verfügung darüber zu verzichten.

Sichteinlagen

Von Anbeginn an sollten Banken gerade auch Zahlungen erleichtern. Dazu ist es nötig, dass die Einleger über die verwahrten Beträge verfügen können. Sonst könnten sie ja auch keine Zahlungen leisten. Solche Beträge, die nicht gebunden sind, nennt man Sichteinlagen. Warum behalten die Kunden ihr Geld nicht, wenn sie darüber verfügen wollen? Eine Sichteinlage bietet dem Bankkunden den Vorteil, das Risiko von Verlust oder Diebstahl an die Bank übertragen zu können. Denn selbst wenn die Bank das auf Sicht anvertraute Geld verliert, bleibt die Verbindlichkeit in der Bilanz gegenüber dem Kunden in voller Höhe bestehen.

Daher ähnelt ein Verwahrungsgeschäft auch einem sich automatisch erneuernden Kredit mit kürzestmöglicher Laufzeit. Einst wurde dies rechtlich streng unterschieden, das moderne Recht jedoch verabsäumt diese Unterscheidung. Das ist ein rechtlicher Mangel, denn es macht einen großen Unterschied, ob man jemandem Werte anvertraut, um diese zu hüten, oder sie jemandem zum Aufbrauchen überlässt im Vertrauen, dafür rechtzeitig einen Ersatz zu bekommen. In der Tat entsprechen heutige Sichteinlagen Krediten, die der Bankkunde der Bank gibt – ohne aber von der Bank

Sicherheiten zu bekommen, wie sie dies von ihren eigenen Schuldnern so akribisch einfordert. Dafür erhält der Bankkunde heute auch bei »täglich fälligem« Geld Zinsen, allerdings – abzüglich Kapitalertragssteuer – in so geringer Höhe, dass sie bei den meisten noch unter den Kontoführungsgebühren liegen. Dabei ist es den Banken gelungen, die Bequemlichkeit einer Sichteinlage für den Kunden mit den Vorzügen einer Spareinlage für die Bank zu verbinden – und eben leider auch zu vermischen.

Dies wurde durch bereits erwähnte Fristentransformation möglich. Da die Spareinlagen nach Ablauf der Bindung oft nicht gleich abgehoben werden, sondern bei der Bank verbleiben, scheint es nicht nötig zu sein, eine genaue Übereinstimmung der Fristen von Einlagen und Krediten einzuhalten. Die Bank kann so höher verzinste Kredite mit längerer Laufzeit aus Mitteln vergeben, die aus niedriger verzinsten Spareinlagen mit kürzerer Laufzeit stammen. Die Sparer, die ihre Einlagen nach Bindung zur Gänze abheben wollen, kann die Bank mit dem Geld neuer Einleger ausbezahlen. Seitdem auch Sichteinlagen de facto als sich selbst erneuernde Kredite an die Bank interpretiert werden, können auch diese für Darlehen verwendet werden. Die Umwandlung der Fristen besteht darin, dass Einlagen mit Laufzeit null für Darlehen mit Laufzeiten von vielen Jahren verwendet werden. Dadurch entsprechen sich aber die Fälligkeiten nicht mehr, und es kann zu Engpässen kommen. Wenn plötzlich viele Kunden ihre »täglich fälligen« Gelder beheben wollen, gehen die liquiden Mittel aus. Liquide in diesem Sinne sind Mittel, die »flüssig« sind, über die man also sofort verfügen kann. Ein langfristiger Kredit steht zwar in voller Höhe als Forderung in der Bilanz der Bank, kann aber nicht sofort »verflüssigt« oder liquidiert werden. Gerade weil der Schuldner nicht sofort über die gesamte Summe zahlungsfähig ist, hat er ja einen Kredit aufgenommen, den er über einen längeren Zeitraum nach und nach abträgt.

Gibt es viele Banken und einen funktionsfähigen »Kapitalmarkt« (so nennt man etwas irreführend den Markt für liquide Mittel), gelingt diese »Verflüssigung« allerdings leichter. Die Bank, die plötzlichen Geldbedarf hat, könnte ihre Forderungen weiterverkaufen. Dafür muss sie allerdings einen Abschlag in Kauf nehmen. Doch auch hier stehen wir wieder vor dem Problem, dass die Preise für Forderungen und damit die zu leistenden Abschläge von der Marktlage abhängen, die wiederum Ausdruck der Entscheidungen der Banken und anderer Marktteilnehmer ist.

Ausweitung der Geldmenge

Wenn die Banken also in der Regel schnell die Fristen ihrer Forderungen über den Markt ändern können – außer es tritt ganz unerwartet die »Krise« ein –, wo liegt dann das Problem? Der Vorzug ist schließlich offensichtlich: Es ist auf diese Weise möglich, Gelder als Kredite zur Verfügung zu stellen, die sonst nicht vergeben werden könnten. Dadurch wird es günstiger, Kredite aufzunehmen – der Zinssatz sinkt. Die Österreichische Schule zeigte, dass in genau diesem vermeintlichen Vorteil das Problem bereits angelegt ist. Die Krise unterbricht nicht eine ansonsten flüssig laufende Kreditvergabe, sondern die Kreditvergabe bringt in Wirklichkeit selbst die Krise hervor, die den Einbruch der Kreditvergabe nach sich zieht und damit auch die plötzliche Zahlungsunfähigkeit der Banken.

Die Vergabe von längerfristigen Krediten aus kurzfristigen, gar täglich fälligen Einlagen, hat nämlich eine verblüffende Auswirkung. Dabei wird wieder deutlich, wie wichtig der Faktor Zeit in der Ökonomie ist – ein Faktor, den die meisten anderen ökonomischen Schulen weitgehend ignorieren. Durch die Fristentransformation steigt die effektive Geldmenge, ohne dass mehr Geld gedruckt wurde. Meist kommt es am Ende dann auch zum verzweifelten Nachdrucken von Geld. Doch das ist dann schon die Endphase einer lange zuvor begonnenen Entwicklung. Zunächst wächst die Kreditmenge. Da die Einlagen aber zu einem großen Teil Tagesgeld (täglich abhebbar) bleiben, wirkt sich die größere Kreditmenge sogleich wie eine größere Geldmenge aus. Das wird im Folgenden klarer werden.

Unser Verhalten auf den Märkten ist stark davon beeinflusst, über wie viel Geld wir zu verfügen glauben. Heutzutage halten wir nur den geringsten Teil unseres Geldes in Scheinen und Münzen. Der größte Teil davon ist rein elektronisch. Selbstverständlich betrachten wir den Guthabenstand auf unseren Konten und Sparbüchern als Geld, viele sehen sogar ihren Überziehungsrahmen als solches an. Nach der Höhe unserer Bankguthaben richten wir unsere Konsumentscheidungen, denn solche Guthaben gelten uns als liquide Mittel, die dem Bargeld kaum noch nachstehen. Mittlerweile lässt sich schon fast überall bargeldlos zahlen.

Anwachsen der Kreditmenge

Wenn wir privat Geld verborgen, dann ändert sich nichts an der Geldmenge. Für einen gewissen Zeitraum verzichten wir auf die Verfügung über unser Geld. Falls und sobald es uns zurückgezahlt wird, können wir wieder darüber verfügen. Wählen wir den Umweg über eine Bank, die Sichteinlagen als Kredite auffasst und Fristentransformation durchführt, stellt sich der Kredit in der Realität und in den Bilanzen der Bank hingegen ganz anders dar. Sowohl der Inhaber der Sichteinlage als auch der Kreditnehmer haben den Eindruck, unmittelbar und zeitgleich über das Geld verfügen zu können. Das kann auf Dauer nicht gut gehen. Wenn der Kreditnehmer das Geld abhebt, fehlt es dem Kontoinhaber und umgekehrt. Doch solange die Bank genügend Geld für die Abhebungen der beiden hat, merken sie nichts. Sie verhalten sich so, als würden beide über die gesamte Geldsumme verfügen können. Das bedeutet nichts anderes, als dass die Geldmenge gewachsen ist. Wenn die 10 000 Euro, die jemand auf sein Konto eingezahlt hat, einem Kreditnehmer weitergegeben werden, ohne dass die Verfügung des Einzahlers eingeschränkt wird, dann wächst die Geldmenge um genau diesen Betrag.

Doch wie kommt es, dass dieses Procedere zumindest eine Zeit lang gut gehen kann? Entscheidend ist, dass die Bank natürlich nicht das gesamte Geld, das die Sparer einlegen, weiterverleihen kann. Allerdings haben die Bankmanager bemerkt, dass nur ein geringer Teil der Kontoguthaben täglich abgehoben wird. Nun müssen sie nur noch einen angemessenen Anteil als Reserve behalten; den Rest können sie als Kredite vergeben. Diese Art der Geschäftsführung nennt man Teilreserve-Bankensystem oder auf Englisch *fractional reserve banking*. Je geringer diese Teilreserve, die eben nur noch einen Teil der Guthaben abdeckt, desto größer ist das Geldmengenwachstum durch Kreditvermehrung. Der Hebel ist stärker, als es die meisten für möglich halten. Aufgrund des Teilreserve-Bankensystems wurde eine einmalige Kreditschwemme möglich, die die »Wirtschaft« ordentlich befeuert hat. Das moderne Wirtschaftssystem ist in dieser Ausprägung ohne Teilreserve-Bankensystem kaum denkbar.

Teilreserve-Bankensystem

Sehen wir uns näher an, wie dieser Hebel wirkt: Nehmen wir an, die Bank hält eine Reserve von zehn Prozent. Das bedeutet, solange im Schnitt nicht mehr als ein Zehntel der Guthaben abgehoben werden, stets also neun Zehntel bei der Bank liegen bleiben und bloß zwischen Konten verschoben werden, ist die Bank liquide genug, um die Bankautomaten und Kassen im nötigen Ausmaß zu füllen. Diese Bank kann also neun Zehntel einer Einlage als Kredit weitervergeben. Bei einer Einzahlung von 10 000 Euro wären das 9 000 Euro. In der Bilanz steht nun auf der Aktivseite eine Forderung in Höhe von 9 000 Euro zusätzlich zum eingelegten Bargeld in Höhe von 10 000 Euro, auf der Passivseite stehen Verbindlichkeiten im Ausmaß von 19 000 Euro. Wie die Bilanz verrät, ist die Geldmenge um 9 000 Euro gewachsen.

Doch damit ist das Spiel noch lange nicht zu Ende. Die Kreditnehmer heben in den seltensten Fällen die gesamte Kreditsumme in Bargeld ab, um es in Plastiktüten spazieren zu führen. Stattdessen verbleibt der Kredit zunächst als Guthaben auf dem Bankkonto des Kreditnehmers und endet dann auf den Konten anderer Leute, die vom Kreditnehmer bezahlt werden. Diese Guthaben können Banken nun zur Vergabe weiterer Kredite nutzen. Wieder behält die Bank zehn Prozent der 9 000 Euro als Reserve und vergibt 8 100 Euro als Kredit. Gemeinsam mit der bereits um 9 000 Euro angewachsenen Geldmenge ergibt dies einen Gesamtzuwachs von insgesamt 17 100 Euro – nach einer Einlage von nur 10 000 Euro. Doch auch die neuen Kredite verbleiben zu einem großen Teil als Guthaben bei Banken. So kann die Geldmenge um ein Vielfaches steigen.

Die Obergrenze des Geldmengenwachstums nennt man den *Geldmengenmultiplikator*. Dieser entspricht dem Kehrwert des Reservesatzes (also eins dividiert durch den Reservesatz). Eine Reserve von zehn Prozent erlaubt eine maximale Ausweitung der Geldmenge um das Zehnfache: In diesem Beispiel würde nach einer Einlage von 10 000 Euro die Geldmenge um bis zu 100 000 Euro wachsen können. Je größer der Anteil der Guthaben, der bei derselben Bank verbleibt, desto näher kommt die tatsächliche Ausweitung diesem Maximalwert und desto höher ist der mögliche Verdienst durch Kreditvergabe. Darum zeigt der Bankensektor starke Anreize zur Konzentration durch Fusionierung von Banken.

Geldmengenmultiplikator

Bei dieser Kreditmengenausweitung handelt es sich im Sinne der Österreichischen Schule um Inflation. Denn die dadurch vorangetriebene Ausweitung der Geldmenge ist eine Aufblähung, die nicht durch zusätzliche reale Werte gedeckt ist. Sie löst denselben Umverteilungseffekt aus wie die Münzverschlechterung und das Drucken von ungedeckten Geldscheinen, doch sind es hier die Banken, die als Geldschöpfer auftreten. Freilich spielt auch der Staat eine ganz entscheidende Rolle dabei und verdient gut mit. Da durch eine Bankeinlage die Geldmenge ausgeweitet wird, löst damit der Bankkunde die schleichende Entwertung seiner eigenen Ersparnisse aus. Denn die größere Geldmenge steht einer beschränkten Anzahl von realen Werten gegenüber, wodurch deren Preise steigen und somit die Kaufkraft des Geldes sinkt. Sparer und Kreditnehmer treiben gemeinsam die Preise in die Höhe, da sie beide gleichzeitig über die Geldmittel zu verfügen meinen. Doch was passiert, wenn sie zu viel Geld abheben?

Wenn den Banken das Geld ausgeht

In heutigen Banken dienen die Tresorräume nur noch den Bankschließfächern. Ansonsten liegt erstaunlich wenig Geld in den Filialen. Größere Abhebungen muss man vorher anmelden und der Bank Zeit geben, diese Beträge aufzutreiben. Wenn nur ein kleiner Prozentsatz der Bankkunden sich dazu entschließt, ihre Guthaben abzuheben, bekommt die Bank Zahlungsprobleme. Doch sobald eine Bank den Eindruck weckt, die angelegten Gelder womöglich nicht ausbezahlen zu können, setzt eine verheerende Dynamik ein: Immer mehr Leute wollen ihr Geld abheben und in Sicherheit bringen, sodass die Zahlungsprobleme immer größer werden. Die Sorge um ihr Geld kann Menschen schnell zur Panik bewegen. Diese Dynamik nennt man *bank run*. In einem solchen Fall muss die Bank schließen und ihre Kunden abweisen, die draußen wütend Schlange stehen.

Was macht die Bank, wenn ihr das Geld ausgeht? Sie borgt es sich selbst aus. Sie kann das entweder bei anderen Banken tun oder bei der Zentralbank. Die Zentralbank wurde mit dem Vorwand gegründet, mehr Stabilität ins System zu bringen. Tatsächlich bringt sie den Banken nur mehr »Stabilität« im Sinne einer zusätzlichen Möglichkeit der Geldschöpfung. Das System hingegen wurde dadurch noch fragiler, denn es fiel eine weitere Schranke, die der Kreditausweitung bislang gesetzt war. Die Zentralbank agiert als *lender of last resort*, als letzter Gläubiger der Banken. Woher aber nimmt die Zentralbank das Geld, das sie den Banken borgt?

Zentralbank

Das ist einfach: Die Zentralbank ist der Geldmonopolist und kann es daher selbst drucken. Dabei muss sie allerdings ausgeglichen bilanzieren. Das bedeutet: Für eine zusätzliche Verbindlichkeit auf der Passivseite, also die Ausgabe von Geld, muss sie eine zusätzliche Forderung auf der Aktivseite aufnehmen, also einen neuen Schuldtitel. Die Vorschriften darüber, welche Arten von Forderungen sie in die Bilanz aufnehmen darf, bestimmen letztlich über ihre Möglichkeiten, die Geldmenge auszuweiten. Da Bilanzen die meisten Laien abschrecken, stellen sie eine sehr praktische Maskierung für inflationäre Politik dar. Heutige Zentralbanken dürfen beispielsweise Staatsanleihen als Aktiva aufnehmen. Das bedeutet, die Zentralbank kann im selben Ausmaß Geld drucken wie sie solche Schuldtitel erwirbt. Das Zuschießen von frisch geschöpftem Geld an die Banken, das heute zunächst meist nur aus virtuellen Anweisungen besteht, die per Knopfdruck generiert werden können, wird zu allem Überdruss noch Offenmarktpolitik genannt. Dies deshalb, weil die Zentralbank direkt auf den Finanzmärkten agiert. Mit Markt, wie ihn die »Österreicher« verstehen, hat das freilich gar nichts mehr zu tun. Das gesamte Finanzsystem eignet sich also hervorragend zur Schuldenpolitik und Schuldenwirtschaft; es ist für diese Zwecke gewissermaßen maßgeschneidert.

Die Österreichische Schule war die erste, die dieses moderne Finanzsystem wirklich durchblickte und auf fundierter Grundlage kritisierte. Sie zeigte, dass die Krisen, die das Wirtschaftsleben der Moderne immer wieder durchbrechen, nicht unvermeidbar sind. Hier liegt auch der wesentliche Grund dafür, dass die Österreichische Schule in Vergessenheit geriet: Ihre Schlüsse sind viel zu unbequem für das Heer der Nutznießer der modernen Schuldenwirtschaft. Denn die Ökonomen der Österreichischen Schule kritisierten das Wirtschaften auf Kredit nicht bloß, weil sie zur Sparsamkeit ermahnen wollten. Wie sparsam oder konsumfreudig die Menschen sind, wollten sie ihnen selbst überlassen. Es ging ihnen bloß darum, die Folgen bestimmter Entscheidungen klar aufzuzeigen. In einer Gesellschaft, die sehr konsumorientiert ist, würde man eigentlich davon ausgehen, dass die Ersparnisse entsprechend knapp sind. Die Zinssätze wären sehr hoch und Kredite dadurch eher selten. Ein großes Angebot an Krediten zu niedrigen Zinssätzen dürfte es eigentlich nur in einer sehr sparsamen Gesellschaft geben. Diese ökonomischen Mechanismen sollten vor einem Überschuldungswettlauf bewahren. Warum wirken sie heute nicht?

Dahinter stehen absichtsvolle Entscheidungen, die den unterschiedlichsten Interessengruppen entgegenkommen und von ihnen daher lange Zeit vehement eingefordert wurden, ohne ihre Folgen zu verstehen. Gierige Unternehmer, populistische Politiker und wohlmeinende Ideologen bildeten eine seltsame Allianz, die ihnen selbst gar nicht bewusst war. Die Entfesselung der Kreditausweitung führte nicht nur zur Überschuldung der Menschen, Unternehmen und Staaten. Sie führte auch zu dramatischen Verzerrungen der Wirtschaftsstruktur. Diese Verzerrungen stehen hinter dem Phänomen des Konjunkturzyklus.

Der Konjunkturzyklus

Wirtschaftskrisen lassen sich nicht bloß dadurch erklären, dass die Unternehmer Fehler machen. Wie wir sahen, stellen Fehler und das Scheitern notwendige Bestandteile des Unternehmertums dar. In einer Krise kommt es jedoch zur plötzlichen Häufung von Fehlern. In periodischen Abständen gelingt es Unternehmern deutlich schlechter als sonst, die Zukunft richtig abzuschätzen. Die Folge ist: Eine Welle der Enttäuschung breitet sich durch die Wirtschaft aus. Das Wort deutet schon an, womit wir es hier zu tun haben: mit einer Ent-Täuschung. Wodurch wurden die Unternehmer getäuscht?

Wir haben schon gesehen, dass der Zinssatz einen wichtigen Signalpreis darstellt. Daher ist eine Täuschung über die Höhe des Zinssatzes besonders schwerwiegend. Diese Täuschung kommt so zustande: Eine Kreditausweitung ohne Ausweitung realer Ersparnisse hat dieselbe Folge wie die Festsetzung eines Höchstpreises unter dem Marktpreis. Der Preis, um den es hier geht, ist der Preis für Ersparnisse: der Zinssatz. Das Angebot an Ersparnissen wird künstlich um ein Scheinangebot ausgeweitet. Durch die Ausweitung der Kreditmenge sinkt der Preis für Ersparnisse in einer Wirtschaft: Das bedeutet, der durchschnittliche Zinssatz wird künstlich auf einen niedrigeren Wert gesenkt. Ein Höchstpreis unter dem Marktpreis hat eine ganz ähnliche Wirkung: Er erweckt den Eindruck eines höheren Angebots, als es der Realität entspricht. Diese Täuschung wird aufgedeckt, sobald es zu Knappheit und Warteschlangen kommt.

Künstliche Zinssenkung

Diese Zinssenkung unter den Wert, der den realen Verhältnissen entspricht, sendet falsche Signale: Die potenziellen Sparer gewinnen aufgrund des niedrigen Zinssatzes den Eindruck, dass weniger Bedarf an ihren Ersparnissen besteht. Es »zahlt sich weniger aus« zu sparen. Stattdessen werden die Menschen dazu ermuntert zu konsumieren. Dadurch sinken die verfügbaren realen Ersparnisse noch weiter. Den Unternehmern hingegen kommuniziert der niedrigere Zinssatz, dass viele Ersparnisse verfügbar wären, die nach Anlagemöglichkeiten suchen. Dadurch werden die Unternehmer zu Investitionen ermuntert. Eigentlich sollen Ersparnisse, die Unternehmern zur Verfügung gestellt werden, ja kommunizieren: Nutzt heute die realen Güter, auf die ich verzichten kann, um mir in Zukunft mehr und bessere reale Güter bieten zu können. Doch in dem Fall, bei dem der niedrige Zinssatz gar nicht die Folge höherer Ersparnisbildung ist, gibt es gar nicht genügend reale Güter, auf die wirklich jemand momentan verzichten will und kann.

Hier wird deutlich, warum die Österreichische Schule so darauf achtet, sich bei der Analyse des Wirtschaftsgeschehens nicht durch das Geld blenden zu lassen. Letztlich geht es immer um reale Güter und Leistungen. Auch für den Unternehmer ist nicht das Geld an sich entscheidend, das er über einen Kredit erhält. Entscheidend ist vielmehr die Möglichkeit, damit reale Kapitalgüter zu erwerben und realen Menschen einen hinreichend hohen Reallohn zu bezahlen. Die Beschäftigten wollen ebenso nicht bloß Geld verdienen, denn Geld kann man nicht essen. Entscheidend ist letztlich auch für sie, was sie damit kaufen können.

Die Unternehmer lassen sich durch Kreditausweitung zu einer Vertiefung der Produktionsstruktur verleiten, das heißt, sie investieren in Bereichen, die lange vor einem konsumierbaren Endprodukt angesiedelt sind. Das wird ihnen leichtgemacht, weil der künstlich gesenkte Zinssatz zu einer scheinbaren Aufblähung der Gewinne führt. Der Grund dafür ist, dass die meisten Unternehmer die Entwertung durch die Geldmengenausweitung nicht sehen, sondern bloß die kurzfristig positiven Folgen eines höheren Geldumlaufes. Unternehmer führen ihre Kalkulation in der Regel im vorherrschenden Geld durch, also in der jeweiligen Landeswährung. So übersehen sie, dass etwa die Wiederbeschaffungskosten für ihre Maschinen mit der Entwertung ansteigen, und verabsäumen es, hinreichend große Rücklagen aufzubauen. Das führt dazu, dass Geld als Gewinn ausgeschüttet wird, das eigentlich nur ein scheinbarer Überschuss ist. Je kurzfristiger die Gewinnorientierung der Eigentümer, desto schneller konsumieren sie so eigentlich das Kapital des Unternehmens.

Die erwähnten langfristigen Investitionen werden im Vertrauen getätigt, dass hinreichend große Reserven realer Ersparnisse verfügbar sind, die nicht nur die Durchführung der Investitionen ermöglichen, sondern den

Konsumenten der Zukunft auch die Nachfrage nach den produzierten Gütern erlauben. Eine Investition, die Güter zu einem Zeitpunkt hervorbringt, an dem die Menschen diese Güter gar nicht wollen oder sich gar nicht leisten können, ist keine Investition, sondern Verschwendung. Irgendwann wird unweigerlich aufgedeckt, dass gar keine realen Ersparnisse im eingeplanten Ausmaß zur Verfügung stehen. Dass die verwendeten Kredite keine Entsprechung in realen Ersparnissen hatten, macht sich dadurch bemerkbar, dass die Finanzmittel plötzlich nicht mehr ausreichen, um die Investitionen zu Ende zu führen. Es sieht so aus, als wären die Kapitalgüter und die Löhne zu teuer geworden. Tatsächlich drückt sich durch hohe Preise bloß eine Knappheit realer Güter und Leistungen im Vergleich zur vorhandenen Geldmenge aus. Jene, die sich dem Konsum hingegeben haben, merken, dass sie sich das nicht auf Dauer leisten können. Die Unternehmer, die unbewusst annahmen, dass die Menschen zuvor gespart hatten und sich nun ihre Produkte leisten können, werden bitter enttäuscht. Und zusätzlich schießen die Zinssätze wieder in die Höhe, sobald deutlich wird, dass es eigentlich zu wenige Sparer und zu viele Nachfrager nach Ersparnissen gibt. Plötzlich steigen sowohl die Produktions- als auch die Finanzierungskosten der Unternehmen, während die erwartete Nachfrage ausbleibt. Die Folge ist: Zahlreichen Unternehmen geht die Luft aus und die Börsenkurse fallen.

Ungenügende reale Ersparnisse

Meist setzt die Aufdeckung dieser Verzerrungen dann ein, wenn die Inflationierung stagniert. Illusionäre Begeisterung läuft stets nach dem gleichen Muster ab: Zunächst kommt Hysterie auf, bloß nichts zu verpassen. Niemand will bei der wundersamen Geldvermehrung den Kürzeren ziehen. Alles drängt zum Geld wie die Motten zum Licht. Wer nicht mitläuft, steht als der Dumme da. Doch es genügt schon eine Verlangsamung der Geldvermehrung, um Zweifel zu wecken. Dann schlägt die Hysterie schnell in Panik um.

Eine Verlangsamung der Inflation tritt zum Beispiel dann ein, wenn die Zentralbank höhere Zinssätze zulässt; in der Absicht, die Teuerung zu dämpfen. Eine Verlangsamung der Inflation kann ebenso eintreten, wenn die Kreditnachfrage plötzlich zurückgeht. Womöglich nimmt die Vorsicht wieder zu, weil die ersten Unternehmer schon ihre bittere Lektion gelernt haben. Oder aber den Menschen gehen langsam die Ideen aus, was sie mit den Krediten anstellen könnten. In einer globalisierten Wirtschaft ist das jedoch kaum der Fall; die Inflation wird in einem solchen Fall einfach exportiert. Oder sie wird in Hype-Branchen kanalisiert, die überhaupt keine Bodenhaftung mehr haben. Dann können ein schillernder Name und eine Website plötzlich Milliarden aufsaugen.

So wird der übliche Konjunkturzyklus durchlaufen. Fassen wir es noch einmal zusammen: Durch die Illusion der Verfügbarkeit reichlicher Ersparnisse, ohne die Notwendigkeit zu sparen, das heißt mit Hilfe der Kreditausweitung, wird zunächst ein Boom ausgelöst. Sowohl der Konsum als auch die Produktion laufen auf Hochtouren. Eine hektische Betriebsamkeit macht sich breit. Das Geld verdient sich nahezu von selbst, die Unternehmen sind überraschend profitabel, die Börsenkurse steigen fast ununterbrochen. Alles zieht an die Börse. Selbst Affen, die man in Experimenten Aktien während des Booms vollkommen zufällig auswählen ließ, machten Gewinne und schlugen dabei noch viele Fonds, die sich hochbezahlte Ökonomie-Experten für Kursastrologie leisten.

Spekulation

Die steigenden Aktienkurse sind schon ein Hinweis auf die Entwertung, die durch die Aufblähung der Wirtschaft vor sich geht. Ein Aktienkurs ist nichts anderes als ein Preis für eine Unternehmensbeteiligung. Auch das Ansteigen dieser Preise bedeutet nichts anderes, als dass die Kaufkraft des Geldes sinkt. Es wird immer teurer, eine Beteiligung an einem Unternehmen zu erwerben. Wenn die Aktienkurse steigen, sinken also die Reallöhne ausgedrückt in Unternehmensbeteiligungen, das heißt, die Menschen müssen immer länger arbeiten, um sich einen Anteil an einem Unternehmen leisten zu können. Ein steigender Aktienkurs unterscheidet sich nicht grundlegend von einem steigenden Erdölpreis.

Warum schielt dann alle Welt so begeistert auf die Aktienkurse? Warum ist das Klagen so groß, wenn die Kurse fallen? Wären wir alle Erdölspekulanten, so fiele unsere Reaktion auf schwankende Erdölpreise auf genau dieselbe Art aus: Wir würden darüber jubeln, wenn sich der Erdölpreis vervielfacht, und jammern, wenn Erdöl so billig ist, dass sich jedermann das Tanken leisten kann. Weil der Markt für Unternehmensanteile besonders schnell agiert, besonders gut organisiert und nahezu nahtlos international vernetzt ist, bilden sich hier Markterwartungen besonders gut ab. Die steigenden Aktienkurse in den Zeiten des Booms sind also ein Zeichen für die Verarmung der Bevölkerung zugunsten der Geldschöpfer und ihrer »Spekulanten«.

Daher hat die Spekulation heute einen so schlechten Namen. Die wenigsten verstehen, was Spekulanten eigentlich machen, doch man ist sich weithin einig, hier die Schuldigen an den Kurseinbrüchen und gar der gesamten Krise auszumachen. Doch man muss eben unterscheiden zwischen den »Spekulanten«, die an der Geldschöpfung verdienen, und dem Prinzip der Spekulation an sich. Echte Spekulation geht mindestens so oft schief, wie sie gut geht. Eine unrechtmäßige Bereicherung erlaubt sie nicht, sie honoriert nur die seltenen Fälle richtiger Voraussicht. Die »Spekulation« der Geldschöpfer besteht hingegen darin, an der Geldmengenausweitung durch geeignete Kredithebel noch schneller und stärker als die Konkurrenz zu verdienen.

Echte Spekulation ist bloß eine Form der Arbitrage, die wir als Aspekt des Unternehmertums kennengelernt haben. Es handelt sich um die zeitliche Arbitrage, die eine Folge davon ist, dass das Wissen nicht nur räumlich, sondern aufgrund der Ungewissheit der Zukunft auch zeitlich »verstreut« ist. Einfacher ausgedrückt: Im Nachhinein weiß man es immer besser. Spekulation ist eine Möglichkeit, Ahnungen über die ungewisse Zukunft zu bewirtschaften – also menschliche Energie und Genialität darauf auszurichten, die Gegenwart auf die Zukunft vorzubereiten.

Zeitliche Arbitrage

Betrachten wir dazu das einfache Beispiel eines Ortes, der mit der Außenwelt keine Handelsbeziehungen unterhält. Ein Spekulant, so die übliche Auffassung, könnte hier dadurch verdienen, dass er Getreide aufkauft und damit den Preis in die Höhe treibt – zum Schaden der nun hungernden Bewohner. Zum hohen Preis würde er den Hungernden schließlich das Getreide wieder zurückverkaufen und so einen großen Profit machen. Dies ist ökonomisch jedoch überhaupt nicht plausibel. Beim Aufkaufen des Getreides muss er ja selbst zunehmend höhere Preise bezahlen und beim Abverkauf erzielt er immer geringere Erlöse. Es ist viel wahrscheinlicher, auf diese Weise ein Verlustgeschäft zu machen.

Tatsächlich verdienen Spekulanten dann, wenn Preise aufgrund anderer Umstände steigen. Nehmen wir an, in unserem Beispiel wäre der Preis für Getreide relativ niedrig, weil gerade niemand davon ausgeht, dass die Ernte im nächsten Jahr wesentlich schlechter sein könnte als sonst. Hätten die Menschen jedoch im Vorhinein Kenntnis von der schlechter ausfallenden Ernte, würde der momentane Preis viel höher liegen, denn jeder würde versuchen, sich mit möglichst viel Getreide einzudecken, und die Bauern würden nicht all ihr Getreide verkaufen. Sollte es dann tatsächlich und unerwartet im kommenden Jahr zu einem Ernteausfall kommen, würde der Preis zu diesem Zeitpunkt plötzlich in die Höhe schießen. Ein Spekulant, der hier verdienen wollte, müsste jemand sein, der diesen Ernteausfall zu einem Zeitpunkt geahnt hat, als noch niemand sonst daran dachte. Er hätte dann zu einem relativ günstigen Preis eingekauft, das Getreide gelagert (und nicht konsumiert) und in der Zeit des Hungers verkauft. Dann wäre er freilich sehr verhasst, denn offenbar verdient er am Hunger der Menschen. Doch ökonomisch betrachtet hat er eine nützliche Funktion übernommen. Das Aufkaufen in Zeiten, als niemand am Getreide sparte und alle konsumierten, erhöhte die Preise und führte so zu einem sparsameren Umgang. In Zeiten des Hungers führte der Verkauf des eingelagerten Getreides hingegen zu sinkenden Preisen und dadurch zur Linderung der Not. Der Spekulant verdient nicht am Hunger seiner Mitmenschen, sondern an deren Kurzsichtigkeit. Allgemeiner formuliert: Der erfolgreiche Spekulant war besser dabei, die Zukunft einzuschätzen als andere. Der Profit, den er erzielt, ist die Belohnung für diese korrekte Einschätzung. Spekulanten führen also nicht zu extremen Preisschwankungen, wie man gemeinhin glaubt, sondern schwächen diese ab. Dass ein Ernteausfall heute in unseren Breiten nicht mehr zu Hungersnöten führt, ist das Verdienst von Märkten und Spekulation, auch wenn darin gar nicht die Absicht der Spekulanten liegt.

Die Spekulation anhand von realen Gütern mag noch jeder nachvollziehen können. Doch handelt es sich bei modernen Finanzderivaten nicht um Übertreibungen? Da die wenigsten verstehen, wie diese funktionieren, würde eine Mehrheit diese Instrumente wohl am liebsten verbieten. Doch es ist verfehlt, die Übertreibungen unserer Zeit durch andere Übertreibungen zu bekämpfen. Unter Derivaten versteht man etwa Futures, Optionen und Swaps. Keines dieser Geschäfte ist an sich schädlich. Es handelt sich um wichtige Hilfsmittel für eine komplexe, hocharbeitsteilige Wirtschaft. Der ursprüngliche Zweck solcher Derivate liegt in der besseren Verteilung von Risiken an diejenigen, die bereit sind, sie zu tragen.

Finanzderivate

Ein einfaches Beispiel soll das Prinzip erläutern:

> Ein Gärtner, der Beeren anbaut, macht einen Teil seiner Ernte zu einem großartigen Saft, verwendet diesen aber nur zum Eigengebrauch. Ein Bekannter drängt ihn, doch mehr von diesem Saft zu produzieren, denn es wäre der beste Saft, den er je gekostet hätte. Sicherlich ließen sich davon viele Flaschen verkaufen. Doch der Gärtner entgegnet: Dann müsste ich eine größere Presse kaufen. Doch das würde sich nur auszahlen, wenn ich wesentlich mehr Beeren verarbeiten könnte und diese müsste ich zukaufen. Dieses Risiko möchte ich nicht eingehen, denn der Beerenpreis schwankt zu sehr. Er müsste nur um ein Viertel steigen und die Kosten für den Saft wären zu hoch, um genügend Käufer zu finden. Der Bekannte hingegen schätzt die Situation gänzlich anders ein. Um den Gärtner zu ermutigen, bietet er ihm folgende Wette an: Wenn der Beerenpreis steigt, zahle ich dir die Differenz zum heutigen Preis. Wenn der Beerenpreis gleich bleibt oder fällt, zahlst du mir die Differenz. So machst du in jedem Fall einen Gewinn.

Ist eine solche Wette Unrecht? Es handelt sich bei ihr um die einfachste Form eines Derivats, und zwar eines Hedgegeschäfts. Zur besseren Handelbarkeit werden solche Wetten durch Verträge ersetzt, die zukünftige Kaufvereinbarungen zu vereinbarten Preisen festsetzen. Eine Option stellt dabei, wie der Name schon sagt, eine bloße Option dar: Es muss zu keinem Kauf kommen. Futures hingegen sind Kaufverträge, die einen zukünftigen Kauf zu einem heute festgesetzten Preis vorsehen. Swaps nennt man den Tausch von Ansprüchen auf zukünftige Einkommensströme. Insbesondere in unserer Welt der schwankenden Papiergelder wäre internationale Arbeitsteilung im großen Stil ohne solche Derivate kaum denkbar. Die wichtigste Funktion von Derivaten liegt heute darin, Währungsrisiken auszugleichen. Zusätzlich dienen Derivate der Arbitrage zwischen unterschiedlichen Märkten. Sie helfen, die Märkte effizienter zu machen. Das bedeutet, dass sie kleine Preisunterschiede gewinnbringend ausgleichen.

Pyramidenspiele

Diese Ehrenrettung des Spekulanten gilt allerdings nur für diejenigen, die reale Ersparnisse einsetzen. Der »Spekulant«, der über Kredithebel an der Geldmengenausweitung partizipiert, agiert durchaus als Preistreiber, indem er geschöpfte Kreditvolumina in bestimmte Anlageformen kanalisiert und jene dadurch aufbläht. Diese »Spekulanten« verdienen vor allem am erwähnten Umverteilungseffekt zugunsten der Geldschöpfer. Unabhängig davon können sie nur dann zusätzlich mehr Geld als andere verdienen, wenn die Täuschung relativ breite Schichten erfasst und diese zu einer kurzfristigen Gier anstachelt. Tritt dieser Fall ein, bekommen Anlageformen den Charakter eines Pyramidenspiels. Aufgrund der schleichenden Entwertung werden die Menschen ganz unbewusst dazu gehetzt, immer höheren Renditen nachzujagen. In Zeiten der Inflation handelt es sich bei den meisten Renditen nämlich um Scheinrenditen, die nicht einmal die laufende Geldentwertung abgelten können. Allein zur Wertsicherung muss man in Zeiten der Inflation der Aufblähung der Anlageformen stets noch etwas voraus sein.

In der Ökonomie spricht man immer dann von einem Pyramidenspiel, wenn Erträge nicht durch Kapitalaufbau erzielt werden, sondern schlicht durch neue Einzahlungen. Private Pyramidenspiele sind illegal, staatliche und staatlich privilegierte hingegen werden besonders hochgehalten. Ein Beispiel dafür ist das Rentensystem, das nach dem Umlageverfahren aufgebaut ist. Dabei werden die Einzahlungen der arbeitenden Bevölkerung nicht dazu genutzt, Werte aufzubauen, um für ihren Ruhestand vorzusorgen, sondern die Gelder werden direkt an die derzeitigen Rentner ausbezahlt. Das Umlageverfahren hatte ursprünglich den Sinn, dass nach der Zerstörung der Kriege den damaligen Ruheständlern sogleich etwas ausgezahlt werden konnte, ohne dass erst Ersparnisse aufgebaut werden mussten. Allzu lange kann ein derartiges Verfahren aber nicht gut gehen, insbesondere wenn sich die Demographie wandelt und es schließlich mehr Alte als Junge gibt.

Rentensystem

Ein Pyramidenspiel stößt dann an sein unvermeidliches Ende, wenn sich keine neuen Einzahler mehr finden lassen. Geld verdienen kann man damit, solange man noch genügend Dumme findet, die einzahlen. Dazu muss man relativ früh in das Pyramidenspiel eingestiegen sein. Die Pyramide verbreitert sich von der Spitze der Erstbetrüger bis hin zur Basis der nützlichen Idioten. Letztere lassen sich durch ihre Gier blenden. Doch der Hinweis auf die Gier allein reicht nicht, um eine Wirtschaftskrise zu erklären. Gier finden wir als eine der menschlichen Schwächen überall und stets als schlummernde Versuchung. Wesentlicher ist die Frage, warum sich bestimmte Formen der Gier plötzlich lohnen und andere nicht. Die Österreichische Schule gibt hierauf plausible und unbequeme Antworten.

Aufgeblähte Anlageformen haben den Charakter eines Pyramidenspiels. Hierbei erwarten sich die Anleger, an der Wertsteigerung zu verdienen. Dazu müssen sie Dümmere finden, die ihnen noch mehr bezahlen, als sie selbst bezahlt haben. An Wertsteigerungen ist natürlich nichts an sich Verwerfliches. Etwas günstiger eingekauft zu haben, weil man den Wert einer Sache vor anderen erkannt hat, ist eine schöne Sache und in gewissem Sinne sogar eine gute Tat: Denn eine solche Entscheidung bereitet die Gegenwart auf die ungewisse Zukunft vor und hilft mit, unangenehme Überraschungen vorwegzunehmen und dadurch abzumildern. Das Problem liegt vielmehr darin, dass die Wertsteigerung nicht real, sondern eine Folge der Aufblähung ist. Diese Aufblähung pflanzt sich noch dazu nicht gleichmäßig durch die Wirtschaft fort. Die Börse als besonders breiter und stark vernetzter Querschnitt durch die Wirtschaft nimmt diese Aufblähung besonders rasch auf; die zusätzliche Geldmenge drängt nach immer neuen Verwendungsmöglichkeiten. Auch Anlageformen außerhalb der Börse beginnen zu blühen; in Wirklichkeit freilich beginnen sie sich aufzublähen. Letztlich wird aufgrund der Geldentwertung nahezu alles zu einer potenziellen Anlageform. Doch wann platzen diese Blasen?

Schuhputzerphänomen

Vom Vater des US-Präsidenten John F. Kennedy stammt hierzu eine wichtige Beobachtung. Aus dieser lässt sich ein guter Indikator für Anleger ablesen, der als Schuhputzerphänomen bezeichnet werden kann: Joseph Kennedy ließ sich eines Tages die Schuhe putzen. Da überraschte ihn der Schuhputzer mit einer »todsicheren« Anlageempfehlung. Am nächsten Tag verkaufte Kennedy alle Aktien – gerade rechtzeitig. Sein Gedanke war: Schuhputzer befinden sich am unteren Ende der Pyramide. Sie würden kaum noch jemanden finden, der ihnen Aktien abkauft. Das Pyramidenspiel würde also keine neuen Einzahler finden und zusammenbrechen.

Das Argument darf man nicht missverstehen: Es geht nicht um den Schuhputzer per se, sondern um ein Anzeichen für die Durchflutung der Gesellschaft mit der Hoffnung auf schnelles Geld. Da diese Hoffnung auf Illusionen beruht und keine reale Grundlage besitzt, zeigt sich jene Pyramidenstruktur. Der Manager im BMW glaubt dem erfolgreichen Bankier im Porsche. Der Angestellte im VW glaubt dem erfolgreichen Manager. Der Schuhputzer zu Fuß und am Fuß der Pyramide glaubt dem erfolgreichen Angestellten. Dem Schuhputzer glaubt niemand mehr.

Nach dem Boom kommt unweigerlich der Bust – die Rezession. Die Österreichische Schule interpretiert diese Phasen gänzlich anders, als dies sonst üblich geschieht. Der Boom wird als monetäres Phänomen betrachtet, das eine Verzerrung der Wirtschaftsstruktur mit sich bringt. Das bedeutet, dass sich die Wirtschaft von den wirklichen Präferenzen der Menschen entfernt. An die Stelle realer Werte treten aufgeblähte Scheinwerte. Der Boom ist nicht nachhaltig, und nach dem Zusammenbruch, ist die Gesellschaft ärmer als davor.

Das Problem liegt nicht darin, dass die Unternehmen zu viel investieren, sondern dass sie die falschen Investitionen tätigen. Es werden Kapitalstrukturen aufgebaut, die Dinge hervorbringen, für die eigentlich gar kein realer Bedarf besteht. Ein Beispiel sehen wir in der Zubetonierung der Landschaft mit Bürobauten und Parkplätzen, die dann leer stehen. Weil die Unternehmer systematisch ihre Gewinne überschätzen, konsumieren sie zudem das, was noch an realem Kapital vorhanden ist. Ludwig von Mises erklärte die Verzerrungen in der Krise wie folgt: »Man geht so vor, wie ein Baumeister, der mit einer begrenzten Menge von Baumaterial und Arbeit einen Bau aufführen will und sich dabei verrechnet hat. Man legt die Fundamente zu groß an, verbraucht schon für die Fundamente den ganzen verfügbaren Bestand an Produktionsmitteln und kann dann nicht weiterbauen. Das ist nicht Überinvestition: man hat dabei nicht mehr verbaut, als man verbauen konnte; man hat das verfügbare Material falsch verwendet.«

Krise

Die Krise sehen die »Österreicher« als unbequeme, aber notwendige Heilungsphase, in der die Kapitalstruktur unter großen Anstrengungen wieder an die Realität angepasst werden muss. Auch die Etymologie gibt dieser Perspektive recht: Krise kommt vom griechischen *krinein*, das bedeutet »scheiden« oder »trennen«. In der Krise werden die Scheinwerte von den realen Werten geschieden. Unbequeme Entscheidungen werden notwendig, die man zuvor aufgrund der Inflation von Scheinwerten verdrängen konnte. Die heutige Politik neigt freilich stets dazu, den Boom immer weiter künstlich zu verlängern. Friedrich von Hayek warnte bereits 1932 anlässlich jener Krise, die dann schrecklich ausarten sollte: »Anstatt die unvermeidbare Auflösung der Verzerrungen, die der Boom während der letzten drei Jahre mit sich brachte, voranzubringen, wurden alle erdenklichen Mittel aufgewendet, um zu verhindern, dass die Wiederanpassung stattfindet […]. Die Depression mit einer erzwungenen Kreditausweitung zu bekämpfen ist ein Versuch, das Übel durch dieselben Mittel zu beseitigen, die es hervorgebracht haben; weil wir an einer Fehlleitung der Produktion leiden, wollen wir weitere Fehlleitung schaffen – eine Prozedur, die nur zu einer noch schwereren Krise führen kann, sobald die Kreditausweitung an ein Ende gelangt.«

Seitdem sind die Politiker und Zentralbanker nicht klüger geworden, nur schlauer. Die modernen Möglichkeiten der künstlichen Boom-Verlängerung sind verblüffend. Doch letztlich ist es ganz unvermeidlich, dass der Boom endet. Und der Kater am Morgen fällt umso stärker aus, je maßloser man am Vorabend gesoffen hat. Die »Österreicher« wiesen ganz nüchtern darauf hin, dass der Mensch eben auch ein materielles Wesen ist und auf Dauer nicht alleine von Illusionen leben kann. Darum schimpfte man sie einst Materialisten.

Regulierung und Steuern

Bankenrettung

Die meisten sind heute der Ansicht, Krisen seien eine Folge mangelnder Regulierung. Der menschlichen Gier wurde, so meinen sie, seitens des Staates kein genügend großer Riegel vorgeschoben. In der Krise zeige sich, dass der Markt, wenn man ihn sich selbst überlasse, vollkommen aus dem Ruder laufe. Staatliche Interventionen seien nötig, um hier korrigierend einzugreifen. Wenn der »österreichische« Ökonom eine solche Litanei hört, dann muss er schon wieder zur Verteidigung der Märkte ausholen. Dabei befindet er sich in einer vollkommen absurden Situation, denn die wenigen, die stets warnten und die Dynamiken richtig vorhersahen, gelten dann plötzlich als Schuldige. Dabei verteidigt die Österreichische Schule keineswegs blind und kritiklos das Verhalten der Menschen, die sich auf den Märkten koordinieren. Ganz im Gegenteil ruft sie ihnen zu: Achtung, ihr erliegt Illusionen! Lasst euch nicht von kurzfristigen Gewinnaussichten verführen. Hütet euch vor Blasen. Nehmt vorübergehende Einbußen in Kauf, damit die Wirtschaft eine nachhaltige Grundlage entwickeln kann.

So zu tun, als käme der Staat nun zur Krise wie die Jungfrau zum Kind und müsse den Schaden wieder aufräumen, den »die Wirtschaft« verursacht habe, ist reichlich naiv. Sehen wir uns die staatlichen Interventionen zur Krisenbewältigung näher an. Wenn der Staat direkt als Bankenretter auftritt, dann tut er das mit neugeschöpftem Geld. Das bedeutet, dass er den Verlust einzelner durch eine versteckte Besteuerung aller anderen ausgleicht. Eine solche Vorgangsweise setzt ganz verheerende Anreize. Genauso ist es bei der vermeintlichen »Einlagensicherung«, denn paradoxerweise macht eine solche »Sicherheit« die Einlagen langfristig noch viel unsicherer. Der Grund dafür ist das, was man in der Ökonomie *moral hazard* oder moralischen Wagemut nennt. Eine Ausfallshaftung übernimmt das Risiko; doch wenn es der Staat tut, schultert er dieses Risiko nicht selbst und nimmt es damit ab, sondern verstreut es und macht es unsichtbar, wie ein fein versprühtes Gift, für dessen Wirkung niemand mehr verantwortlich ist.

Moral hazard

Muss ein Akteur das Risiko seiner Handlungen nicht mehr selbst tragen, neigt er zu größerem Wagemut. Eine Ausfallshaftung greift genau bei jenen, die am schlechtesten gewirtschaftet haben – und belohnt sie auch noch. Das wäre in etwa so, als übernähme der Staat bei Gewinnspielen die Garantie, den Preis auszubezahlen, wenn der Lotterieanbieter plötzlich feststellt, zwar die Lose verkauft, aber dummerweise kein Preisgeld mehr übrig zu haben. Welche Lotterien würden in einem solchen Fall wohl überhandnehmen?

Was würde geschehen, wenn Banken scheitern, ohne dass es eine Einlagensicherung gibt? Viele Sparer würden ihr Geld verlieren; eine bittere Lektion, allerdings auch eine Möglichkeit, etwas dazuzulernen. Die Sparer würden lernen, dass man weniger leichtgläubig sein sollte. Sie würden einen gesunden Zorn auf ihre Banken empfinden und diese bittere Lektion weitergeben. Die Banken, die ihre Ersparnisse vernichtet haben, würden bestraft. Sie würden keine Kunden mehr finden, mit Klagen eingedeckt werden und es wohl auch mit handgreiflicheren Formen des Volkszorns zu tun bekommen. Die Folge wäre eine heilsame Lektion für die gesamte Branche: Das Vertrauen von Kunden wäre nicht mehr automatisch gegeben, sondern müsste mühsam durch besonders vorausschauendes und sorgfältiges Wirtschaften neu gewonnen werden. Dann gäbe es für solch wünschenswertes Handeln wieder Anreize. Heute wirken die Anreize jedoch genau umgekehrt.

Wenn der Staat eine Garantie übernimmt, bedeutet dies stets Unheil. Ein besonderes Beispiel für moralischen Wagemut sind die US-Hypothekenbanken, verniedlichend als Fannie Mae und Freddie Mac bekannt. Die Politik ist einst in das Hypothekengeschäft unter dem Vorwand eingedrungen, zahlungsschwache Kreditnehmer zu unterstützen: genau jene, die nun als Spätfolge dieses Engagements über die Klinge springen müssen. Bereits 1944 wurde gesetzlich veranlasst (»GI Bill«), dass alle Kriegsveteranen günstige Hypothekarkredite bekommen. Die Unterstützung von Veteranen ist schon seit alters her ein beliebter Vorwand der Politik, der sich aus deren schlechtem Gewissen erklärt, da durch ihre Schuld unzählige Leben in sinnlosen Kriegen zerstört wurden.

Staatliche Garantien

Pro forma gründete man Fannie Mae und Freddie Mac als unabhängige Institute. Freilich wurden die Vorstände von Politikern und ihren Günstlingen gestellt, als Standort Washington D.C. gewählt, und es flossen reichlich Gelder an die Parteien. Zudem pflegte die Regierung die Erwartungshaltung, dass sie für ihre Geschöpfe haften würde. Dies geschah insbesondere dadurch, dass als staatliches Privileg weitaus niedrigere Eigenkapitalerfordernisse gewährt wurden. Nach der Clinton-Ära durften Fannie und Freddie bis zu 40-mal mehr Hypothekarkredite vergeben, als sie Eigenkapital besaßen. Dabei zeigten sich beide Institute als zutiefst korrupt. Die politischen Manager verdienten ihre millionenschweren Gehälter, indem sie die Bücher manipulierten, um sich selbst Boni für die so fabrizierten »Erfolge« auszubezahlen. Diese »Deregulierung« bzw. »Liberalisierung« jener Pseudobanken wurde am vehementesten gerade von jenen Politikern betrieben, die heute »mangelnde Regulierung« für die Krise verantwortlich machen.

Diese Politik beließ es nicht bei dem Buhlen um die Stimmen der Veteranen und ihrer Angehörigen, als Nächstes kamen die *race issues* auf die politische Agenda. Die Politik bedient sich gerne der Schwächsten oder Gruppierungen, die unter dem Schutz der politischen Korrektheit stehen. Im Namen der Antidiskriminierung lässt sich bestens politisch operieren, denn jeder Widerstand ist leicht als »diskriminierend« oder gar »rassistisch« zu diffamieren. Tatsache ist, dass seit den 1990er-Jahren der politische Druck auf Fannie und Freddie immer größer wurde, Kredite an Wählerschichten mit niedrigem Einkommen zu vergeben. Wenn jenen Kredite verweigert wurden, die sich diese eigentlich nicht leisten konnten, wurde das als rassistische Diskriminierung ausgelegt. Schwarze verfügen über ein im Durchschnitt niedrigeres Einkommen, daher wurden überdurchschnittlich vielen Schwarzen Kredite verweigert. Das staatliche Department of Housing and Urban Development gab schließlich sogar eine Quote vor: 42 Prozent der Kredite sollten an Schuldner mit unterdurchschnittlichem Einkommen gehen. Diese Quote wurde nach und nach auf 52 Prozent erhöht. Zudem sollte fast ein Drittel der Kredite an Schuldner gehen, deren Einkommen mehr als ein Drittel geringer als das des Durchschnitts ist.

Doch die Politik ließ es nicht bei ihren eigenen Banken bewenden. Bald gerieten auch private Banken ins Visier, weil nach mehr Regulierung gerufen wurde. Auch die privaten Banken sollten zur Antidiskriminierung umerzogen werden. Dazu wurde der bereits 1977 erlassene Community Reinvestment Act (CRA) noch zusätzlich verschärft. Dieses Gesetz sieht auch für private Banken Quotenregelungen vor. Die Folge war, dass die Kreditvergabe an arme Haushalte geradezu explodierte und sich die Ärmsten über alle Maßen verschuldeten – dies freilich im Namen des Gemeinwohls, der Armutsbekämpfung und der Antidiskriminierung.

Die geschilderten politischen Maßnahmen waren durchwegs Verschärfungen bestehender Regulierungen. Während der Clinton-Regierung wurden die Banken gesetzlich gezwungen, circa eine Billion Dollar (eine Million Millionen) an Kreditmittel in verarmte Viertel fließen zu lassen. Dies ließen sich die Banken freilich auch ordentlich vergüten. Dank Politisierung der Risiken und Inflation konnten die Banken auch mit Krediten, die niemals zurückbezahlt werden, viel Geld verdienen. Das Geld floss über zahlreiche politische Netzwerke von *community activists* – ein Sumpf, in dem unter anderem auch die Karriere von Barack Obama begann. Was zunächst wie ein lobenswerter Akt der Menschlichkeit aussah, war letztlich katastrophal, denn beim Geld, das vom Himmel fiel, handelte es sich nicht um Investitionen, sondern bloß um Kredite, denen weder reale Ersparnisse noch die reale Fähigkeit einer Rückzahlung gegenüberstanden.

Doch nicht nur die Demokraten, auch die Republikaner verfolgten dieselbe Strategie. George W. Bush beschwor den amerikanischen Traum vom Eigenheim für jedermann; ein durchaus sympathisches Ziel. Dieses sollte jedoch ausschließlich durch die Kreditausweitung ermöglicht werden. Bush entdeckte die Zuwanderer aus Lateinamerika als Zielgruppe, um die Erfolge der Demokraten bei den Schwarzen wettmachen zu können. Im Jahr 2003 unterzeichnete er den American Dream Downpayment Act, der kreditfinanzierte Hauskäufe durch Einkommensschwache subventionierte. Im Dezember desselben Jahres erklärte Bush feierlich: »Es steht in unserem nationalen Interesse, dass mehr Leute ein Eigenheim besitzen.« Dazu forderte er, dass bis 2010 aus den »Angehörigen von Minderheiten« – er hatte die Latinos im Auge – 5,5 Millionen neue Eigenheimbesitzer hervorgehen sollten.

Kreditfinanzierte Hauskäufe

Ein kundiger Beobachter der politischen Landschaft, der über hinreichendes Verständnis von Ökonomie verfügt, hätte die Immobilienkrise daher relativ genau vorhersagen können. Jenen Vertretern der Österreichischen Schule in den USA, die das Tagesgeschehen aus nächster Nähe verfolgt hatten, gelang das auch in der Tat. Das ist einer der Gründe, warum die Österreichische Schule nach langer Ausgrenzung dort plötzlich wieder allgemeine Aufmerksamkeit erlangte. Dabei handelt es sich um eine bittere Ironie der Geschichte. Denn die Österreichische Schule ist eben jene, die in Hinsicht auf Vorhersagen am bescheidensten auftritt. Sie beschränkt sich darauf, Dynamiken zu erklären. Daten und Fakten lassen sich nicht vorhersagen, denn das liefe auf eine Leugnung der menschlichen Freiheit hinaus. Und dennoch konnte die Österreichische Schule auch und gerade in dieser Hinsicht all jene Ökonomen in den Schatten stellen, die mittels formaler Modelle stets quantitative Prognosen abgeben und sich als große Auguren hofieren lassen.

Sind denn nicht zumindest die Banken zu wenig reguliert? Auch hier zeigt sich, dass es sich um eine Überschätzung der Politik handelt, das Heil in Regulierungen zu suchen. Der Bankensektor ist einer der am stärksten regulierten Sektoren. Man muss sich nur die detaillierten Vorschriftskonvolute ansehen. In Österreich sitzt sogar bei jeder Bankenvorstandssitzung ein staatlicher Kontrolleur am Tisch. Doch wer kontrolliert hier wen? Es ist ein offenes Geheimnis, dass Banken und Politik eng miteinander verbunden sind. Je strenger die Regulierung, desto

Regulierungen

mehr wird das bestehende Bankenkartell vor neuen, kleineren Konkurrenten geschützt, die sich die willkürlichen Auflagen nicht leisten könnten.

Die nüchterne Regulierungsskepsis der Österreichischen Schule hat ihr den Ruf eingebracht, auf vollkommenes Laisser-faire hinauszuwollen. Und in der Tat haben sich einige jüngere Vertreter der »Austrians« durchaus zu dieser Phrase bekannt. Sie geht auf den französischen Unternehmer Thomas Le Gendre zurück, den der Finanzminister Colbert fragte, was er denn für ihn tun könne. Der ehrbare Kaufmann antwortete selbstbewusst: Laissez nous faire, laissez nous passer, le monde va de lui-même. »Lasst uns einfach in Frieden – lasst uns machen, lasst uns passieren, die Welt läuft auch von selbst.« Wenn sich Ökonomen zu dieser Formulierung bekennen, dann ersehnen sie kein ungeordnetes Chaos, sondern Frieden von den politischen Anmaßungen ökonomisch ahnungsloser Ideologen und interessengetriebener Machtpolitiker.

Ludwig von Mises warnte vor dem Gegenteil des Laisser-faire: der zwanghaften Selbstüberschätzung der Regulierer, die keinen Frieden lassen, sondern es stets besser wissen, jedoch unfähig sind, selbst etwas besser zu tun. Bissig schrieb er: »Jeder Halbgebildete kann eine Peitsche benutzen und andere Leute zum Gehorsam zwingen. Aber es erfordert Intelligenz und Sorgfalt, der Öffentlichkeit zu dienen. […] Wer seinen Mitmenschen nicht zu dienen in der Lage ist, will sie beherrschen.« Diese Geisteshaltung, so Mises, führe zu einer Interventionsspirale, die Gesellschaft und Wirtschaft lähmt.

Anreizanalyse

Interventionen sind im Grunde dadurch definiert, dass sie stets neue Interventionen nötig machen. Sie treten unter dem vermeintlichen Zweck an, ein System zu reparieren, vergrößern jedoch den Schaden. Interventionen sind demnach von einer echten Linderung oder gar Heilung eines Problems streng zu unterscheiden. Den guten Arzt erkennen wir daran, dass er sich selbst entbehrlich macht; den schlechten daran, dass er immer dringender und häufiger »gebraucht« wird. Wenn dem Arzt der moralische Kompass fehlt, so kann ihn kurzfristiges Eigeninteresse dazu treiben, dafür zu sorgen, dass ihm nie die Arbeit ausgeht. Das ist exakt der Verdacht, den die Österreichische Schule gegen das Wirken von Politikern hegt. Denn die nüchterne Analyse sagt den Ökonomen: Die Macht und das Einkommen der Politiker und Bürokraten wachsen in genau dem Ausmaß, in dem sie Probleme erfinden und verursachen, zu deren Lösung ausgerechnet sie sich befähigt fühlen.

Diese Analyse von Anreizen missfällt vielen, weil sie den Eindruck weckt, in Hinblick auf die Menschen stets vom Schlechtesten auszugehen. Dieser Vorwurf hat seine Berechtigung. Der nüchterne Ökonom hält es für gewiss, dass die Menschen stets das Billigere wie das ihnen Angenehmere und Nützlichere vorziehen. Es handelt sich dabei allerdings auch um eine selbsterfüllende Prophezeiung. Wer die Menschen so behandelt, als würden sie dem Geld nachlaufen wie der Esel der vorgehaltenen Karotte, der hilft wohl mit, dass sie genauso werden. Doch es wäre reichlich übertrieben, die moralischen Schwächen des Menschen den Ökonomen anzulasten. Es mag nicht unbedingt für unsere Zeit sprechen, aber Ökonomen, die die Anreize von Menschen ganz nüchtern betrachten, liegen – leider – meist richtig.

Die Anreizanalyse geht davon aus, dass sich bei Menschen trotz ihrer unvorhersehbaren Unterschiede bestimmte universelle Motive in starker Häufung finden. Die Ökonomen zählen hierzu das Streben nach Geld, Macht und Prestige. Das ist deshalb plausibel, weil es sich dabei um universelle Mittel handelt, die sich zum Erreichen einer großen Bandbreite von Zielen eignen. Ob man ein schnelles Auto fahren oder ein Waisenhaus aufbauen möchte: Geld, Macht und Prestige helfen gleichermaßen bei der Erlangung derart unterschiedlicher Ziele. Bei der Diskussion des Geldes sind wir bereits auf den Gedanken gestoßen, dass eine Gesellschaft, der die Ziele abhandenkommen, besonders hemmungslos nach den Mitteln strebt. Je mehr Bedeutung den Mitteln im Vergleich zu den Zielen beigemessen wird, umso bessere Ergebnisse liefert die Anreizanalyse.

Die bei der Preisbildung bereits diskutierte Abhängigkeit des Preises von

Angebot und Nachfrage zeigt ebenso eine solche Anreizdynamik: Wenn der Preis eines bestimmten Gutes steigt, zieht das ein höheres Angebot und eine geringere Nachfrage nach sich. Die Österreichische Schule hält das nicht für ein Gesetz im strengen Sinne, das sich immer feststellen lässt, sondern bloß für eine oft beobachtete Tendenz. Der Grund für diese beobachteten Verhaltensänderungen liegt darin, dass sich bei geänderten Bedingungen das Verhalten von Akteuren ändert, die gerade an der Grenze bzw. Kippe stehen. Fällt der Preis einer Ware, so kann es sein, dass Akteure, die sich diese zuvor nicht leisten konnten oder wollten, nun zu Nachfragern werden. Wenn wir eine hinreichend große Zahl an Menschen betrachten, können wir daher von solchen Tendenzen zur Verhaltensänderung ausgehen. Damit werden Dynamiken in einem beschränkten Sinne vorhersagbar.

Universelle Motive

Auf diese Weise lassen sich auch die Auswirkungen von regulatorischen Maßnahmen auf das menschliche Handeln analysieren. Eine Regulierungsmaßnahme stellt den Versuch dar, Verhaltensänderungen hervorzubringen, indem bestimmte Optionen durch Strafen verteuert oder andere belohnt werden. Oft besteht das Resultat jedoch aus Verhaltensänderungen, die nicht beabsichtigt sind. Staatliche Regulierung kann die Präferenzen von Menschen nur in geringem Maße ändern. Geändert werden könnten diese Präferenzen nur dann, wenn Menschen die Politik für eine moralische Instanz hielten und ihr Verhalten freiwillig an deren Vorgaben ausrichteten. Heute ist das immer seltener der Fall. Hürden lösen Anreize aus, diese zu umgehen. Jede Regulierungs- oder Steuerungsmaßnahme bringt notwendigerweise solche Hürden mit sich, auch wenn sie gar nicht beabsichtigt sind.

In vielen Ländern etwa gilt der Kündigungsschutz in Unternehmen, der so wie jede Schutzmaßnahme bestimmte Handlungsweisen verteuert, erst ab einer bestimmten Angestelltenzahl. Greift der Kündigungsschutz beispielsweise erst bei mehr als fünf Angestellten, so schafft dies negative Anreize hinsichtlich der Anstellung eines sechsten Mitarbeiters. Das Paradoxe an dieser Schutzmaßnahme ist, dass genau dieser sechste Mitarbeiter der vermeintlich Begünstigte sein soll. In einer Wirtschaft, in der diese Vorschrift gilt, ist es wahrscheinlich, eine Häufung von Unternehmen mit bis zu fünf Mitarbeitern zu finden – und dann eine statistische Lücke. Ein anderes Beispiel für die Auswirkungen von regulatorischen Maßnahmen auf das menschliche Handeln bildet die seltsame Häufung von bestimmten baulichen Ähnlichkeiten. Diese sind sehr oft auf Bauvorschriften zurückzuführen. So resultiert etwa aus einer gesetzlichen Aufzugspflicht für Bauwerke mit mehr als vier Stockwerken eine Häufung von Bauwerken, die genau vier Stockwerke aufweisen. In Österreich stoßen wir aus solchen Gründen in alten Häusern auf eine sehr seltsame Geschosszählung: Nach dem Erdgeschoss folgen »Halbstöcke«, das heißt, der erste Stock findet sich so oft erst in der dritten Etage. Dazu kam es deshalb, weil einst Steuern nach der Anzahl der ausgewiesenen Stockwerke berechnet wurden.

Schutzmaßnahmen

Ein besonders komplexes Beispiel, wie Regulierungen indirekt wirken können, bietet folgende ökonomische Argumentation:

> Der Gesetzgeber vermutet einen Zusammenhang zwischen einem Pestizid und Krebserkrankungen. Um die Zahl an Krebserkrankungen zu senken, erlässt er ein Verbot dieses Pestizids. Ein Verbot wäre nicht notwendig, wenn dieses Pestizid keine Anwendung fände. Dass es angewendet wird, bedeutet, dass bestimmte Akteure dessen Anwendung präferieren. Der Grund dafür liegt wohl in einer Ertragssteigerung, weil ein teilweiser Ernteausfall durch Schädlinge vermieden wird. Dass dieses spezifische Pestizid Verwendung fand, deutet darauf hin, dass es von einigen Akteuren als das günstigste und wirksamste angesehen wurde. Das bedeutet wiederum, dass die nächstbeste legale Alternative teurer und weniger wirksam scheint. Daher ist davon auszugehen, dass sich nun eine Ertragsminderung oder eine Kostensteigerung auf Seiten der Produzenten von Obst und Gemüse einstellt. Eine Kostensteigerung von Produzenten bedeutet keinen direkten Preisanstieg. Es kommt vielmehr zu Ausfällen von Grenzproduzenten, die davor gerade noch wirtschaftlich produziert haben und dies nun nicht mehr können. Der folgende Angebotsausfall kann nun indirekt zu höheren Preisen führen. Höhere Preise für Obst und Gemüse ändern nicht die Präferenzen, aber das Verhalten von Grenz-

käufern. Es wird weniger Obst und Gemüse gekauft und konsumiert. Die gesundheitlichen Folgen davon können – an der Grenze – wiederum eine höhere Rate von Erkrankungen nach sich ziehen.

Am Ende dieser Argumentationskette sind wir zum paradoxen Ergebnis gelangt, dass die Maßnahme zur Förderung der Gesundheit eine Verschlechterung hervorbringen könnte. Ob die Wirkung im konkreten Fall tatsächlich so erfolgt wie argumentiert, ist nicht vorhersagbar. Ökonomen können jedoch durch genaue Analyse Erklärungen dafür finden, warum regulatorische Maßnahmen ihre Ziele nicht erreichen. Ein Ökonom wird sich daher niemals mit Absichtserklärungen zufriedengeben.

Wenn Präferenzen unverändert bleiben, führen Hürden für bestimmte Handlungsoptionen oft zu einer bloßen Verschiebung: Da die Ziele sich nicht ändern, werden alternative Mittel gesucht. Diese alternativen Mittel können oft unerwünschte Nebenfolgen mit sich bringen. So könnte das Verbot bestimmter Giftstoffe aus Gründen des Konsumentenschutzes zum Einsatz von Ersatzstoffen führen, deren Wirkungen weniger bekannt sind, aber nicht unbedingt weniger schädlich. Ein anderes Beispiel für solche Verschiebungen mit paradoxen Wirkungen wäre die mögliche Folge einer Vorschrift, die in Flugzeugen eigene Sitze für Kleinkinder vorschreibt, um sie zu schützen. Dadurch steigen jedoch die Kosten für die Eltern; das Verkehrsmittel Flugzeug wird somit relativ zu den Alternativen teuer. Das könnte dazu führen, dass in Grenzfällen öfter eine lange Autofahrt vorgezogen wird. Da die Unfallhäufigkeit im Straßenverkehr jedoch deutlich höher ist, könnte die Schutzmaßnahme für Kleinkinder ihre durchschnittliche Gefährdung bei Reisen erhöhen.

Man spricht bei Ersatzhandlungen von Substitution oder Kompensation. Ein wichtiges Beispiel dafür ist der Umstand der Risikokompensation. Dabei wird davon ausgegangen, dass Menschen eine unterschiedlich hohe Präferenz für Risiken aufweisen, die man Risikopräferenz nennt. Menschen mit hoher Risikopräferenz gehen gerne und oft Wagnisse und Gefahren ein. Dabei kann das Risiko einen Selbstzweck darstellen, etwa wenn die Gefahr an sich gesucht wird und nicht bloße Begleiterscheinung riskanter Mittel ist. Ein Beispiel wäre der Extremsport. Können Menschen ihr präferiertes Ausmaß an Risiko auf einem bestimmten Gebiet nicht eingehen, neigen sie dazu, dies zu kompensieren, indem sie auf andere Art und Weise ein riskanteres Verhalten an den Tag legen. Dies vereitelt viele Regulierungsmaßnahmen, die der Erhöhung der Sicherheit dienen sollen. So ist beispielsweise nach der Einführung einer Anschnall- oder Helmpflicht kaum irgendwo eine Abnahme der Unfallopfer empirisch nachweisbar. Angeschnallte Autofahrer fahren im Schnitt nämlich schneller und riskanter. Mit besserer Sicherung lassen sich ja auch schwierigere Gipfel besteigen.

Risikokompensation

Ein Problem liegt allerdings im Übergreifen der Kompensation auf andere Menschen. So wurde nachgewiesen, dass Autofahrer beim Überholen von Radfahrern mit Helm einen niedrigeren Sicherheitsabstand einhalten. Schutzmaßnahmen für den Autofahrer wiederum können sich negativ auf andere Verkehrsteilnehmer auswirken, weil dessen Fahrverhalten durch seine eigene Sicherung riskanter wird. Zusätzlich zum Effekt der Risikokompensation tritt oft auch ein Ausweicheffekt auf, da Sicherheitsvorschriften bestimmte Handlungsweisen subjektiv verteuern. So führt ein Helmzwang für Radfahrer dazu, dass weniger Menschen Rad fahren. Nicht nur der Helm selbst kostet etwas, entscheidender sind oft die nichtmonetären Kosten. Das Mitführen eines Helms kann als unpraktisch empfunden werden und das Tragen eines Helms als unschön. Die ökonomische Erklärung beklagt dabei nicht Eitelkeit oder Geiz der Mitmenschen, sondern stellt schlicht fest, dass es immer Menschen gibt, die gerade an der Kippe stehen, eine Option zu wählen oder nicht.

Steuerliche Anreize

Die wohl bedeutsamste Intervention in modernen Staaten ist die Steuergesetzgebung. Auch hier werden die Folgen meist missachtet, weil die guten Zwecke der Umverteilung vermeintlich alle Mittel rechtfertigen. Die Österreichische Schule musste angesichts ihrer Nüchternheit, die sich von vorgetäuschten guten Intentionen nicht ablenken lässt, auch in dieser Thematik einen staatsfeindlichen Eindruck machen. Steuern verteuern bestimmte Handlungsoptionen. Daher ist in aller Regel eine Verzerrung der Handlungsstruktur einer Gesellschaft die Folge. Diese Verzerrungen können schwerwiegende Auswirkungen auf den Wohlstand und sogar auf das Steueraufkommen selbst haben. So wurde in London einst eine Fenstersteuer eingeführt, und zwar aufgrund der Einschätzung, dass vermögendere Menschen größere Häuser mit mehr Fenstern besitzen. Die Folge war eine Reduktion der Fenster in Gebäuden und eine dramatische Verschlechterung der Lebensqualität. (Hier war übrigens eine Interventionsspirale im Gange. Die zusätzliche Steuer wurde ausgerechnet eingeführt, um die Kosten einer Münzverschlechterung zu decken.)

Höhere Steuern zerstören die Anreize, Geld durch das Schaffen von Werten zu verdienen. Damit führen sie aber auch selbst dazu, dass das zu versteuernde Einkommen sinkt. Ab einem bestimmten Steuersatz überwiegen diese Anreize, und der gesamte Steuerertrag nimmt ab. Das hat zur Folge, dass die Staatseinnahmen bei hoher Steuerlast niedriger sein können als bei geringerer Steuerlast. Höhere Steuern verdrängen Geschäftstätigkeit in die Schattenwirtschaft und bringen Menschen dazu, ihre wirtschaftliche Tätigkeit zu drosseln. Darum ist davon auszugehen, dass die Hochsteuerstaaten unserer Tage nicht mehr viel Spielraum haben, um ihre Einnahmen zu erhöhen. Zieht man die massive Verschuldung in Betracht, ist die Zahlungsunfähigkeit der Staaten vorprogrammiert. Staaten können sehr unangenehm werden, wenn ihnen das Geld – ihr Lebensblut – ausgeht.

Kosten von Steuern

Bei den meisten Steuern ist die Eintreibung selbst mit erheblichen Kosten verbunden. Oft ist sie sogar teurer als die erzielbare Beute. Auch die bei Populisten beliebte Vermögenssteuer, die die vermeintlich »Reichen« treffen soll, ist besonders kostenaufwendig in der Erhebung. Schon allein die direkten Kosten entsprechen einem Viertel der möglichen Beute. Das ist einer der Gründe, warum die meisten Länder von Vermögenssteuern abgingen. In einem inflationären Umfeld hat die Vermögenssteuer zudem den »politischen Vorteil«, also den gewaltigen Nachteil, sich praktisch von selbst zu erhöhen, da anhand der inflationierten Marktwerte besteuert wird. Die schlimmste Folge jedoch ist, dass den Politikern ein Grund geliefert wird, nach Totalüberwachung der persönlichen Vermögensverhältnisse zu trachten.

Viel bedeutsamer als die direkten Kosten der Erhebung sind jedoch die indirekten Folgekosten. Vermögen sind stets Restbeträge: all das, was nach dem Abzug aller Steuern geblieben ist und nicht direkt verkonsumiert, sondern gespart oder investiert wurde. Zusätzliche Steuern auf solche Restbeträge bestrafen die Vermögensbildung. Die Folgen wären verheerend: eine weitere Beschleunigung der Kapitalaufzehrung, ein letzter Stoß in Richtung vollkommene Verarmung.

Dabei darf man sich nicht von Neidgefühlen irreführen lassen. Jenes Vermögen, das am meisten Neid weckt, ist das scheinbar unverdiente: das Erbe. Die Besteuerung von Erbschaften hat jedoch besonders verheerende Auswirkungen. Es werden dabei negative Anreize zu Lasten jener Vermögensbildung gesetzt, die so langfristig ist, dass sie über die eigene Existenz hinausreicht. Daraus folgt eine deutliche Erhöhung der gesellschaftlichen Zeitpräferenz. Die Menschen neigen dann immer mehr dazu, im Alter alles Aufgebaute abzutragen, nichts mehr in ihre Häuser zu investieren, ihre Ersparnisse für sinnlosen Zeitvertreib zu verkonsumieren. Die Folge ist eine offensichtliche Beschleunigung der Kapitalaufzehrung, die aus der schleichenden Verarmung der Gesellschaft eine rasante macht. Viel schwerer wiegen freilich die moralischen Aspekte: Es handelt sich um ekelhafte Leichenfledderei. Menschen, die ihr Leben lang etwas aufbauen und ansparen, um ihren Kindern ein besseres Leben zu ermöglichen, nochmals dafür zu besteuern, ist wohl eine der größten Unmenschlichkeiten überhaupt.

Die politische Attraktivität einer Vermögensbesteuerung beruht einerseits darauf, dass in einer Demokratie Minderheiten einfacher auszubeuten sind als Mehrheiten. Auf diese Weise vermag allerdings die Mehrheit auch leicht getäuscht werden: Man gaukle ihr vor, dass bloß eine Minderheit zu zahlen habe. Dieses Schema lässt sich bei den allermeisten Interventionen beobachten. Sie werden dadurch legitimiert, dass sie ohnehin nur eine Minderheit treffen würden: jene, die zu viel haben, zu gierig sind, zu unvorsichtig, zu unanständig, zu privilegiert. Im Endeffekt trägt dann doch die breite Masse die Kosten und Unannehmlichkeiten. Was der Umverteilung dienen soll, bei der sich die Mehrheit erhofft, zu den Gewinnern zu zählen, führt letztlich zur Einzementierung sozialer Schichten. Indem der Vermögensaufbau durch ehrliche Arbeit verunmöglicht wird, bleiben die Armen arm und den Reichen bleibt die Konkurrenz erspart. Nach und nach wird es zu einer selbsterfüllenden Prophezeiung, dass man auf ehrliche Weise gar nicht reich werden kann. Was die Intervention korrigieren wollte, hat sie verschärft. Das ist leider die Regel; es handelt sich dabei um eine Illusion, die der französische »Österreicher« Frédéric Bastiat mit spitzer Feder so auf den Punkt brachte: »Der Staat ist die große Fiktion, durch die jedermann versucht, auf Kosten aller anderen zu leben.«

Vermögensbesteuerung

Andererseits soll eine Vermögenssteuer eine Entlastung der Einkommen aus Arbeit bringen. In der Tat ist die Besteuerung von Arbeit drückend und hat sehr schwerwiegende Auswirkungen auf die Wirtschaftsstruktur. Am schlimmsten sind die psychologischen Auswirkungen, die unser neurotisches Verhältnis zum Geld und zur Arbeitsteilung erklären. Einkommenssteuern erhöhen die Kosten für wirtschaftliche Transaktionen. Wenn diese Transaktionskosten in einer arbeitsteiligen Gesellschaft über eine gewisse Schwelle steigen, bleiben vor allem jene auf der Strecke, deren Kapitalausstattung relativ gering ist. Bildlich gesprochen ist es wie im Spiel »Die Reise nach Jerusalem«: Wenn die Musik zu Ende ist, versucht jeder in Windeseile einen Stuhl zu ergattern, und wer keinen mehr findet – und dieses Spiel lebt davon, dass es stets zu wenig Stühle gibt –, scheidet aus.

Ist die Musik in unserer Gesellschaft bald zu Ende? In der Tat scheint die Musik des friedlichen Austausches immer mehr unschöne Dissonanzen zu enthalten. Zweifellos ist ein Anstieg der Transaktionskosten zu bemerken, der besonders jene, die nur über wenig Kapital verfügen, in Mitleidenschaft zieht. Durch die Steuerlast werden menschliche Transaktionen nach und nach durch ein kafkaeskes Hamsterrad ersetzt. Sehen wir uns einmal, um ein handfestes Beispiel zu haben, die vereinfachte Einkommensrechnung von drei Personen an, wobei jede Person ihr gesamtes verfügbares Einkommen ausgibt, um bei der nächsten einzukaufen. Dabei werden ein Umsatzsteuersatz von 20 Prozent und eine Gesamtquote von 50 Prozent für Lohnsteuer, Einkommenssteuer, Sozialversicherungsabgaben etc. angenommen. Die erste Person arbeitet eine gewisse Zeit für ein zusätzliches Bruttoeinkommen von 1 000 Euro. Die Abgaben schmelzen diesen Betrag auf ein zusätzliches Nettoeinkommen von 500 Euro ab. Damit kann nun die erste Person von der zweiten Güter und Dienstleistungen erwerben. Abzüglich der Abgaben verbleibt der zweiten Person so ein zusätzliches Netto-Einkommen von 209 Euro, ohne noch etwaige Produktionskosten zu berücksichtigen (und auch einen möglichen Vorsteuerabzug, der diese mindern würde). Wenn die zweite Person nun die gesamten 209 Euro für einen Einkauf bei der dritten Person nutzt, führt dies bei jener zu einem zusätzlichen Netto-Einkommen von nur noch 87 Euro. Damit die dritte Person wieder bei der ersten einkaufen könnte, um dieser ein Bruttoeinkommen nach Umsatzsteuer von 1 000 Euro zu ermöglichen, müsste sie daher 14-mal (!) so viel arbeiten (bei gleicher Produktivität). Schon bei der dritten Transaktion hat sich also der Arbeitsaufwand auf wundersame Weise vervierzehnfacht.

Transaktionskosten

Kein Wunder, dass sich viele Menschen wie in einem Hamsterrad vorkommen. Man stelle sich vor, eine höhere Macht würde jeder zwischenmenschlichen Zärtlichkeit im Ausmaß einer solchen Quote die Wärme nehmen. Der herzliche Bruttokuss würde als eiskalter Nettokuss ankommen. Die Menschen würden über die soziale Kälte klagen, und die Zärtlichkeit an sich käme ganz furchtbar in Verruf. Es wäre dann gerade so, als würde die Lieblosigkeit regieren. Die Menschen würden von der dann nur noch als falsch und trügerisch wahrgenommenen Liebe gar nichts mehr hören wollen. Und sie würden die nüchternen Kritiker der Zärtlichkeitssteuer als Apologeten dieser furchtbar kalten und ungerechten Institution »Liebe« schimpfen. Denn »Liebe« stünde dann für die unzähligen Enttäuschungen, die die Menschen erlebt haben: Mit so viel Hingabe liebten sie die anderen und bekamen stets nur so wenig Liebe zurück. Sie würden sich durch diese Lebenserfahrung für besonders nüchtern halten, würden diese Nüchternheit aber mit Zynismus verwechseln. Genauso erging es den Institutionen »Markt« und »Geld«.

Die hohe Belastung der Einkommen aus Arbeit sehen viele als Problem, daher wird immer wieder nach Alternativen gesucht, um die Belastungen zu senken, ohne die Staatsausgaben reduzieren zu müssen. So gibt es etwa den Vorschlag, dass ausschließlich der Konsum mit hohen Sätzen besteuert werden soll. Die Rechnung würde dann der Gast, nicht der Wirt bezahlen, so die Hoffnung. Leider handelt es sich um einen ökonomischen Irrtum, dass sich Konsum getrennt von der Produktion besteuern ließe. Dieser Irrtum besteht darin, anzunehmen, dass die Unternehmer schlicht eine höhere Konsumsteuer auf ihre Produkte aufschlagen könnten und diese dadurch für den Konsumenten teurer würden, während die Kosten und Erträge für die Produzenten gleich blieben. Das klingt nach einer wunderbaren Lösung, die sehr gut für unsere Zeit des Konsumwahns passt: Der Werktätige könnte entlastet und der Konsument gemächlich zu einem »optimaleren« Konsumniveau hingeführt werden. Die Argumentation folgt der alten und falschen Kostentheorie. Diese ging davon aus, dass Perlen deshalb wertvoll sind, weil wir nach ihnen tauchen müssen. Die Perlen ein wenig teurer zu machen, um die Taucher zu entlasten, die schon in den letzten Atemzügen liegen, wäre daher naheliegend.

In Wirklichkeit jedoch tauchen wir nach Perlen, weil sie wertvoll sind. Und diese Bewertung folgt den subjektiven Präferenzen der Konsumenten. Eine Konsumsteuer erhöht nicht automatisch die Zahlungsbereitschaft der Konsumenten. Entweder der Unternehmer übernimmt diese zusätzlichen Kosten oder er erzielt einen geringeren Absatz. Daher wird jede Konsumsteuer letztlich auf die Produzenten abgewälzt. Sie unterscheidet sich in der Wirkung kaum von einer Einkommenssteuer. Der Unterschied besteht bloß darin, dass die Unternehmer in noch größerem Ausmaß die Arbeit des Steuereintreibers übernehmen und für die Belastung ihren Kopf hinhalten müssen. Eine hohe Konsumsteuer besitzt nur einen Vorteil: Sie ist leichter zu umgehen. Schwarzmarkt, Schmuggel und Korruption würden eine ungeheure Blüte erleben.

Umverteilung

Regulierung und Steuern werden gerne damit legitimiert, dass hierbei der Staat die Schwachen vor den Starken schütze und somit für einen Ausgleich sorge. Die ökonomische Analyse zeigt jedoch, dass die Dynamiken eher in eine andere Richtung weisen. Der Aufwand aufgrund der Regulierungsdichte und der wachsenden Komplexität der Steuergesetzgebung weist eindeutige Skaleneffekte auf. Dies führt zu einer starken Begünstigung von großen und finanzkräftigen Unternehmen und Einheiten zu Lasten kleinerer und schwächerer Wirtschaftsteilnehmer. Für ein Großunternehmen ist es leicht, einige Experten für die Einhaltung der Vorschriften abzustellen; in Relation zur Beschäftigtenzahl und zum Umsatz erscheinen Aufwand und Kosten gering. Das ist mit positiven Skalenerträgen gemeint: Größe gewinnt einen künstlichen Vorteil. Der Einzelunternehmer, der selbst immer mehr Zeit damit zubringen muss, die komplexe Gesetzeslage zu verstehen und einzuhalten, und trotzdem noch ständig mit einem Fuß im Gefängnis steht, wird das Unternehmertum bald aufgeben. Kein Wunder, dass aktuell 58 Prozent der deutschen Unternehmer angeben, sie würden ihre Firma für einen angemessenen Preis aufgeben, und 83 Prozent sogar erklären, sie würden nicht noch einmal Unternehmer werden wollen. Die meisten Unternehmer führen Klein- und Mittelbetriebe.

Erwartungen an den Staat

Skeptisch gegenüber Steuern zu sein, bedeutet bei den Vertretern der Österreichischen Schule nicht, sich besonders knausrig und unsolidarisch zu benehmen und alles für sich behalten zu wollen. Ludwig von Mises etwa war keineswegs dagegen, »dass die Bürger die Kosten des Staatsapparates zu bestreiten haben«. Vielmehr gab er zu bedenken: »Heute herrscht die Auffassung vor, dass der Staat das Volk zu erhalten habe. Der Einzelne fragt: Was bekomme ich vom Staat? Er findet, dass der Staat ihm mehr schulde, als er ihm wirklich gibt. Und als Wähler verleiht er dieser Auffassung Ausdruck.« Diese materialistische Gier, die noch dazu so frech ist, unter dem Deckmantel der Solidarität aufzutreten, muss notwendigerweise zu Inflation und Überschuldung führen.

Die Vorstellung, bei den Reichen gäbe es noch unerschöpfliche Summen zu holen, stellt eine populistische Täuschung dar. Stets haben Staaten in Geldnot Steuern dadurch legitimiert, dass diese bloß die Reichen treffen sollten – und das sind natürlich immer die anderen. Doch die begehrten Mittel aus der Reichenbesteuerung erweisen sich als illusorisch. Einerseits werden gerne fiktive Marktpreise für gebundene Vermögenswerte mit frei verfügbarem Geld verwechselt. Die Statistiker weisen dann riesige gehortete Vermögen aus, die große Begehrlichkeiten wecken. Tatsächlich ist der größte Teil gebunden, etwa in Betrieben oder Immobilien. Wollte man diese Vermögenswerte »abschöpfen«, wie es der Euphemismus der Gier ausdrückt, würden sie sich augenblicklich in Luft auflösen. Man müsste dazu nämlich die vermeintlichen Werte auf den Markt werfen, wodurch die Preise sofort in den Keller fallen würden. Wenn die Neider nun frech meinen, sie würden durchaus auch auf Bargeld verzichten, weil ein schönes Schloss es auch täte, so zeugt das nicht von wesentlich mehr ökonomischem Verstand. Die größten dieser vermeintlichen Vermögenswerte sind tatsächlich Passivposten, die hohe Aufwendungen erfordern. Geld kann man nicht essen und alte Gemäuer schon gar nicht. Was die Neider eigentlich wünschen, ist ein Realeinkommen, mit dem sie nach Belieben Güter und Dienstleistungen für den Konsum erwerben können. Doch ein reales Einkommen fällt nur auf der Grundlage einer intakten Kapitalstruktur ab. Kapital kann man nicht beliebig zerteilen, verteilen und zuteilen. Wirtschaft weist eine filigrane Struktur auf, deren wichtigste Ressource Wissen ist. Wirtschaft ist kein All-you-can-eat-Buffet, das sich von selbst füllt.

Sehen wir uns die Dimension der Steuerverteilung anhand der aktuellen Verhältnisse in Österreich näher an, die denen in Deutschland ähneln: 42 Prozent bezahlen praktisch keine Einkommens- oder Lohnsteuer, weil ihr steuerpflichtiges Einkommen weniger als 15 000 Euro beträgt. 56 Prozent werden zum Mittelstand gezählt, das sind jene, die zwischen 15 000 und 70 000 Euro pro Jahr verdienen. Sie erwirtschaften 70 Prozent des Einkommens und zahlen 67 Prozent der Steuern. Nur 3 Prozent verdienen mehr als 70 000 Euro pro Jahr. Sie verfügen über 16 Prozent des Gesamteinkommens und zahlen 32 Prozent der Steuern. Nur 0,25 Prozent hingegen werden zu den Spitzenverdienern gezählt, die über 4,5 Prozent des

Gesamteinkommens verfügen und 10 Prozent der Steuern zahlen.

Die jüngeren Vertreter der Österreichischen Schule folgern, dass im modernen Staat tatsächlich ein Klassenkonflikt besteht, der aber keineswegs dem klassischen Konflikt zwischen Kapitalisten und Arbeitern entspricht. Der eigentliche Konflikt, so meinen sie, wird zwischen jenen aufbrechen, die den Staat finanzieren, und jenen, die von ihm finanziert werden.

Finanzierung des Staates

Eine nüchterne Analyse zeigt, dass nahezu alle »Experten«, auch die Ökonomen, ihr Einkommen aus Transfers beziehen. Sogar die Steuern, die sie zu zahlen vorgeben, werden rein aus Transfers bestritten. Das bedeutet, dass eigentlich andere diese Steuern bezahlen. Sobald man die Zahlen vergleicht, wird einiges klarer. Ziehen wir das heutige Österreich als illustratives Beispiel heran: Wahlberechtigt bei der Nationalratswahl 2002 waren 5 912 592 Personen. Davon waren 3 024 770 ausschließliche Transferempfänger: Beamte, Politiker, Wissenschaftler, Kammerangestellte, Pensionisten und so weiter. Dabei sind jene nicht mitgezählt, die nur einen Teil ihres Einkommens aus Transferleistungen beziehen, wie etwa Empfänger von Beihilfen und Subventionen. Das bedeutet, mehr als 50 Prozent der Wahlberechtigten leben davon, was der Staat über Steuern, Inflation und Überschuldung dem Rest abknöpft. Man kann also davon sprechen, dass der Staat von seinen Nutznießern übernommen wurde, die ihn für ihre Interessen einsetzen.

Die wahrscheinliche Folge dieser Entwicklung ist eine Politik der Kapitalaufzehrung. Damit ist das Abtragen von Kapital gemeint, um damit vorübergehend in der Illusion höheren Wohlstands zu leben. Ein Beispiel dafür zeigt das Schicksal der Xhosa in Südafrika. 1857 erlag dieses Volk einer hysterischen Massentäuschung. Sie bildeten sich nach der Prophezeiung eines Mädchens plötzlich ein, die Weißen würden ins Meer getrieben und die Toten wieder auferstehen, wenn sie bloß alle Ersparnisse aufbrauchten. 90 Prozent der Bevölkerung folgten dieser verheerenden Illusion. Sie schlachteten alle ihre Rinder und brauten aus all ihrem Getreide Bier. Eine Weile lebten sie besser als jemals zuvor. Es war wie eine große Party. Doch die Glückseligkeit währte nicht lange. Nachdem sie verkatert aufgewacht waren, erkannten sie die Katastrophe. Die Folge war, dass die Xhosa beinahe ausstarben: Die Bevölkerungszahl sank in kurzer Zeit von 105 000 auf 38 000.

Kapitalismus

In welchem System leben wir?

Auf den ersten Blick möchte man meinen, der Kapitalismus sei ein System, dem die Menschen, die in ihm leben, ein außergewöhnlich geringes Maß an Zustimmung entgegenbringen. Wenn wir heute danach fragen, finden wir nur wenige, die sich zu begeisterten Verfechtern des Kapitalismus zählen. Zugleich würden sie kaum zögern, den Status quo als Kapitalismus zu bezeichnen. Fragen wir allerdings direkt nach dem Status quo, dann würden wir doch, bei allem Jammern, eine höhere Zustimmung zu diesem bekommen. Radikale Revolutionäre, die unser aktuelles »System« gänzlich ersetzen wollen, gibt es zwar deutlich mehr als offen bekennende Kapitalisten, doch bilden sie noch immer eine Minderheit. Dazu geht es den Menschen wohl letztlich doch noch zu gut.

Der Begriff »Kapitalismus«

Diese Beobachtungen deuten auf eine seltsame Schizophrenie hin. Der Grund dafür: Beim Begriff »Kapitalismus« handelt es sich um einen ideologischen Begriff, worauf schon die Endung »-ismus« hinweist. Es ist ein politischer Kampfbegriff, der von Marxisten popularisiert wurde. Jede Wirtschaftsordnung, die nicht dem sozialistischen Idealbild entspricht, wird so bezeichnet – also eigentlich jede realistische Wirtschaftsordnung. Danach gilt sogar Stalin als Repräsentant des Kapitalismus, denn auch die gewaltsame Unordnung, die er hervorbrachte, entsprach nicht dem Ideal. Dem Kapitalismus zugerechnet wurde er freilich erst, als sich die Realität nicht länger verheimlichen ließ. Etiketten wie »Kapitalismus« sollte man daher kein Vertrauen schenken.

Der Einwand liegt nahe, man dürfe dann auch nicht vom Sozialismus sprechen und den Eindruck erwecken, es handle sich hierbei um ein einheitliches System. Wenn in diesem Buch bisher so oft vom Sozialismus die Rede war, dann deshalb, weil dieser seit den Anfängen der Österreichischen Schule als bedeutsame Ideologie hervortrat, die vor allem in Fragen der Ökonomie Streit suchte. Dieser Streit gestaltete sich freilich durchaus als fruchtbar. Die Ökonomen der Österreichischen Schule würdigten die Sozialisten für ihren Beitrag zur wissenschaftlichen Auseinandersetzung und waren gar durch persönliche Freundschaften mit ihnen verbunden. Bei Carl Menger selbst reichte die Verbindung sogar bis in die Familie hinein: Sein jüngerer Bruder Anton war ein bedeutender Sozialist. Ludwig von Mises überzeugte seinen Freund, den führenden österreichischen Sozialisten Otto Bauer, persönlich in vielen langwierigen Gesprächen davon, Österreich vor einem bolschewistischen Experiment zu verschonen, indem er ihm vorrechnete, wie schnell es beim Ausbleiben von Lebensmittellieferungen der Alliierten zur Hungersnot kommen würde. Mises erinnert sich: »Es gab nur wenige Leute in Wien, die diesen Sachverhalt klar erkannten. Alle Kreise waren so sehr von der Unabwendbarkeit des Bolschewismus überzeugt, dass sie nur darauf bedacht waren, sich eine günstige Position im neuen Staatswesen zu sichern. [...] Die Bankdirektoren und Großindustriellen hofften, als ›Betriebsführer‹ im Bolschewismus gutes Unterkommen zu finden [...]. Bolschewismus in Wien hätte nach wenigen Tagen zur Hungersnot und zum Terror geführt, und bald wären irgendwelche plündernde Horden eingebrochen, um in einem zweiten Blutbad die Reste der Wiener Kultur zu vernichten.«

Sozialismus

Auch die alten Sozialisten würdigten die Vertreter der Österreichischen Schule als die einzig ernstzunehmenden intellektuellen Gegner, mit denen der Streit lohnte. Rudolf Hilferding klagte: »Denn auf theoretischem Gebiete führt heute die bürgerliche Ökonomie keine frischen und fröhlichen Kämpfe mehr. Als Wortführerin der Bourgeoisie nimmt sie nur dort Anteil, wo diese praktisch interessiert ist, in den wirtschaftspolitischen Kämpfen des Tages getreu die Interessenkonflikte der herrschenden Cliquen widerspiegelnd, aber scheu ausweichend jeder Betrachtung der Totalität der gesellschaftlichen Beziehungen [...]. Sie hat aufgehört, prinzipiell und systematisch zu sein [...]. Eine Ausnahme bildet nur die psychologische Schule der Nationalökonomie.« Letzteres ist eine frühere Bezeichnung für die Österreichische Schule, da sie mehr psychologisches Gespür aufwies als die schablonenhafte klassische Ökonomie.

Im Gegensatz zum Kapitalismus lässt sich der Sozialismus noch am ehesten als ein System auffassen. Denn diejenigen, die sich selbst als Sozialisten bezeichneten, gaben doch recht klare Anweisungen zur Errichtung einer neuen Gesellschafts- und Wirtschaftsordnung, die sich durch systematische Organisation auszeichnen sollte. Die Realität freilich erweist sich stets deutlich weniger systematisch als jede Utopie. Eine reale Ordnung zu verstehen, ist daher etwas ganz anderes und viel schwieriger, als eine vermeintlich bessere Ordnung zu erdenken.

Kreditismus/ Konsumismus

Wie man unsere heutige Wirtschaftsordnung auch immer nennen möchte, Kapitalismus ist ein denkbar schlechter Begriff dafür. Denn nicht das Kapital wird heute besonders überhöht, sondern der Kredit und der Konsum. Man sollte also eigentlich von Kreditismus oder Konsumismus sprechen. Die politisch geschaffene Ordnung der Kreditpyramide entspricht auch am ehesten einem geplanten System, wenngleich vieles schlicht spontane Koordination ähnlicher Interessen ist. Wenn wir diesen Aspekt als Grundlage unseres Wirtschaftssystems betrachten, dann müssen wir feststellen, dass das aktuelle System von der Österreichischen Schule stets wesentlich kritischer gesehen wurde als etwa von den vermeintlich antikapitalistischen Sozialisten.

Die wenigsten ahnen, wie sehr unsere Wirtschaftsordnung in der Tat durch sozialistische Ansätze geprägt ist. Um dies verblüfft zu erkennen, müsste man nur bei den Frühsozialisten nachlesen, was heute kaum noch jemand tut. Denn diese Denker schlugen genau das vor, was wir heute mit Kapitalismus verbinden: einen ausgeprägten Finanzkapitalismus. Friedrich von Hayek, der sich in späteren Jahren der Ideengeschichte widmete, erklärte, welche Rolle der französische Frühsozialist Henri de Saint-Simon dabei spielte: »Die Begründer des modernen Sozialismus haben auch viel dazu beigetragen, dem kontinentalen Kapitalismus seine eigentümliche Form zu geben: ›Monopolkapitalismus‹ oder ›Finanzkapitalismus‹, die sich durch die enge Beziehung von Bankenwesen und Industrie entwickelten (die Banken organisierten als die größten Anteilbesitzer der einzelnen Firmen industrielle Konzerne), die rasche Entwicklung von Aktiengesellschaften und die großen Eisenbahnsysteme sind größtenteils Saint-Simonistische Schöpfungen. Die Geschichte dieser Entwicklungen ist hauptsächlich eine Geschichte der Banken vom Typ des Crédit Mobilier, kombinierte Deposit- und Investitionsunternehmungen, wie sie zuerst von den Brüdern Pereire in Frankreich ins Leben gerufen wurden und dann unter ihrem persönlichen Einfluss oder von anderen alten Saint-Simonisten fast auf dem ganzen europäischen Kontinent nachgeahmt wurden [...]. Was als der ›deutsche‹ Typus der Bank bekannt ist, mit ihrer engen Verbindung zur Industrie, und das ganze System des Effektenkapitalismus, wie es genannt worden ist, ist im Wesentlichen die Verwirklichung Saint-Simonistischer Pläne.«

Aber gab es denn nicht auch eine kapitalistische Ideologie? Als im Zuge der industriellen Revolution der materielle Wohlstand plötzlich explodierte, ging es vielen nicht schnell genug. Sie fühlten sich im Vergleich zu anderen benachteiligt und forderten für sich genauso schnellen Reichtum. Zuerst war es das Bürgertum, das in rasantem Wirtschaftswachstum die Hoffnung sah, dem Adel seine Position streitig machen zu können. Hierbei traten Polemiken zutage, die tatsächlich als »kapitalistische Ideologie« angesehen werden können. Dann erst folgten die durchwegs bürgerlichen Sozialisten, die sich als Fürsprecher des Proletariats ausgaben. Dem Proletariat versprachen sie, es würde durch entfesseltes Wirtschaftswachstum bald den Wohlstand des Bürgertums erreichen können. Kapitalismus und Sozialismus bildeten ursprünglich zwei Seiten derselben Medaille. Die frühen Sozialisten verstanden sich als die Erfüller der kapitalistischen Verheißung. Damals glaubte man noch an eine Erhöhung der Effizienz mittels Zentralisierung: Würde man alle Unternehmen in einem großen Betrieb in staatlicher Obhut vereinen, so könnte das Wachstum im Vergleich zum scheinbaren Chaos vieler konkurrierender Unternehmen noch deutlich gesteigert werden. Der Sozialismus trat mit dem Versprechen an, dass breite Schichten durch zentralisierte Industrialisierung und Massenproduktion zu Reichtum gelangen könnten. Erst nachdem sich dieses Versprechen als Illusion herausgestellt hatte, gefielen sich Kapitalismuskritiker als besonnene Wachstumskritiker – wie das bis heute der Fall ist. Wenn sich zahlreiche Vertreter der Österreichischen Schule zum Kapitalismus bekennen, dann meinen sie etwas gänzlich anderes als den Status quo des maßlosen Scheinwachstums. Sie meinen eine Ordnung, die den Kapitalaufbau begünstigt, im Gegensatz zum heutigen Regime des »Brot und Spiele« mittels Kreditausweitung und Schuldenwirtschaft.

Privateigentum

Spätere Sozialisten dann betrachteten das Privateigentum als den Kern der Auseinandersetzung und als den wesentlichen Unterschied zum Kapitalismus. Diese Unterscheidung beruht auf einer technischen Definition von Kapitalismus und Marktwirtschaft, die durch das Eigentum an den Produktionsmitteln bestimmt ist. Sozialismus sei jene Ordnung, in welcher der Staat über die Produktionsmittel verfügt. Allerdings gibt es weder irgendwo 100 Prozent Staatseigentum noch vollkommenes Privateigentum. Wo also sollte man die Grenze ziehen? Darf man einen Staat nach dieser Definition noch als kapitalistisch betrachten, wenn dort Privatleute und zivilgesellschaftliche Gruppen über weniger als die Hälfte der Güter und Ressourcen verfügen? Im Grunde macht es keinen Unterschied, ob die Menschen über die Hälfte Güter vollkommen frei oder über alle Güter nur zur Hälfte verfügen können. Über Güter zu 100 Prozent verfügen zu können, bedeutet, dass man mit ihnen alles machen darf, was die Verfügung anderer über ihre Güter nicht beeinträchtigt. Das offizielle Staatseigentum mag in vermeintlich kapitalistischen Staaten relativ niedrig sein. (In Wien etwa verfügen Bundes- und Landesstaat immerhin über mehr als 50 Prozent des Grundeigentums.) Doch auch in angeblich »kapitalistischen« Staaten wird die Verfügung über privates Eigentum in zunehmendem Maße eingeschränkt. Wenn man auf seinem Grund nicht bauen und pflanzen kann, wie man möchte, ist dieser eben nur zum Teil als Privateigentum zu betrachten.

Wenn eine neue Auflage Wohnungseigentümer dazu zwingt, um Aufwendungen in der Höhe von fünf Prozent des Wohnungswertes einen neuen Aufzug einzubauen, dann haben sie damit fünf Prozent ihres Eigentums an fremde Verfüger verloren. Noch viel mehr trifft dies laufende Einkommen; da bleibt selten mehr als die Hälfte übrig, wenn wir alle erzwungenen Aufwendungen berücksichtigen. Daher kann man auch nach dieser engen, technischen Definition keinesfalls mehr von Kapitalismus sprechen. Tatsächlich stehen die westlichen Staaten dem Sozialismus nach dieser Definition wesentlich näher. Ludwig von Mises schrieb dem deutschen Ökonomen Alfred Müller-Armack, der den Begriff der sozialen Marktwirtschaft prägte: »Ich habe die *middle-of-the-road policy* aller Spielarten des Interventionismus immer kritisiert und glaube gezeigt zu haben, dass sie notwendigerweise schließlich in den vollen Sozialismus einmündet.« Mit dem englischen Ausdruck meint er die Orientierung der Parteipolitik an einer vermeintlich moderaten Mitte des Kompromisses, die doch nur feige Mittelmäßigkeit ist.

»Sozialismus« steht in diesem Sinne für das ungeheure Wachstum des Staates, der erst durch Inflation und Überschuldung die heutige Dimension erreichen konnte. Dies erscheint paradox, wenn man sich daran erinnert, dass der Sozialismus einst angetreten war, den Staat entbehrlich zu machen und gänzlich aufzulösen. Heute ist man landläufig der Meinung, es sei dieses Staatswachstum, das die Marktwirtschaft erst sozial mache. Die soziale Marktwirtschaft müsse demnach stets gegen Vertreter des »Neoliberalismus« verteidigt werden, zu denen man häufig auch die Ökonomen der Österreichischen Schule zählt.

Neoliberalismus

Auch hierbei handelt es sich um eine eigenartige Verwirrung, die die Tatsachen auf den Kopf stellt. »Neoliberalismus« ist ein Begriff, den sich nur sehr wenige auf die Fahnen schreiben. Ursprünglich taten dies einige deutsche Ökonomen, die sich aber selbst lieber als »ordoliberal« bezeichneten. Damit wollten sie ausdrücken, dass es ihnen besonders um die soziale Ordnung ging. Das Präfix »neo« sollte ursprünglich gerade auf ihren Gegensatz zur frühen Österreichischen Schule hinweisen. Diese »neoliberale« Schule wurde von Walter Eucken begründet und ging als Freiburger Schule in die Geschichte ein. Zwei Aspekte zeichnen diese Schule aus, die in vollkommenem Gegensatz zum heutigen Verständnis von Neoliberalismus stehen.

Zwar war die Freiburger Schule selbst stark von der Österreichischen Schule beeinflusst, und Friedrich von Hayek ist in seinen späteren Jahren sogar auch eher ersterer Schule zuzurechnen. Eucken betonte allerdings den Gegensatz: Die Österreichische Schule kritisierte er dafür, etwas zu viel mit Idealisierungen zu arbeiten. Er forderte einen noch stärkeren Realitätsbezug und bezog sich dabei auf die philosophische Richtung der Phänomenologie. Eucken stellte sich reale Märkte vor und schlug eine Vielzahl von Kategorien vor, um diese vermeintliche Realität zu beschreiben. Anstatt schlicht die Dynamiken von Angebot und Nachfrage unter Bedingungen des Wettbewerbs zu betrachten, definierte er 25 mögliche Ausartungen von Märkten, vom »teiloligopolistisch beschränkten Angebotsteilmonopol« bis zum »oligopolistisch beschränkten Nachfragemonopol«. Dass es in der Realität keinen reinen Wettbewerb gebe, sondern unterschiedliche Machtgewichtungen bis hin zu Monopolen, habe die Österreichische Schule übersehen.

In dieser Hinsicht haben sich die Neoliberalen über die Absichten der Österreichischen Schule getäuscht. Denn bevor sich die Ökonomen der Österreichischen Schule damit abgeben, Monopole und Marktverzerrungen zu behaupten, möchten sie diese theoretisch verstehen: Wie kann es überhaupt zu solchen Phänomenen kommen? Die Realität bloß zu betrachten, so die »Österreicher«, sei zu wenig; wir müssen sie auch richtig deuten können. Dazu brauche es geeignete Begriffe und Konzepte. Murray Rothbard, der wichtigste amerikanische Schüler von Ludwig von Mises, entwickelte eine plausiblere Theorie der Unvollkommenheiten des Wettbewerbs. Er akzeptiert den Status quo nur als »Faktum« im buchstäblichen Sinne: als »Gemachtes«, als Folge menschlicher Handlungen und

Interventionen. Keinesfalls eigne sich der Status quo zur Ableitung von theoretischer Systematik, er biete keine »Fakten« im Sinne von letzten Gründen, hinter die man nicht weiter blicken könne und die man so zu akzeptieren habe, wie man sie vorfindet. Rothbard leitet nicht aus der Beobachtung des Status quo pauschal ab, dass Märkte eben auch Monopole aufweisen können und es Interventionen bedarf, um die Märkte von diesen zu befreien. Er stellt sich vielmehr die Frage, wie es überhaupt zu einem Monopol kommen kann. Dazu führt er drei mögliche Definitionen

Monopole

eines Monopols an. Die erste ist abgeleitet von der sprachlichen Wurzel: *monos* (allein) und *polein* (verkaufen). Ein Monopolist wäre demnach der alleinige Verkäufer eines bestimmten Gutes. In diesem Sinne wäre aber jeder Anbieter ein Monopolist. Denn die Dienstleistung von Arzt A ist eben eine andere als jene von Arzt B, auch wenn beide Mediziner genau das Gleiche tun. Nur die Konsumenten können entscheiden, ob zwei am Markt angebotene Güter eigentlich ein Gut oder zwei verschiedene sind. Da ein Gut nach der Österreichischen Schule nicht physisch definiert ist, sondern nach der subjektiven Wertschätzung der Menschen, kann es sich auch bei zwei objektiv identischen Gütern um zwei grundverschiedene handeln.

Die erste Definition erweist sich also als ökonomisch unbrauchbar. Die zweite mögliche Definition ist eigentlich die ursprüngliche und eben jene, die verantwortlich ist für die negativen Assoziationen, die das Wort »Monopol« hervorruft. Als Monopole galten einst Privilegien, die der Staat an bestimmte Günstlinge vergab. Der Staat versicherte ihnen, alle Konkurrenten gewaltsam zu verfolgen und auszuschalten. Monopole in diesem Sinne sind also erst Folgen von Interventionen, nicht ein spontanes Marktversagen, das mittels Interventionen zu bereinigen wäre. Es ist perfide, dass hier aufgrund der schlechten Erfahrung mit vergangenen Interventionen neue legitimiert werden: wieder ein Beispiel für eine Interventionsspirale.

Die dritte mögliche Definition ist jene, der die meisten heutigen Ökonomen anhängen, ob sie sich dessen bewusst sind oder nicht. Als Monopolist wird demnach jener verstanden, der einen Monopolpreis erzielt hat.

Ein Monopolpreis sei gegenüber einem möglichen »Wettbewerbspreis« überhöht, weil der Monopolist über zu viel Marktmacht verfüge. Doch wie lässt sich feststellen, wie hoch der eigentliche Wettbewerbspreis wäre? Tatsächlich verlangen Unternehmen mit großen Marktanteilen selten die höchsten Preise. Ein Marktanteil lässt sich überhaupt erst dann angeben, wenn man bestimmte Güter für gleichartig erklärt. Das ist aber unrealistisch, wie wir schon anhand der ersten Definition sahen. Ist Apple ein Unternehmen mit einem hohen Marktanteil an Smartphones? Oder ist Apple der Monopolist für iPhones? Wäre das überhaupt von Bedeutung? Was soll der Wettbewerbspreis für Smartphones sein? Wer bestimmt diesen und wie?

Letztlich läuft es stets darauf hinaus, dass Besserwisser Preise willkürlich festlegen möchten, und zwar so, wie sie es lieber hätten. Damit legitimieren sie dann politische Schutzgelder, die erfolgreiche Unternehmen zu bezahlen haben. Was hatten die Konsumenten davon, dass Microsoft dazu gezwungen wurde, die Europäische Union mit einer halben Milliarde Euro zu subventionieren? Rothbard hält die folgende Frage für die Kernfrage: »Warum können andere Unternehmer die Gewinnmöglichkeit nicht nutzen und in die Produktion dieses Gutes einsteigen, wobei sie die Möglichkeit eines Monopolpreises eliminieren?« Der Vergleich zwischen dem beobachteten Preis und einem fiktiven Wettbewerbspreis sei eine Illusion: »Am Markt gibt es keinen unterscheidbaren und identifizierbaren Wettbewerbspreis, und daher lässt sich kein Preis als ›Monopolpreis‹ unterscheiden, nicht einmal theoretisch. Der angebliche ›Wettbewerbspreis‹ kann weder durch den Produzenten noch durch einen neutralen Beobachter identifiziert werden.«

Im Unterschied zu Rothbard und anderen »Österreichern« neigten die Neoliberalen dazu, Märkte verbessern zu wollen, sowie Institutionen und Regeln effizienter zu gestalten. Aus Sicht der Österreichischen Schule trat hier eine paradoxe Folge ein: Die übertriebene Hinwendung zur Realität hat die Neoliberalen letztlich etwas weiter von dieser entfernt. Die neoliberale Wettbewerbstheorie zeigt sich daher weniger realistisch als die der Österreichischen

Wettbewerbstheorie

Schule. Interessant ist, dass der Siegeszug neoliberaler Konzepte im Wesentlichen auf der mangelhaften Wettbewerbstheorie beruhte. Die politische Macht erwies sich dabei als jener Filter, der die falschen Schlüsse der Freiburger Schule übertrieb und ihre richtigen Ansätze ausblendete. Im Namen der Ordnungspolitik und der staatlich zu schaffenden Wettbewerbsbedingungen ließ sich letztlich die Ausdehnung staatlicher Macht legitimieren. Auch die Legitimierung der Europäischen Union greift zum Teil auf die neoliberale Theorie zurück. Sie baut auf den vier Grundfreiheiten auf, die eine wahre Flut an Regulierungen und Interventionen hervorbrachten. Die Absicht war, politisch ein *level playing field* zu schaffen, also wortwörtlich das Spielfeld für den »Wettbewerb« einzuebnen.

Das Streben nach Effizienz, das auch heute noch mit dem Neoliberalismus verbunden wird, stößt bei der jüngeren Österreichischen Schule auf deutliche Ablehnung. Paradoxerweise sind die negativen Folgen dieses Effizienzstrebens nicht auf Laisser-faire, sondern auf staatliche Interventionen zurückzuführen. Mit jenem Neoliberalismus, der aus Gründen der Effizienz Zentralisierung und Vereinheitlichung durchsetzen will, steht die jüngere Österreichische Schule auf Kriegsfuß. In den USA führte diese Kritik seit Murray Rothbard zu einer vehementen Opposition zu den Neokonservativen. Einige der bedeutendsten amerikanischen Publizisten, die gegen die neokonservative Kriegsmaschinerie anschrieben, sind von der Österreichischen Schule geprägt.

Soziale Marktwirtschaft

Ein weiterer Aspekt kennzeichnet den ursprünglichen, deutschen Neoliberalismus, und auch dieser hat nur wenig mit der heutigen Verwendung des Begriffs zu tun. Die frühen Neoliberalen zeichneten sich durch eine ausgeprägte Kritik der Gesellschaft und des Status quo aus. Hier ist insbesondere Wilhelm Röpke zu nennen. Röpke war ein prophetischer Analytiker des Zeitgeistes, der stark von Ludwig von Mises geprägt wurde, mit dem er in den 1930er-Jahren gemeinsam in Genf wirkte. Röpke war derjenige deutsche Ökonom, der sich am ehesten zum Etikett »neoliberal« bekannte. Doch die Inhalte seines Neoliberalismus stellen so ziemlich das genaue Gegenteil dessen dar, was heute mit dem Begriff verbunden wird. Jene Gesellschaftskritik, die heute gegen den Strohmann des »Neoliberalismus« vorgebracht wird, findet sich in der Regel in eloquenterer, klügerer und klarerer Formulierung bei Röpke selbst. Heutige Kritiker des Neoliberalismus kupfern also, ohne es zu ahnen, beim Begründer des Neoliberalismus ab.

Der neoliberale Röpke jedenfalls warnte, dass das Wesentliche abseits von Angebot und Nachfrage liege (so auch der Titel eines seiner Bücher): »Eine freie […] Wirtschaftsverfassung ist auf die Dauer unmöglich in einer vermassten, kollektivierten, proletarisierten, entwurzelten […] und haltlos gewordenen Gesellschaft.« Er kritisierte den klassischen Liberalismus dafür, zu wenig auf den »anthropologisch-soziologischen Rahmen« der Gesellschaft geachtet zuhaben. Die bloße Konzentration auf materielles Wachstum, ohne ein stabiles soziales Fundament und eine Orientierung an höheren Werten, sei verhängnisvoll.

Ludwig Erhard

Wenn heute die soziale Marktwirtschaft gegen den Neoliberalismus verteidigt wird, ist das ein ebenso absurder Irrtum. In der Tat waren es nämlich die deutschen Neoliberalen, die einst hinter Ludwig Erhards sozialer Marktwirtschaft standen – und den Begriff überhaupt erst prägten. Erhard saugte Röpkes Bücher, die ins nationalsozialistische Deutschland geschmuggelt wurden, auf »wie die Wüste das Wasser«. Dennoch schien gerade das deutsche Wirtschaftswunder von besonderem Materialismus getragen zu sein, von dem Wunsch nach immer mehr, was heutige Kritiker dem vermeintlichen Neoliberalismus vorwerfen. Das ist erstaunlich, zumal Röpke eben zu den wichtigsten Kritikern einer Wachstumspolitik um jeden Preis zählte. Er schrieb: »Ökonomismus, Materialismus und Utilitarismus haben in unserer Zeit vereint zu einem Kult der Produktivität, der materiellen Expansion und des Lebensstandards geführt […]. Dieser Kult des Lebensstandards ist […] selbstverständlich ein Sehfehler der Seele von geradezu klinischem Charakter, eine unweise Verkennung der wahren Rangordnung der Lebenswerte und eine Erniedrigung des Menschen, die er auf die Dauer kaum ertragen wird.«

Ludwig Erhard hielt in der damaligen Situation nach dem Krieg, als es am Notwendigsten mangelte, den Kapitalaufbau für das dringendste Erfordernis. Eben darum predigte er den Materialismus einer Aufbaugeneration. Doch zunehmend kamen ihm Zweifel, ob die Geister, die er rief, nicht das Aufbauwerk eines Tages gefährden könnten. Oft warnt Erhard in seinen Schriften davor, dass der neue Wohlstand seine eigenen geistigen Grundlagen auffressen könnte. Eine im Wohlstand aufwachsende Generation sei leichte Beute für die Illusion vom mühelosen Reichtum, eines Wohlstands ohne Arbeit und Sparen. Erhard quälte eine Sorge, die sich als prophetisch erweisen sollte: Er fürchtete, dass der Nachkriegsmaterialismus bald eine Unersättlichkeit und ein Anspruchsdenken nach sich ziehen könnte, die zu einer Entwicklung führen müsste, die er als Versorgungsstaat oder Wohlfahrtsstaat bezeichnete.

Die soziale Marktwirtschaft ist mittlerweile zur reinen Floskel verkommen. Politiker behaupten felsenfest, das Wörtchen »sozial« im Begriff beziehe sich auf die Notwendigkeit des heutigen Wohlfahrtsstaats. Tatsächlich hing Erhard der genau gegenteiligen Auffassung an: »Nichts ist darum in der Regel unsozialer als der sogenannte ›Wohlfahrtsstaat‹, der die menschliche Verantwortung erschlaffen und die individuelle Leistung absinken lässt.« Denn kein Staat könne seinen Bürgern mehr geben, »als er ihnen vorher abgenommen hat – und das noch abzüglich der Kosten einer zwangsläufig immer mehr zum Selbstzweck ausartenden Sozialbürokratie«. Angesichts dieser klaren Worte sei daran erinnert, dass es Erhards geschätzter Lehrer an der Universität, der Sozialist Franz Oppenheimer war, der die Unterscheidung zwischen politischen und ökonomischen Mitteln anregte: Letztere entstammen ehrlicher Arbeit, Erstere sind Einkommen aus Zwang und Täuschung. Auf diese Unterscheidung beziehen sich auch viele Vertreter der Österreichischen Schule.

Mit besonderer Schärfe warnte Erhard: »Die Blindheit und intellektuelle

Fahrlässigkeit, mit der wir dem Versorgungs- und Wohlfahrtsstaat zusteuern, kann nur zu unserem Unheil ausschlagen. Dieser Drang und Hang ist mehr als alles andere geeignet, die echten menschlichen Tugenden: Verantwortungsfreudigkeit, Nächsten- und Menschenliebe, das Verlangen nach Bewährung, die Bereitschaft zur Selbstvorsorge und noch vieles Gute mehr allmählich aber sicher absterben zu lassen – und am Ende steht vielleicht nicht die klassenlose, wohl aber die seelenlos mechanisierte Gesellschaft.«

Zwei Entwicklungen gingen mit der Ausweitung des Wohlfahrtsstaats Hand in Hand, die letztlich die soziale Marktwirtschaft aushebelten: Einerseits sei für die Aufrechterhaltung des Wohlfahrtsstaates eine stetig steigende Steuerlast nötig. Über diese Steuerlast schrieb Alfred Müller-Armack, einer der Vordenker der sozialen Marktwirtschaft, bereits zu einer Zeit, die weit entfernt von heutigen Zuständen war: »Die gegenwärtigen Steuersätze tragen den Charakter der Beschlagnahme ehrlichen Erwerbes und lähmen jegliches Interesse nicht nur an höheren Erträgen als Ergebnis zusätzlicher Produktion, sondern drängen geradezu die noch vorhandene Produktion in die unkontrollierbaren Kanäle des Schwarzmarktes.« Andererseits würden in einem Wohlfahrtsstaat die zuständigen Behörden zunehmend auf die versteckte Steuer der Inflation ausweichen. Ludwig Erhard verurteilte auch dies mit klaren Worten: »Die Inflation ist schlechthin Volksbetrug. Sie bedeutet eine permanente Verschiebung von Vermögenswerten innerhalb der verschiedenen Gruppen. […] Man kritisiert die marktwirtschaftlichen Vorgänge, lastet sie der Marktwirtschaft an, obwohl es Inflationsfolgen sind, die nicht im Markt, sondern in der Überforderung des Marktes durch zu lockere Geldpolitik, zu hohe Löhne oder durch eine inflationistische Erweiterung der Staatsaufgaben […] liegen.« Erhard war diesbezüglich ein gebranntes Kind, denn sein Vater hatte sein Geschäft in der Inflation der Zwischenkriegszeit verloren. Ludwig Erhard begann nach und nach zu ahnen, dass die Voraussetzungen für den weiteren Bestand der sozialen Marktwirtschaft im Schwinden begriffen waren, dass das Wirtschaftswunder in geistiger Hinsicht auf Sand gebaut war und jeden Moment in die Tiefe der nächstbesten Versprechung noch bequemeren und noch schnelleren Reichtums versinken könnte.

Wohlfahrtsstaat

Staatskritik

Von den älteren Vertretern der Österreichischen Schule verstanden sich viele, aber nicht alle als Vertreter des Liberalismus. Sie standen für jenen alten Liberalismus, den es heute im Grunde nicht mehr gibt. Friedrich von Hayek etwa nannte sich selbst einen Old Whig in der angelsächsischen Tradition. Ludwig von Mises schrieb ein leidenschaftliches Plädoyer für die Freiheit unter dem Titel *Liberalismus*, das er so begann: »Die Philosophen, Soziologen und Nationalökonomen des 18. und des beginnenden 19. Jahrhunderts haben ein politisches Programm ausgearbeitet, das zuerst in England und in den Vereinigten Staaten, dann auf dem europäischen Kontinent und schließlich auch in anderen Teilen der bewohnten Welt mehr oder weniger zur Richtschnur der praktischen Politik gemacht wurde. Ganz durchgeführt wurde dieses Programm nirgends und zu keiner Zeit. [...] Man kann eigentlich nur mit einiger Übertreibung davon sprechen, dass die Welt einmal eine liberale Ära durchgemacht hat. Seine volle Wirkung hat der Liberalismus nie entfalten können. Immerhin hat die leider nur zu kurze und allzu beschränkte Dauer der Herrschaft liberaler Ideen hingereicht, um das Antlitz der Erde zu verändern. Eine großartige ökonomische Entwicklung setzte ein. Die Entfesselung der menschlichen Produktivkräfte hat die Menge der Unterhaltsmittel vervielfacht. Am Vorabend des Weltkrieges, der selbst schon das Ergebnis jahrelangen scharfen Kampfes gegen den liberalen Geist war und der eine Zeit noch schärferer Bekämpfung der liberalen Grundsätze einleitet, war die Welt unvergleichlich dichter bewohnt, als sie es je vorher gewesen war, und jeder einzelne dieser Bewohner konnte unvergleichlich besser leben, als es in früheren Jahrhunderten möglich gewesen war.«

Der Begriff des Liberalismus hat sich in der Zwischenzeit deutlich gewandelt. Im amerikanischen Sprachgebrauch steht *liberalism* sogar für jene Mischung aus sozialdemokratischer und neokonservativer Politik, welche von der Democratic Party oder der britischen Labour Party vertreten wird. Darum gingen viele jüngere Vertreter der Österreichischen Schule in den USA dazu über, ein neues Kunstwort für ihren politischen Zugang zu prägen: *libertarian*. Auf Deutsch wird dies meist mit »libertär« übersetzt, das führt jedoch etwas in die Irre, weil dieses Wort im Europa des 19. Jahrhundert für eine ganz andere Tradition stand: nämlich anarchistische Sozialisten.

Die moderne Austrian School gilt vielen als Hort des *libertarianism*. Doch diese Zurechnung zu einem bestimmten politischen Lager ist keine Notwendigkeit. Es gibt in den Vereinigten Staaten heute tiefreligiöse ebenso wie atheistische, reaktionäre ebenso wie progressive »Austrians«, solche, die sich eher der Linken, und solche, die sich eher der Rechten zuordnen. Die meisten verweigern jedoch die Nutzung der Kategorien »links« und »rechts« und sehen sich überhaupt jenseits der vorherrschenden politischen Konzepte. Die politische Interpretation der Österreichischen Schule in den heutigen USA bringt einen schwerwiegenden Nachteil mit sich: Sie überdeckt die wissenschaftliche Tradition, die dahinter steht. Werden Ideologie und Wissenschaft vermischt, geht Letztere daran zugrunde. Diese in den USA vorherrschende politische Deutung der Austrian School ist auch verheerend für ihre Wahrnehmung in Europa und für die Fortführung ihres Forschungsprogramms. Gleichwohl kann Ideologie in einem bestimmten historischen Kontext der Erkenntnis eine Schutzschicht bieten, indem sie ein Forschungsprogramm vor Opportunisten und Machthabern tarnt und bewahrt. Das war in der Tat die Rettung für die Österreichische Schule, denn sie hätte ohne diese ideologische Umhüllung das 20. Jahrhundert wohl nicht überlebt. Diese Schutzschicht eines besonders staats- und machtkritischen Liberalismus hielt jene fern, denen es selbst um Macht und Einfluss ging, und zog andererseits jene an, die dem Zeitgeist besonders kritisch gesinnt waren.

Libertarianism

Überall dort, wo Vertreter der Österreichischen Schule Teil der Nomenklatura wurden, verschwand augenblicklich das Außergewöhnliche ihres Zugangs, wurden sie alsbald von anderen Ökonomen ununterscheidbar, waren sie bloß noch namhafte Mitglieder des wissenschaftlichen Mainstreams, aber nicht mehr. Überall dort hingegen, wo sie aufgrund ihrer Persönlichkeit, der Wirren der Geschichte oder ihrer Ideologie außerhalb des Establishments standen, wirkten sie als wissenschaftliche Pioniere. In

Anbetracht der unglaublichen Breite ihres Denkens, der unterschiedlichen Aspekte und Zugänge, wie auch der Widersprüche findet sich die wesentliche Essenz der Österreichischen Schule genau darin: Es handelt sich um ein Forschungsprogramm, das nicht im Dienste der Macht steht – und wo es in diesen Dienst genommen wird, löst es sich sogleich auf. Während die sogenannten Kathedersozialisten der Historischen Schule Machtlegitimierung betrieben, war Carl Menger bei aller realistischen Nüchternheit stets Kritiker der Macht. So unterscheidet er »pragmatische« von »organischen« Institutionen: Erstere seien künstlich per Dekret geschaffen, letztere hätten sich spontan durch das freiwillige Wirken der Menschen entwickelt. Die wichtigsten menschlichen Institutionen, so Menger, seien »organisch« entstanden. Damit drückte er aus, dass sie weder auf die Idee noch auf den Willen eines Führers oder eines mystischen Volksgeistes, sondern allein auf das freie Handeln der Menschen zurückzuführen sind. Böhm von Bawerk, sein wesentlichster Schüler, verlieh diesem Zugang eine noch politischere Deutung. Er musste sich, wie später auch Mises, in seinen Schriften zunehmend mit dem erstarkenden Sozialismus auseinandersetzen. Wegweisend war sein Aufsatz »Macht oder ökonomisches Gesetz?«, in dem er getreu dem Forschungsprogramm der Österreichischen Schule die Erkenntnis der Realität als unbequemes Korrektiv der Macht deutet.

Alles in allem gelangt man zu dem paradoxen Schluss: Wäre in Österreich der Liberalismus nicht untergegangen, würde die Österreichische Schule tatsächlich nicht mehr als eine Episode der Wissenschaftsgeschichte sein. Solange Liberale nicht an der Macht sind, wirkt ihre Ideologie besonders machtkritisch. Die liberalen Vertreter der Österreichischen Schule wie Ludwig von Mises und Friedrich von Hayek standen dem Staat kritisch gegenüber und blieben fern von jeder Machtposition. In den USA fanden sie Aufnahme durch jene Minderheit, die damals dem sozialdemokratischen Totalitarismus von Franklin Roosevelt trotzte und daher liberale Denker stützte.

So erklärt sich auch die immer vehementere Staatskritik innerhalb der Österreichischen Schule. Murray Rothbard ging sogar so weit, den Begriff des »Anarchokapitalismus« einzuführen. Die Vorstellung dahinter ist eine Gesellschaft, die nur auf der Grundlage des freiwilligen Tausches und der freiwilligen Kooperation funktioniert und gänzlich ohne Initiierung von Gewalt auskommt. Wenn wir die Geschichte der Österreichischen Schule betrachten, wird ihre Staatsskepsis verständlich. Immerhin haben die frühen Vertreter dieser Schule aus nächster Nähe mitbekommen, wie die blinde Staatsgläubigkeit des letzten Jahrhunderts die europäische Kultur und Wirtschaft fast vollkommen zerstörte. Unter »Staat« verstehen die jüngeren Vertreter der Österreichischen Schule in der Regel nicht das Gemeinwesen an sich, sondern eine spezifische Organisationsform, die mit den modernen Kriegsbürokratien entstand. Auf Englisch sprechen die »Austrians« vom *welfare-warfare state,* vom »Wohlfahrts-Kriegs-Staat«.

Anarcho-kapitalismus

Auch die »Demokratie« unserer Tage kommt bei den jüngeren Vertretern der Österreichischen Schule nicht allzu gut weg. Hans-Hermann Hoppe, ein deutschstämmiger Schüler von Murray Rothbard, analysiert die Parteiendemokratien ökonomisch und kommt zu vernichtenden Schlüssen. Die mangelnde Verantwortung von in kurzen Abständen aufeinanderfolgenden Cliquen verleite sie dazu, die Gesellschaft möglichst rasch zugunsten von Interessengruppen auszubeuten. Es handle sich gewissermaßen um eine Tragödie der Allmende in großem Stil.

Die Österreichische Schule hat auch die Public-Choice-Theorie sowie den Forschungszweig Law and Economics maßgeblich beeinflusst. Dabei handelt es sich um die ökonomische Analyse des Rechts und der politischen Entscheidungen. Leider sind diese Disziplinen dann den neoklassischen Übertreibungen anheimgefallen. Ähnliches geschah in der Spieltheorie, die von Vertretern der Österreichischen Schule mitbegründet wurde, jedoch heute allzu modellhaft betrieben wird. Das bedeutet, es geht in ihrer wissenschaftlichen Arbeit heute mehr um formale Details in künstlichen Modellen als um ein echtes Verständnis der Realität.

Die bleibende Bedeutung der Österreichischen Schule liegt vor allem dort, wo sie nicht bloßer Deckmantel für Ideologie ist, sondern Wissenschaft im Sinne des tieferen Verständnisses realer Phänomene. Dass der Wissenschaftler in diesem Sinne oft ausruft »Der Kaiser ist nackt!«, darf dabei nicht als blinde Feindschaft gegenüber dem Kaiser (oder Staat) ausgelegt werden. Es handelt sich um die notwendige Folge des kritischen Strebens nach Erkenntnis. Dazu müssen etablierte Glaubenssätze und – was meist noch wichtiger ist, da es mehr Mut erfordert – moderne Irrtümer verworfen werden, wenn sie sich als falsch erweisen.

Die Österreichische Schule war niemals bloße Ökonomie, sondern immer ein sozialwissenschaftliches Forschungsprogramm im weitesten Sinne. So überrascht es nicht, dass Vertreter dieser Tradition wesentliche Beiträge in den unterschiedlichsten Disziplinen leisteten. Besondere Erwähnung verdient die Auseinandersetzung mit dem Recht, da in diesem Bereich im Laufe des letzten Jahrhunderts die größte Korrumpierung und der größte Erkenntnisrückschritt auftraten. Die aktuellen Denker der Österreichischen Schule treten als einsame Warner vor dem Rechtspositivismus auf. Darunter versteht man die heute vorherrschende Vorstellung, dass derjenige, der die Macht im Staate hat, nach Belieben Gesetze erlassen kann – sodass die Politik letztlich über dem Recht steht. Friedrich von Hayek entdeckte in seinen rechtsphilosophischen Studien die Vorzüge des Gewohnheitsrechtes, das mit seiner Ausrichtung an der Tradition im Zeitalter der Aufklärung so sehr unter Druck geraten war. Murray Rothbard wiederum fand zurück zur Naturrechtstradition. Während die frühen Vertreter der Österreichischen Schule sich um Wertneutralität bemühten, versuchte Rothbard eine Ethik auf der Grundlage des Naturrechts zu formulieren. Diese Ethik beruht auf dem Nichtaggressionsprinzip: Es sei ungerecht, da wider die natürlichen Rechte des Menschen, Zwang gegenüber unseren Mitmenschen zu initiieren. Solchen offensiven, nicht provozierten Zwang, mit dem Menschen versuchen, einen Vorteil auf Kosten ihrer Mitmenschen zu erringen, nennt Rothbard Aggression. Dabei folgt er der alten abendländischen Tradition, Staaten und Behörden, die ungerechten Zwang anwenden, wie große Räuberbanden zu betrachten.

Genau jene Beiträge der Österreichischen Schule, die heute nicht Teil des Mainstreams sind, gehören zu ihren größten Errungenschaften und sind von besonderem, bleibendem Wert. Macht ist eine faustische Verlockung für Intellektuelle; die Produktion von Unsinn ist ein hervorragendes Beschäftigungsprogramm. Die Legitimierung von Macht schließlich schafft dafür auch die materielle Grundlage. Die Österreichische Schule ist somit Ausdruck jenes ewigen Widerstreits zwischen Illusion und Realität, zwischen Täuschung und Erkenntnis, zwischen Bequemlichkeit und Verantwortung. Sollte dereinst dieses Forschungsprogramm wieder seine wahre Bedeutung erfahren, wird auch der historische Bezug zu Österreich oder Wien nicht mehr von Bedeutung sein. Bis dahin erinnert uns die Bezeichnung daran, in welchen Büchern wir nachschlagen können, um den Faden der Erkenntnis wieder aufzunehmen. Da in Europa der Bereich der Bildung und Forschung weitgehend in staatlicher Hand liegt, sind unabhängige Wissenschaftler, die der Politik keine Gefälligkeiten schulden, rar. Auch die Tradition unabhängiger Privatgelehrter ist nahezu ausgestorben.

Nichtaggressionsprinzip

Wer sich einen unabhängigen Blick bewahrt hat, stößt auf die nüchterne Einsicht, dass wir heute vom Kapital der Vergangenheit zehren. Dabei ist es vollkommen nebensächlich, wie wir unsere Wirtschaftsordnung nennen. Entscheidend ist, die Dynamiken zu verstehen. Eigentlich alle aktuellen Vertreter der Österreichischen Schule stehen dem Status quo extrem kritisch gegenüber. Manche sind so pessimistisch, wie es Carl Menger zu seiner Zeit war, und halten es für durchaus möglich, dass ein neuer Totalitarismus im Entstehen begriffen ist. Andere bleiben trotz nüchterner Analyse optimistisch: Da der Status quo nicht nachhaltig ist, wird etwas anderes an dessen Stelle treten. Womöglich ist das Handeln der Menschen, für das sie Verantwortung tragen, vernünftiger als ihre Meinungen, und es entsteht eine spontane Ordnung, die nachhaltigen Wohlstand und Frieden ermöglicht, ohne dass die Mehrheit versteht, was geschieht.

Die aktuellen »Österreicher« sind anti-»kapitalistisch«, wenn damit die Ablehnung der herrschenden Unordnung gemeint ist, und dennoch dem anmaßenden Antikapitalismus unserer Tage abgeneigt. Denn seit den frühesten Anfängen der Moderne haben all die ahnungslosen Interventionen die Lage immer nur noch schlimmer gemacht, anstatt die Wirkungen des Wandels abzumildern. Es ist sicher eine richtige Beobachtung, dass unserer Zeit der moralische Kompass fehlt. Doch noch vielmehr fehlt die Geduld und Muße, die Entwicklungen wirklich zu verstehen. Wilhelm Röpkes Warnung ist heute aktueller denn je: »Ökonomisch dilettantischer Moralismus ist ebenso abschreckend wie moralisch abgestumpfter Ökonomismus.« Da Zeiten der Wirtschaftskrise stets Blütezeiten für hohle »Werte« und leere »Moral« sind, ist es dringend geboten, den Moralismus der Besserwisser mit der Aufforderung zu bremsen, erst den Dingen wirklich auf den Grund zu gehen, bevor man den Zeigefinger erhebt. Sodann versuche man, es selbst besser zu machen, anstatt sich mit bequemen Vorhaltungen zufriedenzugeben. All die Utopien der Vergangenheit stellten stets den Versuch dar, den Mensch durch den geplanten und zwangsweisen Umbau der Institutionen zu bessern. Eben weil sich die Österreichische Schule des Moralismus enthält, überlässt sie es dem Einzelnen, sich selbst zum Besseren zu verändern und anderen ein Vorbild zu sein, anstatt darauf zu warten, dass eine bessere Gesellschaft oder ein besserer Staat den neuen Menschen hervorbringt, wie ihn die Moralisten gerne hätten.

Anleitung für den kritischen Bürger

Die ideale »österreichische« Welt

Nach all der Kritik an der Gegenwart stellt sich nun die berechtigte Frage, wie eine ideale Welt im Sinne der »Österreicher« denn aussehen würde. Diese Frage ist ganz unvermeidbar, wenn man sich auf politisches Terrain wagt. Und leider ist es in unserer politisierten und ideologisierten Zeit gänzlich unmöglich, die Felder Politik und Ideologie zu umgehen. Die Begriffe und Phänomene, mit denen wir täglich zu tun haben, sind schließlich von Politik und Ideologie geprägt. Und dennoch fällt die Österreichische Schule aus der Reihe. Sie ist eben in erster Linie ein Forschungsprogramm und keine geschlossene, ideologische Bewegung oder politische Partei mit einem Programm. Wenn die jüngeren »Austrians« stellenweise utopisch klingen, dann liegt das daran, dass sie die Frage stellen, wie sich reale Menschen koordinieren würden und wie das gesellschaftliche Zusammenleben aussähe, wenn es bestimmte historische Weichenstellungen nicht gegeben hätte. Dabei versuchen sie, auch das zu hinterfragen, was allen anderen selbstverständlich erscheint. Wie alle guten Philosophen stellen sie radikale Fragen und fordern so die zeitgenössischen Selbstverständlichkeiten heraus.

Doch kein seriöser Philosoph in der Tradition der Österreichischen Schule würde eine ideale Welt versprechen. Denn der Gedanke, dass es nur eine bewusste Änderung des Rahmens bräuchte, um den Mensch im Inneren zu verändern und zu verbessern, negiert die menschliche Freiheit und Verantwortung. Den Zugang, es ließen sich am Reißbrett bessere Institutionen planen, nannte Friedrich von Hayek »Konstruktivismus«

und lehnte ihn entschieden ab: »Der Grundgedanke des Konstruktivismus lässt sich am einfachsten in der zunächst unverfänglich klingenden Formel ausdrücken, dass der Mensch die Einrichtungen der Gesellschaft und der Kultur selbst gemacht hat und sie daher auch nach seinem Belieben ändern kann.«

Die Österreichische Schule beantwortet nicht die Frage nach der idealen, bestmöglichen Welt, sondern sie führt uns an die reale Welt heran. Die ökonomische Analyse zeigt, dass unsere Wirtschaftsordnung an ungesunden Aufblähungen leidet und dass die Anreize unserer politischen Ordnung in eine falsche Richtung weisen. Darum gehen eigentlich alle aktuellen »Österreicher« von einem mehr oder weniger heftigen Umbruch aus, der sich gerade im Gange befindet und noch lange nicht zu seinem Ende gekommen ist. Es handelt sich dabei um einen unangenehmen Prozess der »Ent-Täuschung«, der Verabschiedung von bequemen Illusionen. Eine dieser Illusionen besteht darin, dass wir mit dem »demokratischen Rechtsstaat« die beste aller Welten und damit das Ende der Geschichte erreicht hätten. Eine andere Illusion liegt im Glauben, unser Wohlstand besitze eine solide Grundlage und wir dürften weiterhin jedes Jahr »mehr Geld« erwarten. Die Zahl der Illusionen, auf denen unser modernes Leben basiert, ist erschreckend groß. Doch das ist kein Grund für Fatalismus. Das Akzeptieren der Realität ist die notwendige Voraussetzung, etwas zum Besseren zu verändern.

Ideale und reale Welt

Wie sähe eine Welt ohne diese Illusionen aus? Sie wäre zweifellos nüchterner und ehrlicher. Es gäbe weniger große Versprechungen, aber auch weniger bittere Enttäuschungen. Es wäre eine Welt mit mehr Eigenverantwortung und weniger Mitläufern. Somit wäre es auch eine Welt, in der die einzelne Person mehr und die Masse weniger Bedeutung hätte. Ohne die virtuellen Schein-Werte, die Entwertung und die dadurch verschärfte Kurzfristigkeit und verzweifelte Gier stünde die Wirtschaft auf soliderer Grundlage. Ohne die Aufblähung der Kreditmenge würden kleinere bis mittlere Unternehmen, die hauptsächlich durch Eigenkapital finanziert wären, eine größere Rolle spielen. Die Anzahl der Selbstständigen wäre größer; das bedeutet aber auch, dass es weit weniger Angestellte gäbe. Die Verschuldung wäre eng begrenzt. Das hätte auch eine Verkleinerung der staatlichen Bürokratien und eine Reduktion der Umverteilung zur Folge, insbesondere der heute so beliebten Umverteilung von zukünftigen Generationen hin zu den Menschen der Gegenwart. Hierbei handelt es sich allerdings nicht um ein alternatives politisches Programm. Es wäre eine weitere Illusion zu glauben, dass die Übel der Gegenwart bloß an schlechten Politikern liegen. Selbst wenn wir alle heutigen Politiker auf den Mond schießen könnten, würde doch nichts Besseres, eher Schlechteres von den Hinterbänken nach vorne rücken.

Zur Gegenwart führte zwar eine Geschichte voll von Zwang, Betrug und Leid. Doch letztlich ist die Gesellschaft immer Ausdruck menschlichen Handelns. Wenn man den Menschen zuhört, möchte man glauben, Politik und Finanzsystem hätten ohnehin schon all ihr Vertrauen verloren. Doch die »Österreicher« sind nüchtern genug, die geäußerten Präferenzen der Menschen nicht überzubewerten. Auf Englisch sagt man: talk is cheap; das Handeln tatsächlich zu ändern, ist jedoch stets kostspielig – nicht nur in Geld ausgedrückt.

Daher sollte man sich nicht in eine unbändige Wut über das Tagesgeschehen hineinsteigern. Es ist einfach, den Politikern, Bankern und Managern alle Schuld zuzuschreiben. Das lenkt davon ab, selbst etwas zum Besseren zu ändern. Man sieht sich als Opfer seiner Verhältnisse an. Genau diese Mentalität steht jedoch hinter den Dynamiken der Gegenwart. Tatsächlich fragen wir mit unseren täglichen Handlungen genau die Welt nach, die wir bekommen haben. Für die Leistung, die Illusionen aufrechtzuerhalten, die wir nachfragen, gebührt den Entscheidungsträgern unserer Zeit doch auch ein wenig Anerkennung. Am schlimmsten wäre es, die Illusionen beizubehalten und kopflos das »System« zu stürzen. Darin liegt die Gefahr der Gegenwart: dass die Menschen aus existenzieller Langeweile und Wohlstandsverwahrlosung denjenigen mit noch besseren Versprechungen nachlaufen und wir den Wahnsinn des letzten Jahrhunderts in neuem Kleid nochmals wiederholen müssen.

Die Ungeduld wächst und macht es sehr schwer, die nötige Besonnenheit und Bescheidenheit aufzubringen, die unsere Zeit erfordert. Wir leben in einer unglaublich spannenden Epoche. Von den Überraschungen und Lehren, die uns erwarten, werden wir noch unseren Urenkeln erzählen. Auch bei der wachsenden Zahl derjenigen, die sich heute zur Tradition der Österreichischen Schule zählen, handelt es sich um Menschen, die wie alle anderen Schwächen haben und Fehler machen. Die Versuchung ist groß, als Auguren einer neuen Zeit aufzutreten. Friedrich von Hayek mahnte allerdings zur Bescheidenheit: »Es gehen alle politischen Theorien davon aus, dass die meisten Menschen unwissend sind. Die Vertreter der Freiheit unterscheiden sich […] dadurch, dass sie zu den Unwissenden auch sich selbst […] zählen.« Niemand kann wissen, welchen Weg die Zukunft nimmt. Die große Stärke der Österreichischen Schule ist gerade ihre Bescheidenheit. Dass diejenige Schule, die die Möglichkeit von Voraussagen grundsätzlich ausschließt, die Zukunft doch stets besser erahnte als jene Schulen, die zur Selbstüberschätzung neigen, ist eine ermutigende Ironie.

Eigene Handlungen

Die Österreichische Schule kann also nicht sagen, wie die Zukunft aussehen wird, denn die Zukunft bringen wir alle gemeinsam durch unser Handeln und Unterlassen hervor. Sie kann auch keine Rezepte geben. Jeder konkrete Vorschlag würde vorgeben, den Menschen von ihrer Ungewissheit befreien zu können. Solche Vorschläge sollte man niemals allzu ernst nehmen. Das eigentlich relevante, nämlich das unternehmerische Schultern der Ungewissheit, bedeutet stets eigenes Entscheiden und eigenes Wagnis. Dieses Entscheiden und Wagen kann einem niemand abnehmen. Die Österreichische Schule hat wie jede gute Philosophie ihre Aufgabe erfüllt, wenn sie den Menschen hilft, ihre Welt besser zu verstehen, sodass sie aus freien Stücken bessere Entscheidungen treffen können. Dabei können die Menschen durchaus zu unterschiedlichen Schlüssen gelangen.

Theorie und Praxis

Die Österreichische Schule mag allzu theoretisch erscheinen: ein häufiger Vorwurf, den man ihr machte. Ist diese Schule also eigentlich gar nicht relevant für die Praxis? Manchmal wird den »Österreichern« schelmisch vorgeworfen: Wenn ihr so klug seid, warum seid ihr dann nicht reich? Die schlagfertigste Antwort darauf ist wohl: Wenn du so reich bist, warum bist du dann nicht klug? In der Tat scheint es mindestens so viele arme Weise wie dumme Reiche zu geben. Allerdings bemerkte schon Denis Diderot, nur der Reiche könne es sich leisten, dumm zu sein.

Besteht auch ein umgekehrter Zusammenhang? Erschwert es Wissen gar, weltlichen Erfolg zu haben? Francis Bacon zitierte einst Aristoteles: »Wer nur wenig im Sinn hat, tut sich leicht dabei, zu entscheiden.« Die Reflexion, die nötig ist, um höheres Wissen aus der Erfahrung zu keltern, stellt sich oft als durchaus hinderlich heraus, wenn es darum geht, im Moment zu leben, zu entscheiden, zu handeln. Der stets zeitlose Charakter wahren Wissens steht über dem Moment und schätzt ihn oft gering, was von außen abgehoben scheinen mag. Doch um Eindrücke und Sachverhalte zu verarbeiten, sie zu ordnen und in ihnen die Ordnung zu erkennen, ist es erforderlich, sich etwas vom Tagesgeschehen abzuheben.

Wissen

Wenn aber Wissen eine reale Kenntnis der Welt und ihrer Zusammenhänge bezeichnet: Müsste es uns dieses Wissen nicht leichter machen, ein gutes Leben frei von gefährlichen Illusionen zu führen? In der Tat ist dies so; nur selten stellt sich der Erfolg per Zufall ein, insbesondere wenn wir den langfristigen, nachhaltigen und wirklichen Erfolg betrachten im Gegensatz zum trügerischen, kurzfristigen, rein quantitativen Erfolgsmaß. Genau an diesem Punkt löst sich auch der Widerspruch zwischen Wissen und Nützlichkeit auf. Die vermeintliche »Nützlichkeit«, die dem Wissen zuwiderläuft, es korrumpiert und an seine Stelle tritt, ist die kurzfristige, alleinige Mittelorientierung, die in der Anhäufung von Mitteln das einzige Ziel sieht. Ohne Wissen bleiben die Ziele, die den Menschen ja erst in seinem Mensch-Sein ausmachen, unerreichbar; wir trösten uns dann mit den bloßen Mitteln und der rein physischen Befriedigung, die nie von Dauer ist. Geld stellt ein wichtiges Mittel dar, um bestimmte Ziele zu erreichen, und kann Ausdruck von Erfolg auf der Grundlage von Wissen sein; es kann aber auch zu falschen Prioritäten verleiten.

Die Menschen der Praxis bringen jener systematischen Form des Wissens, die über anekdotische Erfahrung und eingeübte Fertigkeiten hinausgeht, oft eine gewisse Abneigung entgegen – dieses Wissen wird dann als »Theorie« geschmäht. Hier drückt sich auch die verständliche Enttäuschung über das heute dominante »Wissen« aus, dessen Träger, die »Experten«, und dessen Produktionsanstalten, die »Universitäten«. Wirkliche Theorie ist jedoch stets praxisorientiert, denn sie stellt den Versuch dar, die Wirklichkeit besser zu verstehen, indem deren Ordnung von den Einzelerfahrungen abstrahiert wird. Theorie bildet damit die Voraussetzung jeder Verbesserung der Praxis, und die Praxis ist ihr Gegenstand und ihr Korrektiv. Ziel des Wissens ist es, ein besseres Leben zu führen, allerdings nicht bloß im materiellen Sinne. Praxis meint nicht das Gegenteil von Theorie, sondern das Gegenteil von Ideologie. Gute Theorie ist ein Tun, der griechische Begriff bedeutet: Anschauung. Es ist der kontemplative und reflektierende Aspekt des Tuns, ohne den es zur leeren Geschäftigkeit verkommt. Für die alten Griechen war die Muße zur Theorie die höchste Form der Praxis.

Nicht die mangelnde Nützlichkeit ökonomischer Überlegung ist das Problem. Ganz im Gegenteil weisen heute besonders weltfremde und absurde Fragestellungen eine trügerische Nützlichkeit auf. Friedrich von Hayek warnte einst Studenten der Volkswirtschaftslehre: »Es gibt nicht nur keine schillernden Preise, keine Nobelpreise und – ich hätte sagen sollen, bis vor kurzem [Hayek spielt auf Keynes an] – keinen Reichtum und keine Adelserhebungen für den Ökonomen. Doch schon nach diesem zu streben, auf Lob oder öffentliche Anerkennung abzuzielen, korrumpiert nahezu mit Sicherheit die intellektuelle Ehrlichkeit auf diesem Gebiet [...]. Der Grund, warum ich glaube, dass ein zu bewusstes Streben nach unmittelbarer Nützlichkeit so wahrscheinlich die intellektuelle Integrität des

Ökonomen korrumpiert, ist, dass unmittelbare Nützlichkeit nahezu vollständig auf Einfluss beruht, und Einfluss wird am einfachsten durch Zugeständnisse an populäre Vorurteile und Anbiedern an bestehende politische Agenden gewonnen. […] [Ein Ökonom] muss zuallererst den Mut haben, unpopulär zu sein.«

Es ist eine Ironie der Geschichte, dass ausgerechnet Hayek den erst viel später nach diesem Vortrag begründeten »Preis für Wirtschaftswissenschaften der schwedischen Reichsbank in Gedenken an Alfred Nobel« erhielt. Er erhielt den Preis gleichzeitig mit dem sozialistischen Eugeniker Gunnar Myrdal, was darauf hinweist, dass es sich um den Versuch einer Vereinnahmung der Österreichischen Schule als einer von vielen »Theorien« eines vermeintlich pluralistischen Mainstreams handelte. Es geht jedoch auch nicht um die Gegnerschaft einzelner Schulen oder Ökonomen mit ihren jeweiligen Betonungen, sondern um den ewigen Konflikt zwischen der Suche nach Erkenntnis und der Instrumentalisierung der Wissenschaft. Um zu verstehen, warum die Volkswirtschaftslehre versagte, müssen wir in Betracht ziehen, dass allein das Federal-Reserve-System der USA so viele Ökonomen beschäftigt wie die 50 größten universitären Fakultäten. Drei Viertel der Forschung zu Fragen des Geldwesens werden vom Fed finanziert.

Instrumentalisierung der Wissenschaft

Neben diesen Anreizen bestehen freilich noch unzählige andere, die nicht nur der Politik entspringen. So wie die Finanzkrise selbst, sind auch das mangelnde Verständnis der Zusammenhänge, die bewusste Täuschung und die weniger bewusste Selbsttäuschung eine Folge dominanter Einstellungen in unseren Gesellschaften. Diese Einstellungen spiegeln sich auch in den jeweiligen Volkswirtschaftslehren wieder. Der größte Teil heutiger volkswirtschaftlicher Forschung dient als ein bloßes Beschäftigungsprogramm für dienstbare Experten, die für eine Legitimierung eines Systems des billigen Geldes mitsamt dem damit verbundenen Lebensstil, der Zentralisierung, der Umverteilung und dem Interventionismus zur Verfügung stehen. Diese Dynamiken werden nicht bloß von oben verordnet, sondern sind mehrheitsfähig, gar höchst populär. Man ist geneigt zu sagen: Jedes Volk hat die Volkswirte, die es verdient.

Ökonomie als Teilgebiet der praktischen Philosophie ist immer auch Selbstzweck. Dieses Buch ist für diejenigen geschrieben, denen die Anschauung Freude bereitet. Sie ist Teil ihrer Praxis. Praxis bedeutet Handeln. Die Österreichische Schule ist in diesem Sinne besonders praxisorientiert, weil es ihr im Wesentlichen darum geht, menschliches Handeln und seine Folgen wirklich zu verstehen. Die konkrete Empfehlung, was eine bestimmte Person in einem bestimmten Kontext tun sollte, wäre dem Zugang der Österreichischen Schule zuwider. Die Menschen und ihre Kontexte unterscheiden sich. Indem man sie von der Last befreit, selbst zu denken und zu entscheiden, nimmt man ihnen das Beste, was unser Dasein zu bieten hat: das große Abenteuer von Freiheit und Verantwortung. Einige allgemeine Empfehlungen will ich aber aus den Erkenntnissen der Österreichischen Schule abzuleiten versuchen, um die erste Schwelle der heutigen Orientierungslosigkeit zu überwinden und zu diesem Abenteuer etwas Mut zu machen.

Politischer Wandel

Gesellschaft, Wirtschaft und Staat betrachtet die Österreichische Schule nicht als mystische, selbstständige Wesen, daher auch nicht als Bestien, denen wir ausgeliefert sind, sondern als komplexe Ergebnisse des Handelns der Menschen. Die erste Konsequenz dieses Gedankens liegt darin, die großen Worte, die schönen Absichten und insbesondere die Politik etwas weniger ernst zu nehmen. Es gilt die Mahatma Gandhi zugeschriebene Empfehlung: Sei selbst die Veränderung, die du in der Welt sehen willst. Veränderung ist niemals kostenlos und daher selten bequem. Die Ausreden, man könne nichts verändern, weil es dafür nicht genügend Zustimmung, Geld, Zeit gäbe, sind allzu bequeme Vorwände. Ludwig von Mises erkannte: »Aller Fortschritt der Menschheit vollzog sich stets in der Weise, dass eine kleine Minderheit von den Ideen und Gebräuchen der Mehrheit abzuweichen begann, bis schließlich ihr Beispiel die anderen zur Überzeugung der Neuerung bewog. Wenn man der Mehrheit das Recht gibt, der Minderheit vorzuschreiben, was sie denken, lesen und tun soll, dann unterbindet man ein für alle Male allen Fortschritt.« Die Betonung des Unternehmertums durch die Österreichische Schule drückt eine nüchterne Bevorzugung des Bessertuns anstelle des bloßen Besserwissens aus.

Und dennoch misst die Österreichische Schule dem Wissen ganz entscheidende Bedeutung bei. Gemeint ist allerdings weniger die Anhäufung von Fakten, sondern es geht darum, das zu sehen, was andere übersehen. Wir sind letztlich geistige Wesen. Ideen – unsere Vorstellungen von der Welt – prägen unser Handeln. Darum stellt den ersten Schritt zum Bessertun ein besseres Verständnis der Realität dar. Das bedeutet nicht, dass man alles wissen muss, bevor man handeln kann. Zum Glück stehen uns so viele, für sich genommen scheinbar unbedeutende, aber in Summe so bedeutsame Möglichkeiten zum Handeln offen, dass jeder an seinem kleinen Stück Welt üben kann. Gerade weil in der Zukunft eine neue Praxis, ein neues Handeln erforderlich sein wird, ist es wesentlich praktischer, sich die Muße zur Theorie zu gönnen, als den widersprüchlichen Rezepten der Gegenwart zu folgen. Um uns unsere entfremdete Welt wieder anzueignen, müssen wir mit den Augen eines Kindes oder Philosophen durch die Welt gehen lernen. Es gibt so vieles zu entdecken, zu hinterfragen, auszuprobieren!

Weil jeder von uns nur über einen kleinen Ausschnitt des Wissens verfügt und wir im Vorhinein nicht wissen, was sich bewähren wird, sind die Wissensteilung und die Fähigkeit zu lernen von so großer Wichtigkeit. Daraus leiten sich die politischen Empfehlungen der Österreichischen Schule ab. Anstelle der Zentralisierung von Entscheidungen bei wenigen, die weit entfernt von den konkreten Verhältnissen sind, betonen die Österreicher die persönliche Verantwortung, die sich darauf beschränkt, was reale Menschen absehen können.

Kleinere politische Einheiten

Die Konsequenz wären wesentlich kleinere politische Einheiten. Womöglich – und das erhoffen viele der jüngeren »Austrians« – könnten solche Einheiten vollkommen auf der freiwilligen Einsicht der Menschen beruhen, weil sie sich mit ihnen identifizieren können, und würden gänzlich ohne die Initiierung von Zwang auskommen. Hier ist von »Initiierung« die Rede, weil auch kein aktueller Vertreter der Österreichischen Schule so unrealistisch ist, anzunehmen, dass es unter Menschen jemals ausschließlich Freundschaft und Frieden geben wird. Reale Menschen neigen zu allerlei Lastern und Schwächen und eben auch zur Gewalt. Der komplizierten Frage des politischen Zusammenlebens können wir uns hier leider nur am Rande widmen. Dieses Buch ist der ökonomischen Tradition der Österreichischen Schule gewidmet und kann die zahlreichen politischen, ethischen, psychologischen, erkenntnistheoretischen und historischen Exkurse, die aus dieser Tradition hervorgegangen sind, nur streifen.

Unabhängig davon, wie die politischen Einheiten verfasst sind, betonen die »Österreicher« auch in diesem Bereich die Vorzüge des Wettbewerbs. Dabei geht es ihnen nicht um einen rastlosen Wettlauf, wie er etwa im Wettrüsten zutage tritt. Das Prinzip des Wettbewerbs versteht die Österreichische Schule als die Möglichkeit, Angebote abzulehnen. Die Staaten unserer Tage würden freilich wenig erfreut reagieren, wenn wir ihnen schrieben, wir wären nach gewissenhafter Prüfung zum Entschluss gelangt, dass wir ihr freundliches Angebot ablehnen müssen und das Abonnement ihrer Leistungen gerne zum nächstmöglichen Termin kündigen möchten. Die jüngeren »Austrians« betonen, dass die Staaten ebenso reagieren würden wie jede andere kriminelle Organisation: mit Waffengewalt.

Je größer die politischen Einheiten, desto schwieriger wird es, ihren »Angeboten« auszuweichen. Selbst wenn man das gar nicht möchte, sondern sich trotz aller Ärgernisse zu Hause ganz wohlfühlt, hat der Mangel an Wettbewerb die üblichen Folgen, die wir aus der Wirtschaft kennen: Die Qualität der Leistungen nimmt ab, während die Kosten dafür steigen. Auch der Steuerwettbewerb folgt diesem Prinzip. Den Hochsteuerländern ist es ein Gräuel, dass es »Steueroasen« gibt, die attraktivere Steuersätze aufweisen und dadurch Besserverdienende anziehen. Doch wie Fürst Hans-Adam II. von Liechtenstein, der übrigens wie auch sein Sohn und Nachfolger die Österreichische Schule gut kennt und schätzt, es so schön auf den Punkt bringt: Von Steueroasen kann nur dann die Rede sein, wenn sie im Vergleich zu Steuerwüsten stehen. Im Grunde drängen die europäischen Steuerwüsten zu einem Steuerkartell, das sie vor unangenehmem Wettbewerb bewahren soll, indem den Bürgern noch weniger Alternativen verbleiben. Die Folge eines solchen Steuerkartells wäre freilich verheerend: Die Verwüstung des Kontinents durch kurzfristige Politik würde noch rasanter vor sich gehen.

Weil das Handeln der Menschen das Entscheidende ist, reicht es nicht aus, bloß mehr Markt und weniger Staat zu fordern, wie dies manche »Austrians« in ideologischem Überschwang tun. Der Markt ist keine Lösung, sondern bloß die Bezeichnung für die Koordination zwischen freiwillig tauschenden Menschen, die Angebote ablehnen dürfen. In der aktuellen wirtschaftlichen und politischen Unordnung zeigen sich die Verzerrungen als so groß, dass auch den Märkten gegenüber eine gewisse Skepsis angebracht ist. Und doch besitzen wir noch die entscheidende Freiheit und damit Verantwortung, die Angebote auf den Märkten eben auch zurückzuweisen.

Ludwig von Mises betonte diese Verantwortung des Konsumenten lange, bevor sie ins allgemeine Bewusstsein drang. Er verglich den Markt mit einer Demokratie, »bei der jeder Pfennig einen Stimmzettel darstelle. Die demokratische Wahlordnung mag eher als ein unzulänglicher Versuch angesehen werden, im politischen Leben die Marktverfassung nachzubilden. Auf dem Markt geht keine Stimme verloren. Jeder verausgabte Betrag, er mag noch so klein sein, übt seine Wirkung auf die Produktion. Die Entscheidung des Verbrauchers setzt sich mit dem ganzen Gewicht, das er ihr durch die Aufwendung des Geldbetrages gibt, bis in die entferntesten Bezirke des gesellschaftlichen Produktionsapparates durch.« Wem die bestehende Wirtschaftsstruktur nicht zusagt, erinnere sich daran, dass er mit jedem Kaufentscheid daran beteiligt ist, diese hervorzubringen. Der Ökonom beobachtet, dass dieselben Menschen, die über das Verdrängen der kleinen Läden durch die großen Ketten jammern, es selbst ebenso vorziehen, ihre Shoppingtouren in Einkaufszentren durchzuführen. Ludwig von Mises hat das etwas gehässig als neurotischen Zug gedeutet: »Der Neurotiker kann das Leben in seiner wahren Gestalt nicht ertragen. Es ist ihm zu roh, zu grob, zu schlecht. Um es sich erträglich zu gestalten, [...] flüchtet [er] in eine Wahnidee.«

Die nüchterne Analyse der Politik lässt von dieser nicht allzu viel erwarten. Veränderungen gehen selten von Politikern aus, besonders heute, wo diese in einem massenmedial orchestrierten Zustimmungsregime bloß auf gesellschaftlichen Trends reiten. Die ökonomische Analyse der Massendemokratie zeigt, dass es im Machtinteresse konkurrierender Parteien liegt, sich immer stärker am sogenannten Medianwähler zu orientieren: Parteien mit größeren Stammwählerschichten setzen sich so weit durch, bis sich zwei Blöcke gegenüberstehen. Diese Blöcke können ihre Machtbasis nur noch durch ein Hinauswachsen über ihre Stammwählerschaft vergrößern. Dazu müssen sie genau jene Wähler ansprechen, die gerade am Rand ihrer Klientel liegen und ebenso der Konkurrenz zuneigen. Das sind natürlich exakt dieselben Wähler, die auch die Konkurrenz anzusprechen versucht. Diese Medianwähler liegen genau im Bevölkerungsdurchschnitt. Parteien müssen, um zu überleben, durchschnittliche Politik machen; jede allzu große Entfernung vom Durchschnitt lässt die Medianwähler zur Konkurrenz abwandern. Leider aber glauben Herr und Frau Durchschnitt heute das eine und morgen dessen Gegenteil. Was noch vor kurzem als absurder Extremismus galt, der sich allenfalls in Satirezeitungen fand, ist heute bereits Mainstream, also Durchschnitt. Die Österreichische Schule legt es nahe, sich vom Wahnsinn der Masse zu lösen und Hypes nicht mitzumachen. Ohne Fernsehen und Tageszeitung lebt es sich besser. Die Meinungen unserer Mitmenschen müssen wir respektieren, aber nicht allzu ernst nehmen. Die alten Vertreter der Österreichischen Schule zeigten allesamt die Gabe, inmitten des allergrößten Wahnsinns einen kühlen Kopf zu bewahren, freundlich und umgänglich zu bleiben, und nicht in blinde Wut oder utopische Wahnideen zu verfallen.

Medianwähler

Darf man von der Österreichischen Schule zumindest wirtschaftspolitische Empfehlungen erwarten? Zunächst wird die Vorstellung abgelehnt, dass sich Wirtschaft nach Belieben politisch steuern lässt. Entscheidend ist die klare Zuschreibung von Verantwortung, und diese bedeutet größtmögliche Freiheit innerhalb klarer Grenzen. Für Fehler und Schäden, die sein Handeln hervorbringt, hat der Verantwortliche die vollen Kosten zu tragen. Das umfasst notwendigerweise auch Folgeschäden für die Umwelt.

Die meisten heutigen »Austrians« beurteilen die Haftungsbegrenzung und die Möglichkeit, mittels Insolvenzanmeldung für das eigene Scheitern andere zahlen zu lassen, als problematisch.

Wenn die Österreichische Schule politisch ausgelegt wird, dann erweckt sie den Eindruck, eigentlich gegen alles zu sein. In der Politik gibt es so viele falsche Ideen, dass man schon alle Hände voll damit zu tun hätte, nur den Schaden einzugrenzen, der laufend ausgebrütet wird, und vergangene Fehler zu reparieren. »Österreicher« erscheinen daher in aller Regel als nüchterne Nein-Sager und Spielverderber. Wenn ein Kind das erste Mal »Nein!« sagt, wird es sich allerdings seiner Freiheit bewusst: Darin liegt die Essenz des Entscheidens. Wir können uns bewusst dagegen entscheiden, jeden Unsinn mitzumachen.

Anlageempfehlungen

Von einer ökonomischen Theorie erwartet man sich noch etwas Bestimmtes, das in unserer Zeit wohl die meisten bewegt. Der Leser ist sicherlich schon ganz ungeduldig und etwas enttäuscht. Wann kommen endlich die Anlageempfehlungen? Es lässt sich nicht leugnen, dass die Wiederentdeckung der Österreichischen Schule besonders durch neue Renditeerwartungen angetrieben wurde. Wenn die »Österreicher« die Krise vorhersahen, müsste sich doch mit dieser Schule viel Geld machen lassen. In der Tat kenne ich zahlreiche Investoren, die dank der Einsichten der Österreichischen Schule Erfolg hatten. Aber natürlich verlieren auch Anhänger der Österreichischen Schule Geld – letztlich kommt man kaum darum herum, selbst etwas Lehrgeld zu bezahlen. Aus dem eigenen Scheitern lässt sich stets mehr als aus Büchern lernen.

Natürlich lebt auch dieses Buch ein wenig davon, dass die Menschen ihre Augen auf die Ökonomie richten, weil sie Angst um ihr Geld bekommen haben. Der Gedanke, durch richtige Anlage schnell reich zu werden, ist jedoch die typische Folge einer Blasenwirtschaft. Spekulation ohne Ahnung kann auch nur in einer solchen auf Dauer funktionieren. Wie wir gesehen haben, vermag Spekulation nur dann produktiv zu sein, wenn es sich um die Verwertung eines Wissensvorsprungs handelt. Ansonsten ist es ein Glücksspiel. In Summe kann man bei Glücksspielen jedoch nur verlieren; allein im Falle eines Pyramidenspiels lässt sich für kurze Zeit auf Kosten der Täuschung der Mitmenschen eine positive Rendite erzielen. Die meisten Anlagetipps funktionieren nach diesem Schema: Frühere Einkäufer in ein Pyramidenspiel locken spätere Einkäufer. Am meisten verdienen daran diejenigen, die solche Anlageempfehlungen geben. Je früher man in der Kette solcher Kettenbriefe steht, desto größer die Chance, auf Kosten der später Einsteigenden zu verdienen.

Spekulation ist nicht an sich verwerflich, ersetzt aber keine Anlagestrategie. Nüchtern betrachtet, ist das wesentliche Ziel der Anlage von Ersparnissen, deren Wert zu sichern. Leider können wir heute nicht mehr darauf vertrauen, dass in Bargeld oder auf Konten gehaltene Ersparnisse ihren Wert nicht verlieren. Darum ist auch das Horten nicht mehr so einfach: Dabei geht es darum, einen Teil unseres Einkommens gegen Werte zu tauschen, die dauerhaft attraktiv bleiben und sich wieder gegen vielfältigere Güter zurücktauschen lassen. Eigentlich alle heutigen Vertreter der Österreichischen Schule setzten hierbei auf Sachwerte wie Edelmetalle und andere Ressourcen. Auf den kleinen Haushalt heruntergebrochen können das auch Treibstoffe, Nahrungsmittel, Werkzeuge, Spirituosen sein, aber natürlich auch Bargeld in verschiedenen Währungen.

Werterhaltung

Eine vollkommene Sicherheit, auf diese Weise Werte zu erhalten, gibt es nicht. Die schwierigen Entscheidungen bleiben niemandem erspart. Dabei gilt abzuschätzen, was man selbst in Zukunft brauchen wird und was den Mitmenschen in Zukunft dienlich sein könnte. Wenn man denn unbedingt eine Anleitung möchte, so würde ich empfehlen, etwa 30 Prozent des verfügbaren Einkommens auf diese Weise zu horten. Als verfügbares Einkommen betrachte ich die Differenz zu den laufenden Kosten. Dieser Überschuss lässt sich durch höheres Einkommen, aber auch durch größere Sparsamkeit ausweiten. In der heutigen Zeit stellt für die meisten wohl Letzteres den einfacheren Weg dar. Eine Reserve, aus der sich die Lebenskosten eines Jahres bestreiten lassen, darf als Minimum gelten.

Der Verschuldung stehen die aktuellen »Österreicher« nicht nur aus volkswirtschaftlichen Gründen kritisch gegenüber. Sie hat auch verheerende psychologische und politische Folgen. Durch die Verpfändung ihres zukünftigen Einkommens liefern sich die Menschen der herrschenden Wirtschaftsordnung vollkommen aus. Sie werden zu Schuldsklaven. Wer verschuldet ist, besitzt keinen Spielraum mehr für Wagnisse. Die Menschen werden an ihre Jobs gefesselt. Daher wirkt jede potenzielle Änderung der Wirtschaftsstruktur als Existenzbedrohung. Das erklärt, warum dann schnell nach der Politik gerufen wird, die den unvermeidlichen Wandel weiter hinausschieben soll. Verschuldung macht ängstlich und abhängig. Es schimpft sich leicht über die Bankenrettung durch die Politiker. Käme es tatsächlich zur nötigen Korrektur, würde das große Wehklagen beginnen. Denn natürlich bedeutet die Bereinigung der Verzerrung nach einer Blase schmerzhafte Umstrukturierungen, bei denen zahlreiche Einkommen versiegen.

Sollte es dazu kommen, dass die mangelnde Zahlungsfähigkeit der meisten Schuldner aufgedeckt wird, weil ihre Einkommen auf Sand gebaut waren, wäre eine noch unangenehmere politische Folge zu erwarten: Die Sicherheiten würden an die Banken gehen. Das zöge eine massive Konzentration von Eigentum bei den Banken nach sich. Ein Großteil der Immobilien und Unternehmen befände sich nun in der Hand einer Oligarchie. Damit wäre wohl auch die logische Konsequenz des Finanzsystems erreicht: eine Art bankengesteuerter Sozialismus.

Erst wenn die Schulden abbezahlt und ausreichend Ersparnisse angesammelt sind, um ein Minimum an Unabhängigkeit und Freiheit zu erreichen, kann man sich anderen Anlagemöglichkeiten widmen. Ich würde empfehlen, weitere 30 Prozent des verfügbaren Einkommens zu investieren. Aus Sicht der Österreichischen Schule ist das ausgesprochen schwierig. Investitionen bestehen im Aufbau von Kapital; es handelt sich dabei um die Umwandlung von Geld oder Konsumgütern in Kapitalgüter. Am nächsten liegt es, zuerst in das eigene Unternehmen zu investieren; im weitesten Sinne ist jeder Unternehmer. Wer noch nicht selbstständig ist, kann ebenso in sein Einkommenspotenzial investieren: Bildung, Muße, Immobilien, kleinere Nebentätigkeiten etc. Der Kreativität sind keine Grenzen gesetzt. Womöglich ergibt sich aus den vielen kleinen Investitionen nach und nach sogar eine selbstständige Lebensgrundlage, womit die Unabhängigkeit von zugewiesenen Arbeitsplätzen möglich wird.

Mikroinvestitionen

Selbstverständlich ist auch nichts dagegen einzuwenden, in die Unternehmungen unserer Mitmenschen zu investieren. Dabei ziehe man jedoch solche Projekte vor, die den eigenen Werthaltungen entsprechen und die man einigermaßen nachvollziehen kann. Das könnte der Handwerker, Händler, Landwirt in der Nachbarschaft sein. Solche »Mikroinvestitionen« sind freilich schwierig und nicht unbedingt finanziell ergiebig. Die Betriebe von Einzelunternehmern sind zu klein, um im Falle des Scheiterns von der Politik aufgefangen zu werden. Eine Möglichkeit für solche Investitionen könnten Sachrenditen sein: etwa die Finanzierung eines neuen Traktors für eine Beteiligung an zukünftigen Ernten. Das ist keine Empfehlung, sondern eine beispielhafte Anregung, worüber es sich nachzudenken lohnen könnte.

Oft sind Gelehrte zu entrückt und gedankenverloren, um gute Entscheider zu sein. Ludwig von Mises warnte seine Verlobte vor der Hochzeit: Ich werde zwar immer über Geld schreiben, aber nie viel Geld haben. Das spricht nicht gegen die Theorie. Unternehmer weisen einen gegenteiligen Mangel auf: Sie sind allzu pragmatische Entscheider, wodurch sie sich leicht durch den Status quo in die Irre führen lassen. Wären die Unternehmer bessere Theoretiker, gäbe es trotz aller Interventionen und Verzerrungen keine Wirtschaftskrisen. (Ebenso wäre es, wenn die Theoretiker bessere Praktiker wären.) Jörg Guido Hülsmann, einer der aktuell bedeutendsten Ökonomen der Österreichischen Schule, erklärt den Konjunkturzyklus als einen Illusionszyklus, den es als eine Häufung von Irrtümern und Täuschungen zu verstehen gelte. Er schreibt: »Wir sind hier mit einer zweiten Art von Konjunkturzyklus konfrontiert. Die erste Art, die die traditionelle [...] Österreichische Konjunkturzyklustheorie umfasst, entspricht der Beobachtung des

Hausverstandes, dass glatter Betrug letztlich entdeckt werden muss. Die zweite Art hingegen legt einen Schluss nahe, den wir aus der Analyse des Sozialismus kennen, nämlich, dass ungerechte Institutionen nicht ewig bestehen können. Aufgrund der Logik des Handelns selbst müssen sie entweder wachsen und die Gesellschaft zerstören oder in einer krisenartigen Situation zerstört werden.«

Langfristig erfolgreichen Unternehmern und Investoren gelingt es meist, ein besseres theoretisches Verständnis in eine bessere Praxis zu übersetzen. Diese Vermittler zwischen Ideal und Realität sind Ausnahmegestalten. Sie ähneln von ihrem Zugang her Künstlern und praktischen Philosophen.

Doch die »Österreicher« waren keine Geizkrägen, denen die Mehrung von Mitteln schon Ziel genug ist. Ihre Wertschätzung des handelnden Subjekts lässt viel Raum für Schönheit, Freude und Genuss.

Konsum

Es mag paradox klingen, aber letztlich würdigte die Österreichische Schule wie keine andere den Konsum. Sie hing bloß nicht dem Irrtum an, dass es ausreiche, zu konsumieren, um nachhaltig in Wohlstand zu leben. Doch das Ziel der Produktion, des Sparens und Investierens, des Arbeitens und Entbehrens liegt letztlich im Konsum. Das Konsumieren wird nicht bloß als Aufbrauchen von Gütern verstanden. Es handelt sich um das Erreichen unserer Ziele. Je bewusster diese Ziele, desto bedeutsamer werden diese Erfüllungsakte des Wirtschaftens.

Daher wäre eine »österreichische« Anlageempfehlung unvollständig, ohne den Konsum zu würdigen. Als Anleitung wollen wir der einfachen Faustregel folgen, auch diesem Zwecke 30 Prozent unseres verfügbaren Einkommens zu widmen. Was sollte auch all das Schielen auf die Zukunft durch Sparen, Anlegen, Investieren, ohne jemals in der Gegenwart zu leben? Konsum in diesem Sinne ist der bewusste Einsatz unserer Mittel, um unser Dasein schöner, besser, wahrhaftiger zu gestalten. Dabei müssen wir bloß aufpassen, nicht unser Kapital aufzubrauchen. Weil, wie bereits erwähnt, der Konsum letztlich die Wirtschaftsstruktur prägt, agieren wir durch unsere Konsumentscheidungen durchaus volkswirtschaftlich. Wir können so diejenigen Unternehmen und Kapitalstrukturen, Talente und

Fertigkeiten, Werke und Taten belohnen, von denen wir gerne mehr in dieser Welt sehen würden. Bewusster Konsum ist mindestens so schwer wie eine gute Investitionsentscheidung. Darum darf diese Form des Konsumierens, die über das Abdecken unserer niedrigsten Lebensbedürfnisse hinausgeht, durchaus zur Anlagestrategie gezählt werden.

Nicht alle Unternehmungen und Initiativen sind kommerziell ausgerichtet. Das bedeutet kein Manko, denn gerade in einer Zeit der Geldneurosen würde eine kommerzielle Orientierung manch Wertvolles hintertreiben. Es handelt sich hierbei um Projekte, die keine teilbaren Produkte hervorbringen. Sie sollen etwa einer größeren Zahl an Menschen nützen, als diese Bemühungen zu schätzen wissen und honorieren können. Oder die Nutznießer entsprechen nicht denjenigen, die dafür die Mittel aufbringen können. Auch solche Strukturen können nur wachsen, wenn sie das Handeln von Menschen hervorbringt. Solche ideellen Projekte leisten oft Großes für unsere Gesellschaften. Wenn ein Teil unserer bisherigen Institutionen tatsächlich auf Sand errichtet ist, so wird der Aufbau neuer Institutionen überlebenswichtig.

Zehnt

Darum würde ich zur Anlage auch einen Beitrag zählen, der dazu dienen mag, unsere menschlichen Gemeinschaften und Gesellschaften zu reparieren. Jedes Wirtschaften nützt eine unsichtbare Infrastruktur des Vertrauens. Ich fürchte im Gegensatz zu den meisten aktuellen »Austrians«, dass dieses Vertrauen nicht eine automatische und notwendige Folge von Marktbeziehungen ist, sondern vielmehr deren Grundlage. Dabei halte ich mich an den historischen Usus und viele religiöse Überlieferungen, für solche Bemühungen zehn Prozent unserer verfügbaren Mittel einzuplanen. Zu diesen Bemühungen zähle ich die Reparatur unserer Gesellschaft, die Mehrung von Wissen und Kultur, die Hilfe in der Not, die Schaffung von Gemeinschaftsstrukturen und die Vorbereitung auf kollektive Herausforderungen. Ich halte dies aber auch für eine ungefähre obere Grenze: Wer mehr als den Zehnten von uns für eine vermeintliche Gemeinschaft, für fremde Zwecke und politische Versprechungen einfordert, hat kaum das Gemeinwohl im Sinne. Solch maßloser Politik geht es eher darum, die Menschen zu Sklaven fremder Zwecke zu machen.

Wozu?

Manch ungeduldiger Leser mag jetzt noch nachhaken: Was »bringt« die theoretische Ökonomie denn nun einem normalen Menschen? Jedoch: »Normale« Menschen gibt es für die Österreichische Schule nicht, den Durchschnittsmenschen hält sie für eine gefährliche Einbildung; jeder Mensch ist einzigartig. Die Aufgabe guter Ökonomie besteht darin, die Menschen vor Illusionen zu behüten. Vielmehr noch aber geht es darum, zum selbstständigen Denken anzuleiten. Ökonomie als Zweig der praktischen Philosophie gehört zum guten Leben einfach mit dazu. Die angeborene Neugier der Kinder zeigt, dass es in der Natur des Menschen liegt, den Dingen auf den Grund zu gehen. Vielen wird das Fragen in der Einheitsschule, durch das Bombardement mit massenmedialen »Informationen«, durch Schuldgefühle und politische Korrektheit, durch falsche Autoritäten und ideologische Fallstricke ordentlich ausgetrieben. Die Fähigkeit, unser Handeln zu reflektieren, zeichnet den Menschen aus. Die Muße, sich auch als Mensch, der mitten im Leben steht und sich von heutigen Sachzwängen gehetzt fühlt, Theorie zu erlauben, ist stets ein Gewinn.

Ent-Täuschung

Am Beginn steht heute jedoch die Ent-Täuschung; und hier finden wir uns schon vor der größten Schwelle. Ich habe viele Menschen kennengelernt, die die Auseinandersetzung mit der Österreichischen Schule so ernüchtert hat, dass sie zynisch wurden. Der Kater nach dem Rausch scheint nicht vergehen zu wollen. Auf Englisch sagt man: ignorance is bliss – Ahnungslosigkeit macht glückselig. Viele sehnen sich, nachdem sie die Theorie wach geküsst hat, nach der blinden Praxis des ahnungslosen Tuns zurück, das keine Sorge um die Zukunft kannte. Gegen diese Schwelle lief auch ich an. Ich habe allerdings eine gute Nachricht: Die Schwelle lässt sich überwinden, sofern man nicht bei der nächstbesten Ideologie Deckung sucht und sich in neue Wahnideen hineinsteigert. Auch die moderne Österreichische Schule läuft stets Gefahr, in ideologisches Fahrwasser zu geraten. Das ist in unserer politisierten Zeit unvermeidlich. Auch die Theorie wird stets als politisches Programm interpretiert und stößt nur dann auf viele Zuhörer, wenn sie sich in das Kostüm politischer und wirtschaftlicher Nützlichkeiten hüllt.

Mir hat die Theorie geholfen, an unserer verrückten Zeit nicht irre zu werden. Indem man sich die Muße für Theorie nimmt, bringt man Ruhe und Ordnung ins Leben. Theorie ist der Versuch, das rechte Maß zu finden zwischen den eifersüchtigen Extremen unserer Zeit. Gute Theorie hält auch selbst Maß, indem sie sich nicht zu ernst nimmt. Manches habe ich vielleicht ein wenig überzeichnet – der Klarheit und Aufmerksamkeit wegen. Die Österreichische Schule hat das Problem, inmitten ideologischer Polarisierung geboren worden zu sein; doch ihre zentrale Lehre ist es, verhängnisvolle Illusionen zu vermeiden und sich mit Fassung der Realität zu stellen.

Die eigentliche Aufgabe des Gelehrten jedoch besteht darin, durch einfühlsames Verstehen einen Beitrag zur Heilung der Gesellschaft zu leisten. Ich hoffe, dass ich trotz der möglichst getreuen Wiedergabe der Gedanken der alten »Österreicher« vermitteln konnte, dass es zu leicht wäre, die Schuld an den Mängeln unserer Wirtschaftsordnung und unserer Gesellschaft bloß einzelnen Akteuren, Lagern und Schulen zuzuschreiben. Die Österreichische Schule wird nur dann von Wert sein, wenn sie zur tiefgehenden Auseinandersetzung mit den Fragen der Zeit anregen kann, um so nach und nach die Polarisierung zu überwinden, die es unmöglich macht, miteinander ernsthaft zu sprechen und einer ungewissen Zukunft mutig entgegenzugehen.

Literaturempfehlungen

Um Leser nicht abzuschrecken, habe ich auf Fußnoten und Literaturverweise im Text verzichtet. Schließlich soll dieses Buch eine erste Einführung ins Thema sein, keine wissenschaftliche Monografie mit Vollständigkeitsanspruch. Wer auf den Geschmack gekommen ist, findet einen so großen Literaturschatz zum Thema, dass sich damit viele Leben lesend füllen lassen. Einen kleinen Überblick, wo man das Weiterlesen beginnen könnte, möchte ich im Folgenden geben.

Einführungen

Den besten Überblick über die Geschichte der Österreichischen Schule und die Ideen ihrer österreichischen Vertreter gibt das Buch meiner Kollegen:

- Eugen Maria Schulak und Herbert Unterköfler: *Die Wiener Schule der Ökonomie. Eine Geschichte ihrer Ideen, Vertreter und Institutionen.* (Weitra: Bibliothek der Provinz, 2010)

Zu den Themen Geld, Wirtschaftskrise habe ich mit zwei Praktikern ein Buch geschrieben, das wesentlich tiefer geht als die Kapitel hier:

- Rahim Taghizadegan, Ronald Stöferle & Mark Valek: *Österreichische Schule für Anleger.* (München: Finanzbuchverlag, 2014)

Das Thema Unternehmertum wird vertieft in:

- Rahim Taghizadegan: *Helden, Schurken, Visionäre* (München: Finanzbuchverlag, 2016)

Zusätzlich sind die besonders gut lesbaren Bücher von Roland Baader zu empfehlen, der als Pionier im deutschsprachigen Raum die Ideen der Österreichischen Schule einem größeren Publikum vermittelte. Eine kleine Auswahl:

- Roland Baader: *Geld, Gold und Gottspieler. Am Vorabend der nächsten Weltwirtschaftskrise.* (Gräfelfing: Resch-Verlag, 2005)
- Roland Baader: *Geldsozialismus. Die wirklichen Ursachen der neuen globalen Depression.* (Gräfelfing: Resch-Verlag, 2010)
- Roland Baader: *Das Ende des Papiergeld-Zeitalters* (Bern: Johannes Müller, 2016)

Originalliteratur

Die zwei großen Überblickswerke zur Österreichischen Schule, die in keinem Bücherregal fehlen sollten, stammen von Ludwig von Mises und seinem amerikanischen Schüler Murray N. Rothbard:

- Ludwig von Mises: *Human Action.* (1949)
- Murray N. Rothbard: *Man, Economy, and State. A Treatise on Economic Principles.* (1962)

Human Action beruht auf *Nationalökonomie* (1940), ist jedoch erweitert und aktualisiert. Übersetzungen beider Werke auf Deutsch sind im *scholarium* in Arbeit und erscheinen als *Menschliches Handeln* und *Mensch, Wirtschaft und Staat.*

Zu den Themen Geld und Ethik wurden folgende Bücher von Jörg Guido Hülsmann und Murray Rothbard auf Deutsch übersetzt:

- Jörg Guido Hülsmann: *Die Ethik der Geldproduktion.* (Waltrop/Leipzig: Manuscriptum, 2007)
- Murray N. Rothbard: *Das Scheingeld-System. Wie der Staat unser Geld zerstört.* (Gräfelfing: Resch-Verlag, 2005)
- Murray N. Rothbard: *Die Ethik der Freiheit.* (St. Augustin: Academia-Verlag, 1999)

Zur politischen Philosophie liegen Übersetzungen der Werke des Rothbard-Schülers Hans-Hermann Hoppe vor:

- Hans-Hermann Hoppe: *Demokratie, der Gott, der keiner ist.* (Waltrop/Leipzig: Manuscriptum, 2003)
- Hans-Hermann Hoppe: *Eigentum, Anarchie und Staat. Studien zur Theorie des Kapitalismus.* (Waltrop/Leipzig: Manuscriptum, 2005; zuerst 1995)

Zur Rechtsphilosophie und Ideengeschichte sind die späteren Werke von Friedrich August von Hayek empfehlenswert:

- Friedrich A. von Hayek: *Die Anmaßung von Wissen.* (Tübingen: Mohr Siebeck, 1996)
- Friedrich A. von Hayek: *Die Verfassung der Freiheit.* (Tübingen: Mohr Siebeck 2005; zuerst 1991)

- Friedrich A. von Hayek: *Recht, Gesetz und Freiheit.* (Tübingen: Mohr Siebeck, 2003)

Eine umfassende Sammlung von kostenlosen elektronischen Versionen von Büchern und Artikeln der Österreichischen Schule findet sich im Internet:

- *www.mises.org* ist das Portal des Ludwig von Mises Institute in Auburn, Alabama, das eine unerschöpfliche Ressource zur Österreichischen Schule darstellt.

- *www.mises.at* ist die größte deutschsprachige Ressource für Originaltexte und bietet eine historische Übersicht aller Vertreter der Österreichischen Schule.

Weiterführendes

Das *scholarium*, das ich in Wien gegründet habe, bietet zahlreiche Publikationen und Seminare zum Thema an sowie eine der größten Bibliotheken zur Österreichischen Schule. Eine Übersicht unseres Angebots findet sich im Internet:

- www.scholarium.at

Stichwortverzeichnis